高等职业教育金融类系列教材

证券投资实务

Securities Investment Practice

主　编　王　静　崔立升
副主编　林　爽　于砚淼　张萌萌

同济大学出版社
TONGJI UNIVERSITY PRESS
·上海·

内 容 提 要

本书全面介绍了证券投资的相关知识,实践与理论相结合,重点突出、体系完整,共分为八个项目,主要介绍证券与证券市场、常见的证券投资工具如股票等,以及这些投资工具的交易市场、交易规则、投资理论、投资分析方法、投资策略及相关风险的防范等。

本书可以作为高职院校经济类、管理类专业的证券投资学课程的教材,也适合广大证券投资者阅读和参考。

图书在版编目(CIP)数据

证券投资实务 / 王静,崔立升主编;林爽,于砚淼,张萌萌副主编. —上海:同济大学出版社,2024.1
ISBN 978-7-5765-1019-5

Ⅰ. ①证… Ⅱ. ①王… ②崔… ③林… ④于… ⑤张… Ⅲ. ①证券投资 Ⅳ. ①F830.91

中国国家版本馆 CIP 数据核字(2024)第 002654 号

证券投资实务

主编 王 静 崔立升 **副主编** 林 爽 于砚淼 张萌萌

责任编辑 杨 艳 **助理编辑** 郭紫月 **责任校对** 徐春莲 **封面设计** 张 微

出版发行	同济大学出版社　　www.tongjipress.com.cn
	(地址:上海市四平路1239号　邮编:200092　电话:021-65985622)
经　销	全国各地新华书店
排　版	南京文脉图文设计制作有限公司
印　刷	启东市人民印刷有限公司
开　本	787mm×1092mm　1/16
印　张	15.5
字　数	330 000
版　次	2024年1月第1版
印　次	2024年1月第1次印刷
书　号	ISBN 978-7-5765-1019-5
定　价	52.80元

本书若有印装质量问题,请向本社发行部调换　　版权所有　侵权必究

前言

随着我国证券业的繁荣发展,证券投资课程已成为金融学学科体系的重要课程之一。作为一本指导学习证券投资的教材,本书全面介绍了证券投资的基本产品、基本概念、基本原理、投资分析方法以及投资风险防范等知识,从而引导学习者掌握证券投资的基本原理,明晰投资市场中各参与方的角色与定位,掌握各投资品种的功能与特点、投资方法与策略。本书以"适应中国国情,传授投资真谛"为宗旨,借鉴中外最新的证券投资研究成果编写而成。

全书共分为八个项目。项目一主要介绍证券市场、证券发行和交易的基本知识;项目二至项目五主要介绍常见的投资工具:股票、债券、基金、金融衍生工具以及这些投资工具的交易规则、价值评估方法等;项目六与项目七主要介绍投资分析的两种方法:基本分析法与技术分析法;项目八主要介绍投资策略、系统性风险和非系统性风险的防范。

本书是专门为金融类专业学生开发的理实一体化教材,重点突出、体系完整、简单易懂。具体来说,本书具有以下特点:

(1) 基于"投资者"的视角。本书不局限于理论公式,而是从接近现实的投资环境出发,阐述如何选择理论、运用理论,建立投资组合,解决实际问题。

(2) 突出时代要求,注重时效性。本书全面贯彻党的二十大精神,坚持立德树人的根本任务,在内容上充分借鉴了国内外证券投资领域新的研究成果,力求贴近现实情况,反映中国证券市场近年来的改革实践,采用全新或开放的学习案例,"做中学"资料、图表及数据均源自最新成果。

(3) 强调实用性,注重实践能力的培养。证券投资是一门实践性很强的课程,本书在系统化、规范化、理论化原则的基础上，注重学习者实践能力的培养，让大家在有趣的学习过程中快速理解投资学的方法、对策、手段等。

本书由王静、崔立升主持编写，参与编写的还有林爽、于砚淼、张萌萌。具体分工如下：崔立升编写项目一、项目三，王静编写项目七，林爽编写项目二、项目四，于砚淼编写项目五、项目六，张萌萌编写项目八。

本书在编写的过程中吸收了专家学者们的研究成果，在此表示衷心感谢。由于作者水平有限，书中难免存在瑕疵、遗漏和不足之处，敬请广大读者批评指正。

编者

2023 年 3 月

目 录
CONTENTS

前言

项目一　证券与证券市场 ………………………………………………… 001
任务一　认知证券 ………………………………………………………… 004
任务二　认知证券市场 …………………………………………………… 007
任务三　证券发行市场 …………………………………………………… 023
任务四　证券交易市场 …………………………………………………… 027

项目二　股票投资 ………………………………………………………… 039
任务一　认知股票 ………………………………………………………… 042
任务二　股票价值评估 …………………………………………………… 052
任务三　股票交易操作 …………………………………………………… 057

项目三　债券投资 ………………………………………………………… 063
任务一　认知债券 ………………………………………………………… 065
任务二　债券价值评估 …………………………………………………… 075
任务三　债券交易操作 …………………………………………………… 078

项目四　基金投资 ………………………………………………………… 087
任务一　认知基金 ………………………………………………………… 090
任务二　基金价值评估 …………………………………………………… 098
任务三　基金交易操作 …………………………………………………… 105

项目五　金融衍生品投资 ······ 116
- 任务一　认知金融衍生工具 ······ 119
- 任务二　远期合约与金融期货 ······ 123
- 任务三　金融期权 ······ 129
- 任务四　金融互换 ······ 134

项目六　证券投资基本分析 ······ 141
- 任务一　认知基本分析法 ······ 144
- 任务二　宏观经济分析 ······ 149
- 任务三　行业分析 ······ 152
- 任务四　公司分析 ······ 155
- 任务五　量化投资 ······ 167

项目七　投资技术分析方法 ······ 172
- 任务一　认知技术分析法 ······ 175
- 任务二　K线分析 ······ 177
- 任务三　趋势分析 ······ 185
- 任务四　均线分析 ······ 188
- 任务五　形态分析 ······ 191
- 任务六　指标分析 ······ 196

项目八　证券投资策略与风险防范 ······ 207
- 任务一　防范投资风险 ······ 210
- 任务二　投资组合与风险防范 ······ 217
- 任务三　选择投资策略 ······ 226

参考文献 ······ 241

项目一 证券与证券市场

 思维导图

- 证券与证券市场
  - 任务一 认知证券
    - 证券的分类
    - 有价证券
  - 任务二 认知证券市场
    - 证券市场的基本特征
    - 证券市场的发展阶段
    - 新中国证券市场的发展
    - 我国证券市场的监管
    - 证券市场的结构
    - 证券市场的主要功能
    - 证券市场的参与者
  - 任务三 证券发行市场
    - 证券发行市场的含义
    - 证券发行市场的构成
    - 证券发行与承销制度
  - 任务四 证券交易市场
    - 证券交易市场的特征
    - 证券交易市场的类型
    - 证券交易流程
    - 证券交易具体规则
    - 证券交易费用

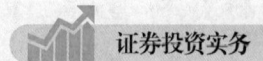

项目描述

证券市场是证券交易的场所,也是资金供求的中心。根据市场的功能划分,证券市场可分为证券发行市场和证券交易市场。证券市场的两个组成部分既相互依存又相互制约,共同组成了一个不可分割的整体。证券市场有融(投)资、资本定价和资源配置三大功能,有发行人、投资者、中介机构、行业自律组织和监管机构五类参与者。中华人民共和国的证券市场起步于 20 世纪 80 年代,目前已经形成较为完善的市场体系,由上海证券交易所、深圳证券交易所、北京证券交易所、全国银行间债券市场、金融机构柜台市场和全国中小企业股份转让系统等构成。

学习目标

▶ 知识目标
1. 了解有价证券的定义、分类和特征;
2. 掌握证券市场的内涵、特征、功能、参与主体与分类;
3. 熟悉证券市场产生的背景、历史和现状;
4. 了解我国证券市场的产生、发展与现状;
5. 了解证券市场未来发展的趋势。

▶ 能力目标
1. 能完成证券开户工作;
2. 能独立完成新股、债券申购工作;
3. 能正确计算证券成本价。

情境导入

小王刚进入大学,智商和情商都很高,对生活充满向往。他希望自己能像股神沃伦·巴菲特(Warren E. Buffett)一样拥有高财商。大家对智商、情商已耳熟能详,但是对"财商"又了解多少呢?

财商是指个人或集体认识、创造和管理财富的能力,是人在经济社会中正常生存必须具备的基本能力之一。我们经常会听到有人说:"理财是有钱人的事,我现在没钱,不用考虑理财。""现在还年轻,理财以后再说吧。"而事实是,理财与是否有钱没有直接的联系,而且越早开始理财效果越好。下面通过例子帮助大家更加直观地理解理财的作用。

假设我们每月能节省1 785元,将其投资到月收益率为0.8%的投资产品(如基金)中,坚持投资40年,总计投入856 800元,那么到时候我们将拥有的资产为:

$$40年后本利和 = 每月投资 \times [(1+月利率)^{总月数} - 1] \div 月利率$$
$$= 1\,785 \times [(1+0.008)^{480} - 1] \div 0.008$$
$$= 10\,000\,470.21(元)$$

如果把856 800元一次性存入银行,结果会怎样呢?大家可查询当前银行定期存款最高利率,计算40年后拥有的本利和(银行存款利率为单利),计算公式为:

$$40年后本利和 = 856\,800 \times (1+年利率 \times 40)$$

可自行计算,看看这种方法是否能使自己成为千万富翁。

思考与讨论

(1) 如果自己属于工薪阶层,为了让自己在退休后能过上体面的生活,应该怎么分配工资呢?

(2) 你认为作为学生,有必要现在就开始学习证券投资吗?为什么?

任务一　认 知 证 券

证券是多种经济权益凭证的统称,是用来证明券票持有人享有的某种特定权益的法律凭证。从一般意义上来说,证券是指用以证明或设定权利所做的书面凭证,它表明证券持有人或第三者有权取得该证券代表的特定权益,或证明其曾经发生过的行为。换句话说,证券实质上是具有财产属性的民事权利,它的特点在于把民事权利表现在证券上,使权利与证券相结合,权利体现为证券,即权利的证券化。它是权利人行使权利的方式和过程用证券形式表现出来的一种法律现象,是投资者投资财产符号化的一种社会现象,是社会信用发达的一种标志和结果。

证券必须与某种特定的表现形式相联系。在证券的发展过程中,最早表现证券权利的基本方式是纸张,在专用的纸单上借助文字或图形来表示特定化的权利。因此证券也被称为"书据""书证"。但随着经济的飞速前进,尤其是电子技术和信息网络的发展,现代社会出现了证券的"无纸化",证券投资者已几乎不再拥有任何实物券形态的证券,其所持有的证券数量或者证券权利均相应地记载于投资者账户中。证券"有纸化"向证券"无纸化"的发展过程,揭示了现代证券概念与传统证券概念的巨大差异。

一、证券的分类

证券按性质不同,可以分为证据证券、凭证证券和有价证券三类。

(一) 证据证券

证据证券只是单纯地证明一种事实的书面证明文件,如信用证、证据、提单等。

(二) 凭证证券

凭证证券是指认定持证人是某种私权的合法权利者和证明持证人所履行的义务有效的书面证明文件,如存款单等。

(三) 有价证券

有价证券是指标有票面余额,用于证明持有人或该证券指定的特定主体对特定财产拥有所有权或债权的凭证。有价证券区别于上面两种证券的主要特征是有价证券可以让渡。邮票、印花税票、股票、债券、国库券、商业本票和承兑汇票等都是有价证券。但一般市场上说的证券交易,应该特指《中华人民共和国证券法》(以下简称《证券法》)所规范的有价证券,而邮票、印花税票等就不在这个范围内了。因此,证券交易被限缩在《证券法》所说的有价证券范围之内。

二、有价证券

(一)有价证券的含义

有价证券本身没有价值。但由于它代表着一定量的财产权利,持有人可凭该证券直接取得一定量的商品、货币或是取得利息、股息等收入。有价证券可以在证券市场上买卖和流通,客观上具有交易价格。

有价证券是虚拟资本的一种形式。所谓虚拟资本,是指以有价证券形式存在,并能给持有者带来一定收益的资本。虚拟资本是独立于实际资本之外的一种资本存在形式,本身不能在生产过程中发挥作用。通常,虚拟资本的价格总额并不等于所代表的真实资本的账面价格,甚至与真实资本的重置价格也不一定相等,其变化并不完全反映实际资本额的变化。

(二)有价证券的分类

有价证券有广义与狭义两种概念。狭义的有价证券即资本证券,广义的有价证券包括商品证券、货币证券和资本证券。

商品证券是证明持有人拥有商品所有权或使用权的凭证,取得这种证券就等于取得了这种商品的所有权,持有人对这种证券所代表的商品的所有权受法律保护。属于商品证券的有提货单、运货单和仓库栈单等。

货币证券是指本身能使持有人或第三者取得货币索取权的有价证券。货币证券主要包括两大类:一类是商业证券,主要是商业汇票和商业本票;另一类是银行证券,主要是银行汇票、银行本票和支票。

资本证券是指由金融投资或与金融投资有直接联系的活动而产生的证券。持有人有一定的收入请求权。资本证券是有价证券的主要形式。

有价证券可以按不同标准分类,常见分类如下:

1. 按证券发行主体分类

(1)政府证券。政府证券通常是指由中央政府或地方政府发行的债券。中央政府债券也称"国债",通常由一国财政部发行。地方政府债券由地方政府发行,通常以地方税或其他收入偿还。

(2)政府机构证券。政府机构证券是由经批准的政府机构发行的证券。

(3)公司(企业)证券。公司(企业)证券是公司(企业)为筹措资金而发行的有价证券,公司(企业)证券包括的范围比较广泛,主要有股票、公司(企业)债券及商业票据等。此外,在公司(企业)证券中,通常将银行及非银行金融机构发行的证券称为金融证券,其中金融

债券尤为常见。

2. 按是否在证券交易所挂牌交易分类

（1）上市证券。上市证券是指经证券主管机关核准发行，并经证券交易所依法审核同意，允许在证券交易所内公开买卖的证券。

（2）非上市证券。非上市证券是指未申请上市或不符合证券交易所上市条件的证券。非上市证券不允许在证券交易所内交易，但可以在其他证券交易市场交易。凭证式国债和普通开放式基金份额属于非上市证券。

3. 按募集方式分类

（1）公募证券。公募证券是指发行人通过中介机构向不特定的社会公众投资者公开发行的证券，相关部门对其审核较严格，公募证券采取公示制度。

（2）私募证券。私募证券是指向少数特定的投资者发行的证券，相关部门的审查条件相对宽松，私募证券的投资者也较少，并不采取公示制度。目前我国信托投资公司发行的集合资金信托计划、商业银行和证券公司发行的理财计划均属私募证券，上市公司采取定向增发方式发行的有价证券也属私募证券。

4. 按证券所代表的权利性质分类

有价证券可以分为股票、债券和其他证券三类。股票和债券是证券市场中两个最基本、最主要的证券类型，其他证券包括基金证券、证券衍生品等。

（三）有价证券的特征

1. 收益性

证券代表的是对一定数额的某种特定资产的所有权或债权，投资者持有证券也就同时拥有取得这部分资产增值收益的权利，因而证券本身具有收益性。

2. 流动性

证券的流动性是指证券持有人在不造成资金损失的前提下，以证券换取现金的特性。

3. 风险性

证券的风险性是指实际收益与预期收益的背离，即收益的不确定性。从整体上说，证券的风险与其收益成正比。通常情况下，风险越大的证券，投资者要求的预期收益越高；风险越小的证券，预期收益越低。

4. 期限性

债券一般有明确的还本付息期限，债券的期限具有法律约束力，是对融资双方权益的保护。股票一般没有期限性，可以视为无期证券。

> **做中学 1-1**　　　　证券在中国的发展简史
>
> 证券在中国属于舶来品，最早出现的股票是外商股票，最早出现的证券交易机构也是由外商开办的上海股份公所（后定名为上海众业公所）。上市证券最初主要是外国公司的

股票和债券。

1872年，中国第一家股份制企业轮船招商局设立。

1914年，北洋政府颁布的《证券交易所法》推动了证券交易所的建立。

1917年，北洋政府批准上海证券交易所开设证券经营业务。

1918年，中国人在北平（后改名为北京）成立了自己创办的第一家证券交易所。

1984年，中国第一股——上海飞乐音响股份公司成立。

1990年，上海证券交易所成立。

1991年，深圳证券交易所成立。

1991年，中国南方玻璃股份有限公司与深圳市物业发展（集团）股份有限公司向社会公众招股，这是中国股份制企业首次发行B股。

1993年，青岛啤酒股份有限公司在香港正式招股上市，成为内地首家在香港上市的国有企业。

2021年，北京证券交易所正式设立。

搜一搜证券在中国经济发展过程中的大事，更加全面地了解证券在中国的发展。

任务二　认知证券市场

相对于商品经济而言，证券市场的历史要短得多。换句话说，在商品经济的历史长河中，人类曾经历了一个长期没有证券市场的时代。

在自给自足的小生产社会中，受生产力水平的制约，生产所需的资本极其有限，单个生产者的积累就能满足再生产的需要，不需要也不可能存在证券和证券市场。从自然经济向商品经济发展的初期，由于社会分工不发达，生产力水平低下，社会生产所需要的资本除了自身积累外，还可以通过借贷资本来筹集，但当时的信用制度仍是简单落后的，证券市场无法形成。

随着生产力的进一步发展，社会分工日益复杂，商品经济日益社会化，社会化大生产产生了对巨额资金的需求，依靠单个生产者自身的积累难以满足需求，即使依靠银行借贷资本也不能解决企业自有资本扩张的需要。因此，客观上需要有一种新的筹集资金的机制以适应社会经济进一步发展的要求。在这种情况下，证券与证券市场就应运而生了。

随着商品经济的发展，企业生产规模日渐扩大，传统的独资经营方式和家族型企业已经不能满足其对巨额资本的需求，于是产生了合伙经营的组织；随后又由单纯的合伙组织逐步演变成股份公司。股份公司通过发行股票、债券向社会公众募集资金，以实现资本的集中。用于扩大生产的股份公司的建立、公司股票和债券的发行，为证券市场的产生提供

了现实基础和客观要求。

随着信用制度的发展，商业信用、国家信用、银行信用等融资方式不断出现，越来越多的信用工具随之涌现。信用工具一般都有流通变现的要求，而证券市场则为有价证券的流通、转让创造了条件。因而，随着信用制度的发展，证券市场的产生成为必然。

一、证券市场的基本特征

（一）证券市场是价值直接交换的场所

有价证券都代表了一定的资产价值，虽然其有不同的表现形式，如股票、债券、基金等，但它们本质上是实际资本价值的市场表现形式，因而证券在市场上的交换也就是价值在进行交换。

（二）证券市场是财产权利直接交换的场所

证券市场上的交易对象是作为经济权益凭证的股票、债券、基金等有价证券，股票代表了股份公司资产的所有权，债券代表了债权，基金代表了基金资产的所有权与收益权。所以，从本质上来说，这些有价证券的交易也是财产权的直接交换。

（三）证券市场是风险直接交换的场所

对于有价证券来说，风险与收益是共同存在的，有价证券在为持有者带来特定的财产权利的同时，也给持有者带来了相应的风险，如股票价格下跌的风险、债券无法还本付息的风险、基金的投资损失等。因此，证券市场在交换证券的同时，也将风险进行了交换。

二、证券市场的发展阶段

纵观证券市场的发展历史，其进程大致可分为五个阶段。

（一）萌芽阶段

在资本主义发展初期的原始积累阶段，西欧就已有了证券的发行与交易。15 世纪的意大利商业城市中的证券交易主要是商业票据的买卖。16 世纪的里昂、安特卫普已经有了证券交易所，当时进行交易的是国家债券。16 世纪中叶，随着资本主义经济的发展，所有权和经营权相分离的生产经营方式——股份公司出现，股票、公司债券及不动产抵押债券依次进入有价证券交易的行列。1602 年，世界上第一个股票交易所在荷兰的阿姆斯特丹成立。1698 年，英国已有大量的证券经纪人，伦敦柴思胡同的乔纳森咖啡馆就是因有众多的经纪人在此交易而出名。1773 年，英国的第一家证券交易所在该咖啡馆成立，1802 年，其获得英国政府的正式批准。这家证券交易所即为现在伦敦证券交易所的前身，最初主要交易政府债券,之后公司债券和矿山、运河股票逐渐上市交易。美国证券市场是从买卖政府债券开始的。1790年,美国第一个证券交易所——费城证券交易所成立。1792年5月17日,24名经纪人在华尔街的一棵梧桐树下聚会,商定了一项名为"梧桐树协定"的协议,约定每日在梧桐树下聚会,从事证券交易,并制定了交易佣金的最低标准及其他交易条款。1793年,一家名叫"汤迪"的咖啡馆在华尔街落成,于是露天的证券市场就移进咖啡馆经营。1817年,参与华尔街汤迪咖啡馆证券交易的经纪人通过一项正式章程,并成立组织,起名为"纽约证券交易会",1863年,其改名为"纽约证券交易所"。

(二) 初步发展阶段

20世纪初,资本主义从自由竞争阶段过渡到垄断阶段。正是在这一过程中,为适应资本主义经济发展的需要,证券市场以其独特的形式有效地促进了资本的积聚和集中,同时,其自身也获得了高速发展。首先,股份公司数量剧增。以英国为例,1911—1920年建立了64 000家,1921—1930年建立了86 000家。至此,英国90%的资本都处于股份公司控制之下。与此同时,持股公司形成并获得了发展,金融公司、投资银行、信托投资公司、证券公司等证券经营机构也获得了极大的发展。其次,在这一时期,有价证券发行总额剧增。1921—1930年全世界有价证券共计发行6 000亿法郎,比1890—1900年增加近5倍。有价证券的结构也发生了变化,在有价证券中占主要地位的已不是政府债券,而是公司股票和公司债券。据统计,1900—1913年全世界发行的有价证券中,政府公债占发行总额的40%,而公司股票和公司债券则占了60%。

(三) 停滞阶段

1929—1933年,资本主义国家爆发了严重的经济危机,导致世界各国证券市场动荡不安,不仅证券市场的价格波动剧烈,而且证券经营机构的数量和业务锐减。危机的先兆就表现为股市的暴跌,随之而来的经济大萧条更使得证券市场遭受了严重打击。到1932年7月8日,道琼斯工业股票价格平均数只有41点,仅为1929年最高水平的11%,危机过后,证券市场仍一蹶不振。第二次世界大战爆发后,虽然各交战国由于战争的需要发行了大量公债,但整个证券市场仍处于不景气之中。与此同时,加大证券市场管制力度的呼声越来越强烈,使证券市场的拓展工作陷入前所未有的停滞之中。

(四) 恢复阶段

第二次世界大战后至20世纪60年代,欧美与日本经济的恢复和发展以及各国的经济增长大大地促进了证券市场的恢复和发展,公司证券发行量增加,证券交易所开始复苏,证券市场规模不断扩大,买卖越来越活跃。这一时期,世界贸易和国际资本流动得到了一定程度的恢复与发展,因而证券市场国际化的进程也逐渐加快。但由于人们对经济危机和金融危机会不会卷土重来仍心存疑虑,加之在此阶段许多国家面临着资本稀缺和通货膨胀的双重压力,对资本的流动实行了严厉的管制,因而,此阶段证券市场的发展并不十分引人注目。

(五) 加速发展阶段

从 20 世纪 70 年代开始,证券市场出现了高度繁荣的局面,不仅证券市场的规模更加扩大,而且证券交易日趋活跃。其重要标志是反映证券市场容量的重要指标——证券化率(证券市值/GDP)的提高。根据深圳证券交易所的一项研究,1995 年年末,发达国家的平均证券化率达到了 70.44%,并不断提高。研究发现,占各类投资方式的比重以及占金融资产的比重等指标表明经济证券化趋势明显。2008 年的金融危机后,世界各国的资产证券化率均有所下降,美国的证券化率跌至 79% 左右,随后美国多次量化宽松刺激经济,美国股市一路上扬,资产证券化率再一路震荡上行,2017 年时已达 166%。日本资产证券化率随着 2008 年金融危机调整而下降,2017 年,资产证券化率恢复到 128%。根据世界银行数据,2020 年年末,美国、日本和新加坡的证券化率分别为 194%、135%、192%。

三、新中国证券市场的发展

新中国证券市场的发展源于 20 世纪 70 年代改革开放政策的确立和实施,基本可以分为三个阶段。

(一) 探索起步阶段(1981—1990 年)

1981 年,国务院会议通过《中华人民共和国国库券条例》,确定从 1981 年起发行中华人民共和国国库券,当年即发行了 48.06 亿元国库券。1986 年 8 月,沈阳试办企业债券转让业务。1988 年 4 月起,我国先后在 61 个大中城市开放了国库券交易市场。至 1990 年,我国累计发行 1 024.67 亿元国库券,有力地支援了国家经济建设,缓解了国家财政资金不足的压力。

在债券市场发展的同时,股份制经济和股票市场也开始发展。1984 年 11 月,上海飞乐音响公司成立,并向社会公开发行股票,成为我国第一家比较规范的股份制企业。1986 年,中国工商银行上海分行信托投资公司静安证券业务部推出股票柜台交易服务,成为我国第一个股票交易市场。据统计,截至 1990 年,我国发行股票累计筹资 45.90 亿元,股份制经济、股份公司和股票市场被人们认识和认可。

(二) 迅速发展阶段(1991—1998 年)

以上海和深圳两家证券交易所的成立为标志,我国证券市场进入了初步发展阶段,具体特征如下:

1. 建立了全国统一的证券市场

1990年11月26日,上海证券交易所正式成立,并于当年12月19日正式营业;1991年4月11日,深圳证券交易所正式成立,并于当年7月3日正式营业。这两家证券交易所的正式运营,标志着我国证券集中发行与交易市场的形成。

2. 证券市场规模迅速扩大

随着全国统一证券市场的建立与发展,我国证券市场的规模迅速扩大。从股票市场来看,上市公司数量从1990年的10家发展到1998年的851家,累计股票发行量达到703.7亿股,累计筹资额达到3 512.08亿元人民币;从债券市场来看,1991—1996年间,我国共发行国债6 023.83亿元、金融债券2 168.87亿元、企业债券1 900.98亿元、国际债券66.60亿美元。从基金市场来看,1992—1997年,我国先后共发行封闭式基金79只、基金受益凭证47只,总规模约为76亿份,总资产达到90亿元。

截至1996年年底,全国共有证券经营机构338家,其中专营机构94家,兼营机构224家,证券营业部达到2 914家,另外还有一批经过中国证券监督管理委员会(以下简称中国证监会)、国有资产管理局和司法部等有关部门共同认证的会计师事务所、资产评估机构和律师事务所等相关机构。

截至1998年年底,沪深两市开户投资者突破4 000万。

3. 逐渐形成了全国集中统一的证券监管体系

1992年以前,中央政府没有设立专门的证券监督管理机构,国内证券市场由中国人民银行监督管理。1992年10月,国务院成立证券委员会及其执行机构——中国证监会,作为对全国证券市场进行统一监督管理的专门机构。1997年8月,国务院将上海和深圳证券交易所统一划归中国证监会直接管理。1998年4月,国务院证券委员会和中国证监会合并为国务院直属正部级事业单位——中国证监会,通过接收各地证券监管办公室(以下简称证管办)以及新设机构等形式,形成了上海、深圳等9个稽查局,并在各省、自治区、直辖市、计划单列市设立了36个监管局,分批授予这些派出监管部门行使证券监管职能,逐步建立了全国集中统一的证券监管体系。除了中国证监会的行政监管外,上海、深圳两个交易所以及1991年8月依法成立的中国证券业协会还在国家有关证券法律法规框架下行使行业自律管理职责。

4. 证券市场法律、法规体系初步形成

1993年4月,国务院发布《股票发行与交易管理暂行条例》,这是新中国第一部规范股票发行和交易行为的基本法规。1993年8月,国务院发布《企业债券管理条例》。1994年7月1日,《中华人民共和国公司法》(以下简称《公司法》)正式实施,这是一部对规范我国公司组织和行为,保护公司、股东、债券持有人合法权益,维护社会持续稳定等都有着重要积极意义的法律,促进了社会主义市场经济的发展。1998年12月29日,第九届全国人民代表大会常务委员会第六次会议通过《证券法》,这是我国证券市场发展史上的重要里程碑,它对规范我国证券市场的发行和交易行为,保护投资者的合法权益,维护社会经济秩序和社会公共利益,促进市场经济的发展,都有着重要而深远的历史意义。在这一时期,《中华人民共和国刑法》也通过修订的形式加入了有关证券犯罪的相关规定。

(三) 规范发展阶段(1999年至今)

由于1997—1998年国内外经济环境的变化,特别是由于亚洲金融危机的冲击和国内证券市场投机气氛太浓等,为了防范和化解金融风险,保证我国证券市场持续、健康、快速发展,规范我国证券市场势在必行。以1999年7月1日《证券法》的正式实施为标志,我国证券市场从此进入规范发展阶段。在这一阶段,证券市场法律法规体系越来越完善,集中统一的证券监管体系越来越健全,证券市场主体行为越来越理性,证券市场规模越来越大,其在国民经济和人们生活中的地位也越来越重要。2010年4月16日,首批四个沪深300股票指数期货合约正式登陆中国金融期货交易所(以下简称中金所)上市交易,标志着我国金融市场进一步成熟。截至2022年9月30日,A股上市公司共有4 955家,开户投资者超过2亿。

目前,我国证券市场由上海、深圳、北京证券交易所市场(场内市场),全国银行间债券市场,代办股份转让系统和金融机构柜台市场(场外市场)等共同构成。

1. 上海、深圳、北京证券交易所

证券交易所发行和交易的证券主要包括股票、债券、基金和权证四大类。

股票包括A股和B股。A股即人民币普通股票,它是由中国境内的公司发行,供境内机构、组织或个人(从2013年4月1日起,中国境内港、澳、台居民可开立A股账户)以人民币认购和交易的普通股股票。B股即人民币特种股票,又称境内上市外资股,它是以人民币标明面值,以外币认购和买卖,在中国境内(上海、深圳)证券交易所上市交易的。

债券包括国债、金融债和企业债(可转换债券);基金包括封闭式基金、交易型开放式指数基金(ETF)和上市型开放式基金(LOF);权证包括股票权证、配股权证等。

深圳证券交易所设有创业板,上海证券交易所设有科创板,相对于上海和深圳的主板市场,这两个市场的上市门槛较高。

做中学 1-2　　　　　　　创业板和科创板的开户条件

创业板的开通条件:①至少两年的投资经验,这个投资经验是从开户后第一次买股票开始算的;②连续20个交易日日均资产10万元以上;③风险测评结果为积极型以上。满足以上条件即可开通。

科创板的开通条件:①至少两年的投资经验(和创业板一致);②连续20个交易日日均资产50万元以上;③风险测评结果为积极型以上。满足以上条件即可开通。

2. 中国人民银行债券发行系统(全国银行间债券市场)

目前,我国证券交易所以外的证券发行主要有两种途径,即中国人民银行债券发行系统和商业银行柜台发行。除凭证式国债通过商业银行柜台发行以外,其余债券均通过设在中国人民银行的债券发行系统公开招标发行。

证券交易所以外的交易主要在银行间债券市场进行,银行间债券市场依托中国外汇交易中心暨全国银行间同业拆借中心(以下简称交易中心)进行交易。交易中心为中国人民银行直属事业单位,于1994年4月成立,总部设在北京,同时在广州、深圳等18个城市设有分中心,主要提供银行间外汇交易、人民币同业拆借、债券交易(现货与回购)等业务,其债券交易部分即为全国银行间债券市场。

《全国银行间债券市场债券交易管理办法》规定,全国银行间债券市场的债券交易包括现券买卖和回购交易两部分,现券买卖品种包括国债和以市场化形式发行的政策性金融债券,回购的债券包括国债、中央银行票据和政策性金融债等。交易时间为周一到周五(节假日除外)的9:30—11:30,13:30—15:30。

符合规定的金融机构法人可以申请参加全国银行间债券市场交易,包括我国境内的商业银行及其授权分行、信托投资公司、企业集团财务公司、金融租赁公司、农村信用社、城市信用社、证券公司、基金管理公司及其管理的各类基金、保险公司、外资金融机构,以及经我国金融监管当局批准可投资于债券资产的金融机构等。全国银行间债券市场的主管部门是中国人民银行,登记、托管和结算机构是中央国债登记结算有限责任公司。

3. 代办股份转让系统

代办股份转让系统又称"三板",是一个以证券公司及相关当事人的契约为基础,依托证券交易所和登记结算公司的技术系统,以证券公司代理买卖挂牌公司股份为核心业务的股份转让平台。

为解决原STAQ、NET系统挂牌公司(共11家)的股份流通问题,2001年6月,中国证券业协会发布《证券公司代办股份转让服务业务试点办法》,建立了代办股份转让系统,2001年8月,国务院同意将上海证券交易所和深圳证券交易所的退市公司纳入该系统流通。

目前,一家公司只能委托一家证券公司作为主办券商代办其股份转让业务。股份转让采用定期、非连续方式进行,根据股份转让公司质量不同,分为每周一次、三次和五次,以集合竞价方式撮合成交,设5%的涨跌幅比例限制,交易信息主要通过中国证券业协会代办股份转让信息披露平台和主办券商网站及营业场所披露。股份转让服务活动由中国证券业协会依照有关履行章程进行监督管理,由中国证券登记结算有限责任公司(以下简称中国结算)负责登记、托管和结算。

4. 金融机构柜台市场

金融机构柜台市场是一个松散的场外市场,主要由商业银行、证券公司、保险公司、信托公司等金融机构分设在全国各地的营业场所构成。目前,我国通过金融机构柜台市场发行的证券主要有凭证式国债(不能转让,只能提前兑换成现金)和开放式基金,投资者可以通过这一市场购买凭证式国债和申购、赎回开放式基金。

四、我国证券市场的监管

证券市场是一个高风险的市场,加强监管是各国证券管理部门的共识。自1981年恢复发行国债以来,我国证券市场监管体制伴随着市场本身的发展,经历了分散监管、多头监管和集中统一监管三个阶段。

(一)分散监管阶段(1981年—1992年5月)

1985年之前,我国证券市场以国债发行为主,1986年开始尝试发行股票。1990年和1991年,上海、深圳两家证券交易所成立,证券市场规模开始扩大,市场监管体系初见雏形。这一时期的监管主要有三个特点。

1. 以中国人民银行为主、多部门介入。1991年,由中国人民银行牵头设立了由8个部委共同参加的股票市场办公会议制度,对证券市场进行监管。

2. 地方政府(主要是上海和深圳)在证券市场监管中扮演着极其重要的角色。

3. 证券交易所的自律管理发挥了重要作用。

(二)多头监管阶段(1992年5月—1997年年底)

1992年5月,中国人民银行成立证券管理办公室,同年7月,国务院建立国务院证券管理办公会议制度,对证券市场行使日常管理职能。1992年10月,国务院成立专门的国家证券监管机构——国务院证券委员会,及其执行机构——中国证券监督管理委员会,行使对证券市场的日常管理职能。这一时期的监管主要有四个特点。

1. 由14个部委组成的国务院证券委员会是国家对全国证券市场进行统一宏观管理的主要机构,中国证监会是其执行机构,由具有专业证券知识和相关经验的专家组成,按事业单位进行管理。

2. 国务院其他部委具有相当一部分证券监管权力。

3. 地方政府和行业主管部门负责选拔和推荐公开发行股票的企业,会同企业主管部门审批地方企业的股份制试点,上海、深圳市政府负责管理上海、深圳证券交易所。

4. 上海和深圳证券交易所作为当时全国最主要的证券交易机构,担负了对证券交易市场的日常管理工作,包括监管各类上市股票、债券的交易活动,监管会员机构和上市公司等。

(三)集中统一监管阶段(1997年年底至今)

1997年11月召开的中央金融工作会议决定对银行业、证券业、保险业和信托业实行分业管理。根据会议决定,撤销了国务院证券委员会,其监管职能移交给中国证监会,中国人民银行等部委的证券监管职能也移交给中国证监会,原隶属地方政府的地方证券监管部门收归中国证监会领导,上海和深圳证券交易所由中国证监会直接领导,从而建立了集中统一的监管体制。

（四）证券监管分权与协作机制的发展（2005年至今）

2005年10月27日，《证券法》与《公司法》一起进行了重大修订。这次修订进一步奠定了《证券法》作为资本市场基本法的地位，明确证券交易所监管地位，加强证券公司管理防范金融风险，完善证券登记结算制度，加强证券中介机构管理，约束监管部门准司法权，增强证券违法行为处罚的可操作性，全面改善资本市场的法制环境。

2023年3月，中共中央、国务院印发《党和国家机构改革方案》，其中多项涉及金融监管领域：组建中央金融委员会、组建中央金融工作委员会、组建国家金融监督管理总局、深化地方金融监管体制改革、中国证券监督管理委员会由国务院直属事业单位调整为国务院直属机构，强化资本市场监管职责，划入国家发展和改革委员会的企业债券发行审核职责，由中国证券监督管理委员会统一负责公司（企业）债券发行审核工作。"一行一局一会"新格局正在加快形成。

五、证券市场的结构

（一）层次结构

这是一种按证券进入市场的顺序而形成的结构关系。按这种顺序关系划分，证券市场的构成可分为发行市场和交易市场。证券发行市场又称"一级市场"或"初级市场"，是发行人以筹集资金为目的，按照一定的法律规定和发行程序，向投资者出售新证券所形成的市场。证券交易市场又称"二级市场"或"次级市场"，是已发行的证券通过买卖交易实现流通转让的市场。

证券市场的层次性还体现为区域分布、覆盖公司类型、上市交易制度以及监管要求的多样性。根据服务和覆盖的上市公司类型不同，证券市场可分为全球性市场、全国性市场和区域性市场等类型；根据上市公司规模、监管要求等差异，证券市场可分为主板市场、二板市场（创业板或科创板）；根据交易方式不同，证券市场可以分为集中交易市场、柜台市场等。

（二）品种结构

这是依有价证券的品种而形成的结构关系。这种结构关系的构成品种主要有股票市场、债券市场、基金市场和衍生品市场等。

股票市场的发行人为股份有限公司。债券的发行人有中央政府、地方政府、中央政府机构、金融机构和公司（企业）。债券有固定的票面利率和期限，因此，相对于股票价格而言，其市场价格比较稳定。

基金市场是基金份额发行和流通的市场。封闭式基金在证券交易所挂牌交易，开放式基金则通过投资者向基金管理公司申购和赎回实现流通转让。

(三) 交易场所结构

按交易活动是否在固定场所进行,证券市场可分为有形市场和无形市场。通常人们把有形市场称作"场内市场",是指有固定交易场所的市场。人们也把无形市场称作"场外市场",是指没有固定交易场所的市场。

目前已有越来越多的证券交易不在有形的场内市场进行,而是通过经纪人或交易商的电传、电报、电话或网络等方式洽谈成交。

六、证券市场的主要功能

(一) 融、投资功能

融、投资功能是证券市场的首要功能。一方面,证券市场为资金需求者提供了通过发行证券筹集所需资金的机会;另一方面,证券市场也给资金的提供者提供了投资对象。

资金短缺者为了发展自己的业务(事业),需要通过直接融资和间接融资渠道获得资金。近年来,我国各类直接融资额有逐年上升的趋势,资金盈余者想获得较好的投资回报,必须寻找合适的投资工具进行投资。证券市场为资金盈余者提供了银行储蓄系统等传统投资方式以外的更多的投资选择。从发达国家证券市场发展的经验来看,证券投资的平均收益率远高于银行储蓄的平均收益率,但代价是投资者须承担更高的风险。

从发达国家来看,证券市场融资(直接融资)一般占整个社会融资规模的50%左右,而我国证券市场发展历史偏短,直接融资规模相对较小,目前约占我国社会融资规模的20%。

(二) 资本定价功能

证券市场为证券提供了发行与交易平台,证券是实际资本的虚拟存在形式,因而证券市场为实际资本提供了流动性,证券市场的价格也就代表了实际资本的价格。

证券的市场价格由证券的供求双方共同决定,证券供求双方根据自己对证券所代表实际资本价格的预测与评估来决定自己的交易行为,如果某证券(所代表的实际资本)能产生较高的投资回报,市场的需求就会大,证券的市场价格就高;反之,证券的市场价格就低。这就是资本的市场定价机制,也就是证券市场的第二个基本功能。

(三) 资本配置功能

证券市场为资本提供了一个合理的定价机制,通过资本定价机制所形成的证券价格反映了其所代表的实际资本盈利功能的大小。那些能提供高回报率的经营好、发展潜力大的企业,其市场价格相应较高,投资者也更愿意投资于这样的证券,因而这些证券的发行人就能获得更多的资金;反之,那些经营不太好、发展潜力不大的企业,能获得的资金就比较少。可见,证券市场通过合理的定价机制所产生的证券价格信号,能够将紧缺的资金向最需要资金且效益好的行业与企业集中,从而实现资本的优化配置。

做中学 1-3　　科创板助力"硬科技"企业创新发展

截至2022年7月21日,科创板上市公司已由2019年7月22日首批上市的25家增至437家。2019年7月22日至2022年7月21日,科创板首发上市的436家公司首发募集资金合计达6 345.38亿元。其中,中芯国际、百济神州、中国通号、晶科能源等4家公司首发募集资金金额均超百亿元。

历经三年淬炼,科创板"硬科技"成色进一步显现。从行业来看,上述437家科创板上市公司集中在新一代信息技术产业、生物产业、高端装备制造产业、新材料产业等四大战略性新兴产业,2019年、2020年、2021年,上述公司的合计研发投入总额分别为535.63亿元、681.51亿元和891.75亿元。三年来,科创板上市公司持续展现出高成长性。从近三年营业收入来看,2019年、2020年、2021年科创板437家上市公司的合计营业收入分别为5 229.28亿元、6 311.95亿元和8 632.61亿元,其中,2021年的合计营业收入较2019年增长65.08%。具体来看,有389家公司2021年营业收入实现同比增长,占比近九成,45家公司2021年全年营业收入增长比率超过100%。

思考: 公司上市对于公司的意义有哪些?

提示: 公司上市是指公司经过严格的审批,公开向社会公众发行股票,募集资金,公司募集设立后,公司股票在公开的股票交易市场上挂牌交易的行为。因此公司上市有这样的目的和意义:第一,公司上市能改善财务状况。简单地说,上市就等于融资,当公司有财务问题的时候,可以募集投资者的钱,而不需要向银行贷款。第二,我国资本市场要逐渐转化成股份制,公司上市符合国家股份制的政策。第三,上市之后能给公司带来溢价。没有上市的公司,公司价值只是估值,但上市后,股价上涨,公司价值就会溢价,假设套现,得到的就是价值。第四,公司上市可以激励员工的积极性。比如公司实施股权激励计划,目的就是想要员工和公司共同创造价值,所以当员工也是股东的时候,就会提高工作效率。第五,公司上市有利于提升品牌形象,增加竞争力。

七、证券市场的参与者

一般来说,证券市场有五类参与者。

(一)证券发行人

证券发行人是指为筹措资金而发行股票、债券等证券的发行主体,包括公司、金融机构和政府(机构)等。

1. 公司(企业)

企业的组织形式可分为独资制、合伙制和公司制。现代股份制公司主要采取股份有限公司和有限责任公司两种形式。

在欧美等国家能够发行证券的金融机构一般都是股份公司,所以将金融机构发行的证券归入了公司证券。而我国和日本则把金融机构发行的债券定义为金融债券,从而突出了金融机构作为证券市场发行主体的地位。但股份制的金融机构发行的股票并没有被定义为金融证券,而是归类于一般的公司股票。

2. 政府和政府机构

随着国家干预经济理论的兴起,政府(中央政府和地方政府)和中央政府直属机构已成为证券发行的重要主体之一,但政府发行证券的品种仅限于债券。

政府发行债券所筹集的资金既可以用于协调财政资金短期周转、弥补财政赤字、兴建政府投资的大型基础性建设项目,也可以用于实施某种特殊的政策,在战争期间还可以用于弥补战争费用的开支。由于中央政府拥有税收、货币发行等特权,通常情况下,中央政府债券不存在违约风险,因此,这类证券被视为"无风险证券",相对应的证券收益率被称为"无风险利率",是金融市场上最重要的价格指标。

中央银行是代表一国政府发行法偿货币、制定和执行货币政策、实施金融监管的重要机构。中央银行作为证券发行主体,主要发行两类证券。第一类是中央银行股票。在一些国家(如美国),中央银行采取股份制组织结构,通过发行股票募集资金,但是,中央银行的股东并不享有决定中央银行政策的权利,只能按期收取固定的红利,其股票类似于优先股。第二类是中央银行出于调控货币供给量目的而发行的特殊债券。比如中国人民银行从2003年起开始发行中央银行票据,期限从3个月到3年不等,主要用于对冲金融体系中过多的货币流动性。

(二)证券投资者

证券投资者是指在证券市场购买股票、债券、基金等证券品种来进行投资的法人机构与个人,证券投资者包括个人投资者和机构投资者两类。

1. 个人投资者

个人投资者是指从事证券投资的社会自然人,是证券市场重要的资金供应者。从证券投资者的构成来看,个人投资者占据了绝大部分。根据中国证券登记结算公司的数据统计,截至2022年年底,我国证券市场共有投资者2.121亿户,其中自然人投资者2.116亿户。

个人进行证券投资应具备一些基本条件,这些条件包括国家有关法律、法规关于个人投资者投资资格的规定和个人投资者必须具备一定的经济实力。为保护个人投资者利益,对于部分高风险证券产品的投资(如衍生产品、信托产品),监管法规还要求相关个人具有一定的产品知识并签署书面的知情同意书。

做中学 1-4　××证券股份有限公司风险警示及投资者确认书

<table>
<tr><td rowspan="2">风险等级不匹配警示</td><td>
尊敬的投资者：
　　该业务风险等级高于您的风险承受能力等级。开通该业务，参加该业务交易，可能带来超出您自身承受能力的损失。
　　本公司就上述情形向您做出警示，并建议您关注该产品或服务的特征及风险，审慎做出投资决策。
　　开通该业务并参加交易，可能存在以下情形：
　　1. 您参加的金融投资可能直接致使本金亏损，请您认真阅读并理解风险揭示书有关条款；
　　2. 请您注意投资风险及投资策略，参加高风险、高杠杆品种交易可能直接带来超过原始本金的损失；
　　3. 本公司的业务或资产状况变化，如公司经营不善、公司被监管处罚取消有关业务资格/资质，可能带来本金或超过原始本金的亏损；
　　4. 本公司的业务或资产状况变化，如经营决策重大失误、高级管理人员变更、重大诉讼、财务状况存在问题等，可能影响您的投资判断；
　　5. 请您认真阅读并理解有关协议条款，并在协议规定的限制期限内履行有关权益，超过限制期限则可能致使您的权益受损；
　　6. 本公司出具的适当性匹配建议或意见不表明对该业务的风险和收益做出实质性判断或者保证，不会降低该业务的固有风险，也不会影响您依法承担相应的投资风险、履约责任以及费用。
　　本公司就上述适当性评估建议或意见与您进行确认，并建议您审慎考察该业务的特征及风险，进行充分的风险评估，自行做出投资决定。同时提醒您所提供的信息必须真实、准确、完整，并依法对此承担相应的法律责任，若有关信息发生变化请及时联系我司更改。
　　若您经审慎考虑后，仍坚持办理该业务，请签署下附投资确认书。
</td></tr>
</table>

<table>
<tr><td rowspan="2">投资者确认</td><td>
××证券股份有限公司：
　　本人/本机构已认真阅读了贵公司关于该业务的有关警示，并已充分了解该业务的特征和风险，充分知悉上述不匹配情形，并承诺所提供信息真实、准确、完整，依法对此承担相应的法律责任。
　　本人/本机构经审慎考虑后，仍坚持办理开通该业务，并自愿承担由此可能造成或产生的损失和其他后果。购买该产品或接受该服务的决定，系本人/本机构独立、自主、真实的意思表示，与贵公司及有关从业人员无关。
　　投资者（自然人签名/机构签章、授权代表人签名）：

　　　　　　　　　　　　　　　　　　　　　　　　　　　　　　　　　年　　月　　日
</td></tr>
</table>

2. 机构投资者

（1）政府机构。作为政府机构，参与证券投资的目的主要是调剂资金余缺和进行宏观调控。各级政府及政府机构出现资金剩余时，可通过购买政府债券、金融债券将资金投资于证券市场。

中央银行以公开市场操作作为政策手段，通过买卖政府债券或金融债券影响货币供应量，来进行宏观调控。

我国国有资产管理部门或其授权部门持有国有股，履行国有资产的保值增值和通过国家控股、参股来支配更多社会资源的职责。

（2）金融机构。参与证券投资的金融机构包括证券经营机构、银行业金融机构、保险公司及保险资产管理公司、合格境外机构投资者、主权财富基金和其他金融机构。

① 证券经营机构。证券经营机构是证券市场上最活跃的投资者,以其自有资本、营运资金和受托投资资金进行证券投资。我国证券经营机构主要为证券公司。按照《中华人民共和国证券法》的规定,证券公司可以通过从事证券自营业务和证券资产管理业务,以自己的名义或代其客户进行证券投资。

② 银行业金融机构。银行业金融机构包括商业银行、城市信用合作社、农村信用合作社等吸收公众存款的金融机构以及政策性银行。受自身业务特点和政府法令的制约,银行业金融机构一般仅限于投资政府债券和地方政府债券,而且通常以短期国债作为其超额储备债券的持有形式。

③ 保险公司及保险资产管理公司。目前保险公司已经超过共同基金成为全球最大的机构投资者,除大量投资于各类政府债券、高等级公司债券外,还广泛涉足基金和股票投资。目前我国的保险公司除利用自有资金和保险收入作为证券投资的资金来源外,还可运用受托管理的企业年金进行投资。作为投资主体,保险公司通常采用自设投资部门进行投资、委托专门机构投资或购买共同基金份额等方式运作。保险公司除投资于国债之外,还可以在规定的比例内投资于证券投资基金和股权性证券。

④ 合格境外机构投资者(QFII)。QFII制度是一国(地区)在货币没有实现完全可自由兑换、资本项目尚未开放的情况下,有限度地引进外资、开放资本市场的一项过渡性的制度。这种制度要求外国投资者若要进入一国证券市场,必须符合一定的条件,在该国有关部门的审批通过后汇入一定额度的外汇资金,并转换为当地货币,通过严格监管的专门账户投资当地证券市场。

在我国,合格境外机构投资者是指符合《合格境外机构投资者和人民币合格境外投资者境内证券期货投资管理办法》(由中国证监会、中国人民银行、国家外汇管理局于2020年9月发布,2020年11月起实施)规定,经中国证监会批准,使用来自境外的资金进行境内证券期货投资的境外机构投资者,包括境外基金管理公司、商业银行、保险公司、期货公司、信托公司、政府投资机构、主权基金、养老基金、慈善基金、捐赠基金、国际组织等中国证监会认可的机构。按照《合格境外机构投资者和人民币合格境外投资者境内证券期货投资管理办法》,合格境外投资者进行证券期货交易,应当委托具有相应结算资格的机构结算。合格境外投资者投资银行间债券市场,参与境内外汇市场业务,应当根据人民银行、外汇局相关规定办理。合格境外投资者开展境内证券投资,应当遵守中国证监会规定的证券投资比例限制和国家其他有关规定。

合格境外投资者履行信息披露义务时,应当依法合并计算其拥有的同一公司境内上市或者挂牌股票和境外上市外资股的权益,并遵守信息披露有关规则。合格境外投资者应当按照信息披露规则合并披露一致行动人的相关证券投资信息。

证券公司、期货公司等机构保存合格境外投资者的委托记录、交易记录等资料的期限应当不少于20年。

合格境外投资者的境内证券期货投资活动,应当遵守证券期货交易场所、证券登记结算机构、证券期货市场监测监控机构的有关规定。

⑤ 主权财富基金(SWFs)。随着国际经济、金融形势的变化,目前不少国家,尤其是发展中国家拥有了大量的官方外汇储备,为管理好这部分资金,这些国家成立了代表国家进行投资的主权财富基金。经国务院批准,中国投资有限责任公司于2007年9月29日宣告成立,注册资本金为2 000亿美元,成为专门从事外汇资金投资业务的国有投资公司,以境外金融组合产品为主,开展多元投资,实现外汇资产保值增值,被视为中国主权财富基金的发端。

⑥ 其他金融机构。其他金融机构包括信托投资公司、企业集团财务公司和金融租赁公司等。这些机构通常也在自身章程和监督机构许可的范围内进行证券投资。

(3) 企业和事业法人。企业可以用自己的积累资金或暂时不用的闲置资金进行证券投资。各类企业可参与股票配售,也可投资股票二级市场;事业法人可用自有资金和有权自行支配的预算外资金进行证券投资。

(4) 各类基金。基金性质的机构投资者包括证券投资基金、社保基金、企业年金和社会公益基金。

① 证券投资基金。证券投资基金是指通过公开发售基金份额筹集资金,由基金管理人管理,基金托管人托管,为基金份额持有人的利益,以资产组合方式进行证券投资活动的基金。《中华人民共和国证券投资基金法》规定,我国的证券投资基金可投资于股票、债券和国务院证券监督管理机构规定的其他证券品种。

② 社保基金。在大多数国家,社保基金分为两个层次:一是国家以社会保障税等形式征收的全国性基金;二是由企业定期向员工支付并委托基金公司管理的企业年金。由于资金来源不一样,且最终用途不一样,这两种形式的社保基金管理方式亦完全不同。全国性社会保障基金属于国家控制的财政收入,主要用于支付失业救济金和退休金,是社会福利网的最后一道防线,对资金的安全性和流动性要求非常高。这部分资金的投资方向有严格限制,主要投向国债市场。而由企业控制的企业年金,资金运作周期长,对账户资产增值有较高要求,对投资范围限制不多。

在我国,社保基金也主要由两部分组成:一部分是社会保障基金;另一部分是社会保险基金。社会保障基金的资金来源包括国有股减持划入的资金和股权资产、中央财政拨入资金、经国务院批准以其他方式筹集的资金及其投资收益;同时,确定从2001年起新增发行彩票公益金的80%上缴社保基金。其投资范围包括银行存款、国债、证券投资基金、股票、信用等级在投资级以上的企业债、金融债等有价证券,其中银行存款和国债投资的比例不低于50%,企业债、金融债不高于10%,证券投资基金、股票投资的比例不高于40%。社会保险基金一般由养老、医疗、失业、工伤、生育五项保险基金组成。在现阶段,我国社会保险基金的部分积累项目主要是养老保险基金,其运作依据是劳动部的各相关条例和地方的规章制度。

③ 企业年金。企业年金是指企业及其职工在依法参加基本养老保险的基础上,自愿建立的补充养老保险基金。按照我国现行法规,企业年金可由年金受托人或受托人指定的专业投资机构进行证券投资。按照我国《企业年金基金管理办法》(2011年2月12日由人力资源社会保障部、银监会、证监会、保监会令第11号公布,根据2015年4月30日《人力资源社会保障部关于修改部分规章的决定》修订)的规定,企业年金基金财产只限于境内投资,投资范围包括银行存款、国债、中央银行票据、债券回购、万能保险产品、投资连结保险产品、证券投资基金、股票,以及信用等级在投资级以上的金融债、企业(公司)债、可转换债(含分离交易可转换债)、短期融资券和中期票据等金融产品。

企业年金基金证券交易以现货和国务院规定的其他方式进行,不得用于向他人贷款和提供担保。投资管理人不得从事使企业年金基金财产承担无限责任的投资。

④ 社会公益基金。社会公益基金是指将收益用于指定的社会公益事业的基金,如福利基金、科技发展基金、教育发展基金、文学奖励基金等。我国有关政策规定,可将其用于证券投资。

(三) 证券市场中介机构

证券市场中介机构是指为证券的发行与交易提供服务的各类机构,包括证券公司和证券服务机构两大类。在我国,证券公司又称"券商",是指依照《公司法》规定和经国务院证券监督管理机构批准从事证券经营业务的有限责任公司或股份有限公司,其主要业务包括证券承销、经纪、自营、投资咨询及并购、受托资产管理和基金管理等。

证券服务机构是指依法设立的从事证券服务业务的法人机构,主要包括证券登记结算公司、证券投资咨询公司、会计师事务所、资产评估机构、律师事务所和证券信用评级机构等。目前,我国由中国证券登记结算有限责任公司负责上海和深圳证券交易所以及开放式基金的登记结算业务。

(四) 自律性组织

自律性组织包括证券交易所和证券行业协会。

目前,我国内地有上海证券交易所、深圳证券交易所和北京证券交易所三家证券交易所。根据《证券法》规定,交易所是为证券集中交易提供场所和设施,组织和监督证券交易,实行自律管理的法人,负有监管在交易所上市的证券和会员交易行为中的合规性、合法性,以及确保市场的公开、公平、公正的职责。

证券行业协会是证券行业的自律性组织,根据《证券法》规定,证券公司应当加入证券行业协会,证券行业协会应当履行协助证券监督管理机构组织会员执行有关法律、维护会员的合法权益等相关职责。中国证券业协会是依据《证券法》《中华人民共和国证券投资基金法》和《社会团体登记管理条例》的有关规定设立的证券行业自律性组织,属非营利性社会团体法人,接受中国证监会和国家民政部的业务指导和监督管理。

(五) 证券监管机构

在我国,证券监管机构是指中国证监会及其派出机构。中国证监会是国务院直属的证券监督管理机构,按照国务院的授权和依照法律法规对我国证券市场实行集中、统一监管。其主要职责是:依法制定有关证券市场监督管理的规章、规则,负责监督有关法律、法规的执行,负责保护投资者合法权益,对全国的证券发行、证券交易、中介机构行为等依法实行全面监管,维护证券市场的公平有序。

任务三 证券发行市场

证券市场是证券交易的场所,也是资金供求的中心。前文介绍了证券市场可分为证券发行市场和证券交易市场。证券市场的两个组成部分既相互依存,又相互制约,证券市场是一个不可分割的整体。发行市场是交易市场的基础和前提,有了发行市场的证券供应,才有流通市场的证券交易,证券发行的种类、数量和发行方式决定着流通市场的规模和运行方式。交易市场是发行市场得以持续扩大的必要条件,有了交易市场为证券的转让提供保证,发行市场才能充满活力。此外,交易市场的交易价格制约和影响着证券的发行价格,是证券发行时需要考虑的重要因素。

证券的发行、交易活动必须实行公开、公平、公正的原则,必须遵守法律、行政法规;禁止欺诈、内幕交易和操纵证券市场的行为。证券发行、交易活动的当事人具有平等的法律地位,应当遵守自愿、有偿、诚实信用原则。

一、证券发行市场的含义

证券发行市场是发行人向投资者出售证券的市场。证券发行市场通常无固定场所,是一个无形的市场。证券发行市场的作用主要表现在三个方面。

(一) 为资金需求者提供筹措资金的渠道

证券发行市场拥有大量的运行成熟的证券商品供发行人选择,发行人可以参照各类证券的期限、收益水平、参与权、流通性、风险度和发行成本等不同特点,根据自己的需要选择发行何种证券,并依据当时市场上的供求关系和价格行情来确定证券发行数量和价格(收益率)。

(二) 为资金供应者提供投资的机会,实现储蓄向投资转化

政府、企业和个人在经济活动中可能出现暂时闲置的货币资金,证券发行市场提供了

多种多样的投资机会,使资金实现从社会储蓄向投资转化。储蓄转化为投资是社会再生产顺利进行的必要条件。

(三)形成资金流动的收益导向机制,促进资源配置的不断优化

证券发行市场通过市场机制选择发行证券的企业,那些产业前景好、经营业绩优良和具有发展潜力的企业更容易从证券市场筹集到所需要的资金,从而使资金流向最能产生效益的行业和企业,达到促进资源优化的目的。

二、证券发行市场的构成

证券发行市场由证券发行人、证券投资者和证券中介机构三部分组成。证券发行人是资金的需求者和证券的供应者,证券投资者是资金的供应者和证券的需求者,证券中介机构则是联系发行人和投资者的专业性中介服务组织。

(一)证券发行人

在市场经济条件下,资金需求者筹集外部资金主要通过两条途径:向银行借款和发行证券,即间接融资和直接融资。随着市场经济的发展,发行证券已成为资金需求者最基本的筹资手段。证券发行人主要是政府、企业和金融机构。

(二)证券投资者

证券发行市场上的投资者包括个人投资者和机构投资者,后者主要是证券公司、商业银行、保险公司、社保基金、证券投资基金、信托投资公司、企业和事业法人及社会团体等。

(三)证券中介机构

在证券发行市场上,中介机构主要包括证券公司、证券登记结算公司、会计师事务所、律师事务所、资信评级公司和资产评估事务所等为证券发行与投资服务的中立机构。它们是证券发行人和投资者之间的中介,在证券发行市场上占有重要地位。

三、证券发行与承销制度

(一)证券发行制度

1. 注册制

证券发行注册制实行公开管理原则,实质上是一种发行公司的财务公开制度。它要求发行人提供证券发行本身以及和证券发行有关的一切信息。发行人不仅要完全公开有关信息,不得有重大遗漏,并且要对所提供信息的真实性、完整性和可靠性承担法律责任。发

行人只要充分披露了有关信息,在注册申报后的规定时间内未被证券监管机构拒绝注册,就可以进行证券发行,无须再经过审批。实行证券发行注册制可以向投资者提供证券发行的有关资料,但并不保证发行的证券资质优良、价格适当。

2. 核准制

核准制是指发行人申请发行证券,不仅要公开披露与发行证券有关的信息,符合有关法律和证券监管机构所规定的条件,而且要求发行人将发行申请报经证券监管部门决定的审核制度。证券发行核准制实行实质管理原则,即证券发行人不仅要以充分公开真实状况为条件,而且必须符合证券监管机构制定的若干适合于发行的实质条件。

做中学 1-5 我国股票发行制度改革实践

1988年以来,我国在证券发行审核方面,由地方性法规分别规定证券发行审核办法。

1992年,中国证监会成立,开始实行全国范围的证券发行规模控制与实质审查制度。

1996年以前,由国家下达发行规模,并将发行指标分配给地方政府以及中央企业的主管部门,地方政府或者中央主管部门在自己的管辖区内或者行业内,对申请上市的企业进行筛选,经过实质审查合格后,报中国证监会批准。

1996年以后,开始实行"总量控制,集中掌握,限报数家"的办法。地方政府或者中央主管部门根据中国证监会事先下达的发行指标,审定申请上市的企业,向中国证监会推荐。中国证监会对上报的企业的预选资料进行审核,审查合格以后,由地方政府或者中央主管部门根据分配的发行指标,下达发行额度。审查不合格的,不能下达发行额度。企业得到发行额度以后,将正式材料上报中国证监会,由中国证监会最后审定是否批准企业发行证券。

1998年12月29日,第九届全国人民代表大会常务委员会第六次会议通过《中华人民共和国证券法》,自1999年7月1日起施行。

我国最新的《证券法》第九条规定:"公开发行证券,必须符合法律、行政法规规定的条件,并依法报经国务院证券监督管理机构或者国务院授权的部门注册。未经依法注册,任何单位和个人不得公开发行证券。"

(二)证券发行方式

1. 股票发行方式

我国股份公司首次公开发行股票(IPO)和上市后向社会公开募集股份(公募增发)采取对公众投资者上网发行和对机构投资者配售相结合的发行方式。首次公开发行股票数量在4亿股以上的,可以向战略投资者配售股票。战略投资者是与发行人业务联系紧密且欲长期持有发行公司股票的机构投资者。战略投资者应当承诺获得配售的股票持有期限不少于12个月。未参与初步询价或虽参与初步询价但未有效报价的询价对象,不得参与累计投票询价和网下配售。询价对象应承诺获得网下配售的股票持有期限不少于3个月。

上网公开发行方式是指利用证券交易所的交易系统,主承销商在证券交易所开设股票发行专户并作为唯一的卖方,投资者在指定时间内按现行委托买入股票的方式进行申购。公众投资者可以根据发行人公告规定的发行价格和申购数量全额存入申购款进行申购委托。主承销商根据有效申购量和该次股票发行量配号,以摇号抽签方式决定中签的证券账户。

2. 债券发行方式

(1) 公募发行。公募发行是指以公开的形式向不特定的社会公众发行基金的方式。

(2) 定向发行。定向发行又称"私募发行""私下发行",即面向少数特定投资者发行基金的发行方式。

(3) 承购包销。承购包销是指发行人与由商业银行、证券公司等金融机构组成的承销团通过协商条件签订承购包销合同,由承销团分销拟发行债券的发行方式。

(4) 招标发行。招标发行是指通过招标方式确定债券承销商和发行条件的发行方式。根据标的物不同,招标发行可分为价格招标、收益率招标和缴款期招标;根据中标规则不同,可分为荷兰式招标(单一价格中标)和美式招标(多种价格中标)。

(三) 证券承销方式

证券发行的最后环节是将证券推销给投资者。发行人推销证券的方法有两种:一是自己销售,称为"自销";二是委托他人代为销售,称为"承销"。一般情况下,公开发行以承销为主。

承销是将证券销售业务委托给专门的股票承销机构销售。按照发行风险的承担、所筹资金的划拨以及手续费的高低等因素划分,承销方式有包销和代销两种。

1. 包销

包销是指证券公司将发行人的证券按照协议全部购入,或者在承销期结束时将售后剩余证券全部自行购入的承销方式。包销可分为全额包销和余额包销两种。

(1) 全额包销,是指由承销商先全额购买发行人该次发行的证券,再向投资者发售,由承销商承担全部风险的承销方式。

(2) 余额包销,是指承销商按照规定的发行额和发行条件,在约定的期限内向投资者发售证券,到销售截止日,如投资者实际认购总额低于预定发行总额,未售出的证券由承销商负责认购。

2. 代销

代销是指证券公司代发行人发售证券,在承销期结束时,将未售出的证券全部退还给发行人的承销方式。

我国《证券法》规定,发行人向不特定对象发行的证券,法律、行政法规规定应当由证券公司承销的,发行人应当同证券公司签订承销协议。

2023 年 2 月 17 日由中国证券监督管理委员会 2023 年第 2 次委务会议审议通过的《上市公司证券发行注册管理办法》规定,上市公司发行证券,可以向不特定对象发行,也可以向特定对象发行。向不特定对象发行证券包括上市公司向原股东配售股份、向不特定对象募集股份和向不特定对象发行可转债。向特定对象发行证券包括上市公司向特定对象发行股票、向特定对象发行可转债。

任务四　证券交易市场

证券交易市场，又称"二级市场""次级市场"或"证券流通市场"，是指已发行的有价证券买卖流通的场所，是有价证券所有权转让的市场。它为证券持有者提供变现能力，在其需要现金时能够出卖证券来兑现，并且使新的储蓄者有投资的机会。证券交易市场有证券交易所的场内交易和场外交易两种。交易中心则是证券交易所。证券公司是重要的金融中介机构，投资者通过它与证券市场交易所取得联系，具体交易则委托证券交易商、经纪人等代为办理。

一、证券交易市场的特征

（一）证券投资者为主要参与者

参与者主要是证券持有人以及准备购买证券的货币持有人。此外，证券发行人和证券中介机构也是证券交易市场的参与者，但其职责在于辅助投资者进行和完成交易，而不是证券交易活动的独立参加者。作为例外情况，证券中介机构也可能会充当投资者。

（二）主要采取有形市场形式

证券交易所是典型的有形市场，它有固定的场所、设施、设备和专业人员；其他证券交易场所如柜台交易市场，往往采用分散交易的形式，但一般也要借助证券公司柜台和交易网络才能完成，故也属于广义的有形市场。依照证券交易市场的组成及存在形式，又可将证券交易市场再分为证券交易所和场外交易市场。除此之外也存在少数无形市场。

（三）与证券发行市场相互依赖

证券交易市场与证券发行市场相互依赖，一方面是因为证券交易市场的交易对象是已发行在外的证券，而不是尚未发行的证券。在这个意义上，证券发行市场是证券交易市场的前提。另一方面，我国股票公开发行多数借助证券交易所的交易网络，采取"网上发行方式"，这使得证券发行市场对证券交易市场也存在依赖性。证券发行市场与交易市场的关系异常复杂，所发行证券的种类、价格、数量及规模等因素，均在一定程度上受制于证券交易市场的情况。我国《证券法》允许证券发行人与证券公司协商定价，发行市场价格与交易市场价格逐渐接轨,两个市场之间的联系变得更加密切。可以说,证券发行市场和交易市场之间是相互作用的。

二、证券交易市场的类型

向不特定对象发行证券或向特定对象发行证券累计超过200人的,为公开发行,必须依法报经国务院证券监督管理机构或者国务院授权的部门注册。公开发行股票的股份公司为公众公司,其中,在证券交易所上市交易的股份公司称为"上市公司";符合公开发行条件,但未在证券交易所上市交易的股份公司称为"非上市公司",非上市公众公司的股票将在柜台市场转手交易。

(一)证券交易所

1. 证券交易所的定义

证券交易所是证券买卖双方公开交易的场所,是一个高度组织化、集中进行证券交易的市场,是整个证券市场的核心。

2. 证券交易所的特征

(1)有固定的交易场所和交易时间;

(2)参加交易者为具备会员资格的证券经营机构,交易采取经纪制,即一般投资者不能直接进入交易所买卖证券,只能委托会员作为经纪人间接进行交易;

(3)交易的对象限于符合一定标准的上市证券;

(4)通过公开竞价的方式决定交易价格;

(5)集中了证券的供求双方,具有较快的成交速度和较高的成交率;

(6)实行"公开、公平、公正"原则,并对证券交易加以严格管理。

3. 证券交易所的职能

根据2021年10月28日由中国证监会2021年第6次委务会审议通过的《证券交易所管理办法》第七条规定,证券交易所的主要职能包括:

(1)提供证券交易的场所、设施和服务;

(2)制定和修改证券交易所的业务规则;

(3)接受上市申请、安排证券上市;

(4)组织和监督证券交易;

(5)对会员进行监管;

(6)对上市公司进行监管;

(7)提供非公开发行证券转让服务;

(8)管理和公布市场信息;

(9)中国证监会许可的其他职能。

(二) 场外交易市场

除了交易所外,还有一些其他交易市场,这些市场因为没有集中的统一交易制度和场所,因而把它们统称为"场外交易市场"。场外交易市场有以下特征:

1. 场外交易市场是一个分散的无形市场。它没有固定的、集中的交易场所,而是由许多各自独立经营的证券经营机构分别进行交易,并且主要是依靠电话、电报、电传和计算机网络联系成交的。

2. 场外交易市场的组织方式大多采取做市商制。在场外证券交易中,证券经营机构先行垫入资金买进若干证券作为库存,然后开始挂牌对外进行交易。他们以较低的价格买进,再以略高的价格卖出,从中赚取差价,但其加价幅度一般受到限制。证券商既是交易的直接参加者,又是市场的组织者,他们制造出证券交易的机会并组织市场活动,因此被称为"做市商"。

3. 场外交易市场是一个拥有众多证券种类和证券经营机构的市场,以未能或无须在证券交易所批准上市的股票和债券为主。在证券市场发达的国家,由于证券种类繁多,每家证券经营机构只固定地经营若干种证券。

4. 场外交易市场是一个以议价方式进行证券交易的市场。在场外交易市场上,证券买卖采取一对一的交易方式,同一种证券的买卖不可能同时出现众多的买方和卖方,也就不存在公开的竞价机制。场外交易市场的价格决定机制不是公开竞价,而是买卖双方协商议价。

5. 场外交易市场的管理比证券交易所宽松。由于场外交易市场分散,缺乏统一的组织和章程,因此不易管理和监督,其交易效率也不及证券交易所。

三、证券交易流程

(一) 证券账户、资金账户和银行结算账户

目前,上海、深圳和北京证券交易所都实行无纸化的记账式交易模式,投资者买卖证券时,都不涉及实物证券,因此每个投资者在买卖证券之前,都必须在中国证券登记结算有限责任公司开立上海和深圳证券账户,用于存放买入的证券。

资金账户是投资者开立在证券公司属下证券营业部用于证券交易以及存放证券交易资金的账户,每个资金账户会有一个资金账号与之对应,该账号是唯一的。投资者在今后进行证券交易、存取证券交易资金或办理其他业务时,均可使用该证券资金账户。每个投资者的资金账户和证券账户均具有一一对应的关系。

银行结算账户,是投资者依据证券交易资金第三方存管制度的要求,在银行开立的与其证券资金账户具有对应关系的银行存取款账户。

(二)委托指令与委托方式

投资者向证券商下达的委托指令必须指明证券账户号码、证券代码、买卖方向、委托数量、委托价格和交易所及券商会员要求的其他内容,并且这一委托只在下达委托的当日有效。

委托的方式一般有四种,即柜台递单委托、计算机自动委托、电话自动委托和远程终端委托。

1. 柜台递单委托

柜台递单委托是指投资者带上自己的身份证和账户卡,到投资者开设资金账户的证券营业部柜台填写买进或卖出股票的委托书,由柜台的工作人员审核后执行。

2. 计算机自动委托

计算机自动委托是指投资者在证券营业部大厅里的计算机上亲自输入买进或卖出股票的代码、数量和价格,由计算机来执行投资者的委托指令。

3. 电话自动委托

电话自动委托是指用电话拨通投资者开设资金账户的证券营业部柜台的电话自动委托系统,用电话上的数字和符号键输入投资者想买进或卖出股票的代码、数量和价格,从而完成委托。

4. 远程终端委托

远程终端委托是指投资者通过与证券柜台计算机系统联网的远程终端或互联网下达买进或卖出指令。这是目前最普遍的委托方式,一般包括网上计算机委托和手机委托。

客户可以采用限价委托或市价委托的方式委托会员买卖证券。限价委托是指客户委托会员按其限定的价格买卖证券,会员必须按限定的价格或低于限定的价格申报买入证券;按限定的价格或高于限定的价格申报卖出证券。市价委托是指客户委托会员按市场价格买卖证券。交易所可以根据市场需要,接受下列类型的市价申报:对手方最优价格申报;本方最优价格申报;最优五档即时成交剩余撤销申报;即时成交剩余撤销申报;全额成交或撤销申报;交易所规定的其他类型。

(三)清算交割

清算交割是指证券买卖双方成交以后,通过证券交易所将券商之间的证券买卖数量和金额分别予以轧抵,其差额由券商确认后,在事先约定的时间内进行证券和价款的收付了结程序。它反映了投资者证券买卖的最终结果,是维护证券买卖双方正当权益、确保证券交易顺利进行的必要手段。

四、证券交易具体规则

要想成为一名合格的投资者,光了解交易制度还远远不够,还必须熟悉证券交易过程中的各种重要的规则,只有这样才能顺利完成交易。

(一) 决定成交价格的基本规则

证券竞价交易按"价格优先、时间优先"的原则撮合成交。成交时,"价格优先"的原则为:较高价格买入申报优先于较低价格买入申报,较低价格卖出申报优先于较高价格卖出申报。"时间优先"的原则为:买卖方向、价格相同的,先申报者优先于后申报者,先后顺序按交易主机接受申报的时间确定。

1. 集合竞价成交价格确定规则

上海、深圳证券交易所的开盘价和深圳证券交易所的收盘价均通过集合竞价的方式产生。集合竞价是指对在规定时间内接受的买卖申报一次性集中撮合的竞价方式。采用集合竞价的交易时段是上海、深圳证券交易所上午9:15—9:25,深圳证券交易所下午14:57—15:00。

集合竞价时,成交价格的确定原则为:

(1) 可实现最大成交量的价格;

(2) 高于该价格的买入申报与低于该价格的卖出申报全部成交的价格;

(3) 与该价格相同的买方或卖方至少有一方全部成交的价格。

如有两个以上申报价格符合上述条件的,使未成交量最小的申报价格为成交价格;仍有两个以上使未成交量最小的申报价格符合上述条件的,其中间价为成交价格。集合竞价的所有交易以同一价格成交。集合竞价期间未成交的买卖申报自动进入连续竞价。

2. 连续竞价成交价格确定规则

连续竞价是指对买卖申报逐笔连续撮合的竞价方式。采用连续竞价的交易时段是上海、深圳证券交易所上午9:30—11:30,上海证券交易所下午13:00—15:00,深圳证券交易所下午13:00—14:57。

连续竞价时,成交价格的确定原则为:

(1) 最高买入申报价格与最低卖出申报价格相同,以该价格为成交价格;

(2) 买入申报价格高于即时揭示的最低卖出申报价格的,以即时揭示的最低卖出申报价格为成交价格;

(3) 卖出申报价格低于即时揭示的最高买入申报价格的,以即时揭示的最高买入申报价格为成交价格。

做中学 1-6　　　　　　　　**判断集合竞价结果**

交易所在股票交易集合竞价时段内,依次收到买卖某股票的如下委托。根据集合竞价规则,确定集合竞价的结果,判断集合竞价申报委托的成交情况,分析集合竞价后行情报价情况。

①卖出9.49元,7 000股;②卖出9.40元,8 000股;

③买入9.43元,8 000股;④买入9.45元,13 000股;

⑤卖出9.48元,10 000股;⑥买入9.48元,27 000股;

⑦卖出9.47元,5 000股;⑧买入9.50元,3 000股;

⑨卖出9.47元,5 000股;⑩卖出9.43元,10 000股;

⑪买入9.47元,5 000股;⑫卖出9.44元,7 000股;

⑬卖出9.45元,3 000股。

根据集合竞价成交价格的确定规则,确定成交价格,分析过程见表1-1。

表1-1 股票集合竞价成交价格的分析过程

价格	此价格委托卖出数量	此价格愿意卖出总数量	此价格委托买入数量	此价格愿意买入总数量	此价格能成交的总数量
9.50	0	55 000	3 000	3 000	3 000
9.49	7 000	55 000	0	3 000	3 000
9.48	10 000	48 000	27 000	30 000	30 000
9.47	5 000+5 000	38 000	5 000	35 000	35 000
9.45	3 000	28 000	13 000	48 000	28 000
9.44	7 000	25 000	0	48 000	25 000
9.43	10 000	18 000	8 000	56 000	18 000
9.40	8 000	8 000	0	56 000	8 000

根据集合竞价成交价格确定规则,确定成交价格为9.47元。

各笔委托成交情况:

五笔卖出委托全部以9.47元成交,包括:②卖出9.40元,8 000股;⑦卖出9.47元,5 000股;⑩卖出9.43元,10 000股;⑫卖出9.44元,7 000股;⑬卖出9.45元,3 000股。三笔买入委托全部以9.47元成交,包括:⑥买入9.48元,27 000股;⑧买入9.50元,3 000股;⑪买入9.47元,5 000股。一笔委托部分成交,成交数量2 000股,包括:⑨卖出9.47元,5 000股。四笔委托不能成交,包括:①卖出9.49元,7 000股;③买入9.43元,8 000股;④买入9.45元,13 000股;⑤卖出9.48元,10 000股。

(二)委托申报相关的规则

交易所对股票、基金交易实行价格涨跌幅限制,除创业板、科创板股票涨跌幅比例为20%外,其余股票基金涨跌幅比例为10%,其中ST股票和*ST股票价格涨跌幅比例为5%。

股票、基金涨跌幅价格的计算公式为:

涨跌幅价格=前收盘价×(1±涨跌幅比例)

计算结果按照四舍五入原则取至价格最小变动单位。

属于下列情形之一的,首个交易日的价格涨跌幅限制另行规定:

(1) 首次公开发行上市的股票和封闭式基金;

(2) 增发上市的股票;

(3) 暂停上市后恢复上市的股票;

(4) 交易所认定的其他情形。

经中国证监会批准,交易所可以调整证券交易的涨跌幅限制。

买卖有价格涨跌幅限制的证券,在价格涨跌幅限制以内的申报为有效申报,超过价格涨跌幅限制的申报为无效申报。

上海证券交易所规定,买卖无价格涨跌幅限制的证券,集合竞价阶段的有效申报价格应符合下列规定:

(1) 股票交易申报价格不高于前收盘价格的200%,并且不低于前收盘价格的50%;

(2) 基金、债券交易申报价格最高不高于前收盘价格的150%,并且不低于前收盘价格的70%。

集合竞价阶段的债券回购交易申报无价格限制。

上海证券交易所规定,买卖无价格涨跌幅限制的证券,连续竞价阶段的有效申报价格应符合下列规定:

(1) 申报价格不高于即时揭示的最低卖出价格的110%,并且不低于即时揭示的最高买入价格的90%,同时不高于上述最高申报价与最低申报价平均数的130%,并且不低于该平均数的70%;

(2) 即时揭示中无买入申报价格的,即时揭示的最低卖出价格、最新成交价格中较低者视为前项最高买入价格;

(3) 即时揭示中无卖出申报价格的,即时揭示的最高买入价格、最新成交价格中较高者视为前项最低卖出价格。

深圳证券交易所规定,买卖无价格涨跌幅限制的证券,按下列方法确定有效竞价范围:

(1) 股票开盘集合竞价的有效竞价范围为即时行情显示的前收盘价的900%以内,连续竞价、盘中临时停牌复牌集合竞价、收盘集合竞价的有效竞价范围为最近成交价的上下10%;

(2) 债券上市首日开盘集合竞价的有效竞价范围为发行价的上下30%,连续竞价、收盘集合竞价的有效竞价范围为最近成交价的上下10%;非上市首日开盘集合竞价的有效竞价范围为前收盘价的上下10%,连续竞价、收盘集合竞价的有效竞价范围为最近成交价的上下10%;

(3) 债券质押式回购非上市首日开盘集合竞价的有效竞价范围为前收盘价的上下100%,连续竞价、收盘集合竞价的有效竞价范围为最近成交价的上下100%。

有效竞价范围计算结果按照四舍五入原则取至价格最小变动单位。无价格涨跌幅限制证券有效竞价范围上限或下限与最近成交价之差的绝对值低于价格最小变动单位的,以最近成交价增减一个该证券的价格最小变动单位为有效竞价范围。

(三) 各主要交易品种申报数量、计价单位、申报价格最小变动单位

各主要交易品种的具体内容见表1-2。

表1-2 各主要交易品种申购的具体内容

交易品种	申报数量	计价单位	申报价格最小变动单位
股票	买入：100股或其整数倍 卖出：余额不足100股应一次性卖出，其中科创板股票单笔买卖申报不少于200股，可以有零有整	每股价格	0.01元
基金	买入：100份或其整数倍 卖出：余额不足100份应一次性卖出	每份基金价格	0.001元
权证	买入：100份或其整数倍 卖出：余额不足100份应一次性卖出	每份权证价格	0.001元
债券	买入：1手（相当于面值1 000元）或其整数倍 卖出：不足1手部分应一次性卖出	每百元面值债券	0.01元
债券质押式回购	上交所：100手或其整数倍 深交所：1手或其整数倍	每百元资金到期年收益	0.005元

五、证券交易费用

证券交易的费用主要包括佣金、过户费、印花税等。

(一) 证券交易佣金

证券交易佣金是投资者在证券交易过程中向证券经纪服务的提供商（即证券公司）缴纳的费用，佣金既是证券公司经纪业务的主要收入来源，也是投资者参与证券交易的主要成本之一。

证券交易成本的降低，有助于提高投资者的投资信心、资本市场的运行效率和资产配置的效率，推动证券市场繁荣发展，提高一个国家证券市场的综合竞争力。因此，为降低证券交易成本，在我国佣金制度随着证券市场的发展也发生了较大的变革。

我国最早的证券交易佣金采用的是3.5‰的固定佣金比例，其市场化程度较低、佣金水平较高，且当时的佣金比例是由上海、深圳证券交易所制定的。随着我国证券市场的迅速成长，我国长期以来实行的固定佣金制的弊端逐渐凸显出来。固定佣金制度不利于证券市场竞争机制的培育，较高的费率标准提高了证券交易成本，从而妨碍了社会资源的有效配置，同时在一定程度上影响了投资者参与证券市场的积极性。

到 2000 年,由于证券交易额急剧扩大,证券公司佣金收入成倍增长,部分证券公司出于抢占市场份额的考虑,开始进行"佣金打折"。由于该行为明显违反了上海、深圳证券交易所以及中国证监会的有关规定,且引起了二级市场交易秩序的混乱,因此中国证监会当即采取了措施制止此类"佣金打折"行为,并开始着手研究佣金比例调整问题。

2000 年年底,中国证监会成立了由市场各方参与的佣金改革研究小组,研究小组经过广泛调查和深入研究,在多次征求市场主体对佣金改革的意见、反复权衡各种佣金改革方案优劣的基础上,提出了最高限额内向下浮动的优选方案。最终于 2002 年 4 月 4 日发布了《关于调整证券交易佣金收取标准的通知》,对我国的证券交易佣金制度进行改革调整。该通知于 2002 年 5 月 1 日起正式执行。这是降低投资者证券交易成本的一项重大举措,是我国证券市场规范化、国际化、市场化取向改革的一个重要步骤,是促进我国证券公司优胜劣汰并全面提升我国证券业整体实力的一项重大政策,更是我国证券市场适应加入 WTO 的必然选择。

需要特别说明的是,上述收费标准已经包含了证券公司代收的证券交易监管费和证券交易所手续费等,同时为避免不正当竞争,佣金标准也不得低于证券公司代收的证券交易监管费和证券交易所手续费。

(二)证券交易过户费

证券交易过户费是指证券买卖双方通过证券经纪商在证券交易所进行的证券买卖成交后,在通过证券登记机构进行证券权利的移转与过户登记的过程中,向证券登记公司缴纳的费用。2022 年 4 月 28 日,中国结算发布了《中国结算关于降低股票交易过户费收费标准的通知》。通知称,自 2022 年 4 月 29 日起,将股票交易过户费总体下调 50%,即股票交易过户费由现行沪深市场 A 股按照成交金额 0.02‰、北京市场 A 股和挂牌公司股份按照成交金额 0.025‰ 双向收取,统一下调为按照成交金额 0.01‰ 双向收取。

(三)证券交易印花税

证券交易印花税是从普通印花税中发展而来的,属于行为税类,目前我国仅对股票交易征收证券交易印花税。股票交易印花税是专门针对股票交易发生额征收的一种税。我国税法规定,对证券市场上买卖、继承、赠与所确立的股权转让依据,按确立时实际市场价格计算的金额征收印花税。

我国股票交易印花税收取标准:由股票出让方按成交金额的 0.1% 向税务机关缴纳(证券公司代收)。

对于中国证券市场而言,股票交易印花税是政府增加税收收入的一个手段,更是政府调控股票市场的工具。当股市低迷时,政府往往实行低税率政策,以促进股市的发展;当股市高涨、投机盛行时,政府往往实行高税率政策,以抑制投机,也可以促进股市的健康发展。

做中学 1-7　　证券交易成本价的计算

成本价是指投资者买入证券时,证券成交金额加上投资者缴纳的所有费用以后,再平摊到单位证券后的价格。

1. 投资者甲买入上海证券交易所上市股票 1 000 股(每股面值 1 元),每股成交价格 10 元,佣金率为 0.3‰,请计算其每股股票买入的成本价。

买入成交金额＝10×1 000＝10 000(元)

佣金＝成交金额×0.3‰＝10 000×0.3‰＝30(元)

过户费＝成交金额×0.01‰＝0.1(元)

每股买入成本价＝(10 000＋30＋0.1)÷1 000＝10.030 1(元)

2. 投资者乙买入上海证券交易所上市股票 100 股(每股面值 1 元),每股成交价格 10 元,佣金率为 0.3‰,请计算其每股股票买入的成本价。

买入成交金额＝1 000 元

佣金＝1 000×0.3‰＝3(元),不足 5 元按 5 元收取。

过户费＝1 000×0.01‰＝0.01(元)

每股买入成本价＝(1 000＋5＋0.01)÷100＝10.050 1(元)

技能综合实训

实训任务一　　开户

实训目标:熟练掌握证券交易的整个流程,理解我国证券交易中最基本的交易制度。

实训要求:在条件允许的情况下,用自己的身份证件去附近的证券公司开立证券交易有关账户,办理银行第三方存管业务,独立完成入市的所有准备工作。

分析提示:

(1) 开户环节有哪些重要的资料需要投资者保管好?

(2) 投资者在交易过程中一定要记牢哪些不同种类的密码?

实训任务二　　竞价原则的运用与交易成本的计算

实训目标:熟练运用证券交易中集合竞价和连续竞价的定价原则,熟练计算证券交易的成本价和保本价。

实训资料:

交易所在股票交易集合竞价时段内,依次收到买卖某股票的如下委托:

(1) 卖出 12.02 元,300 股;

(2) 买入 12.01 元,900 股;

(3) 买入 11.98 元,400 股;

(4) 卖出 12.00 元,800 股;

(5) 卖出 11.98 元,1 200 股;

(6) 买入 12.02 元,700 股;

(7) 买入 12.00 元,1 200 股;

(8) 卖出 12.01 元,1 500 股。

实训要求:

(1) 根据集合竞价规则,确定集合竞价的结果,分析集合竞价申报委托的成交情况,分析集合竞价后行情报价情况。

(2) 集合竞价结束后,进入连续竞价环节,此时有一个投资者申报买入该股票 12.05 元,1 600 股,请分析该投资者的成交情况。

(3) 查阅最新的证券交易收费标准,或结合自己开户的证券公司的收费标准,计算集合竞价买入成交者的该股票的成本价。

即测即评

一、单项选择题

1. 每个投资者在买卖证券之前,都必须在中国证券登记结算有限责任公司开立上海和深圳(　　),用于存放买入的证券。

　A. 资金账户　　　B. 证券结算账户　　C. 证券账户　　　D. 银行结算账户

2. 证券交易可以分为(　　)三个阶段。

　A. 开户准备、清算交割、委托交易　　B. 开户准备、委托成交、清算交割

　C. 开户准备、委托成交、成交确认　　D. 开户准备、委托成交、资金划转

3. 目前上海、深圳证券交易所 A 股股票、基金、债券及其回购,实行 T+(　　)交割制度。

　A. 1　　　　　　B. 2　　　　　　C. 3　　　　　　D. 4

4. 上海、深圳证券交易所的开盘价和深圳证券交易所的收盘价均通过(　　)的方式产生。

　A. 连续竞价　　　B. 集合竞价　　　C. 集中竞价　　　D. 持续竞价

5. 交易所对股票、基金交易实行价格涨跌幅限制,其中 ST 股票和*ST 股票价格涨跌幅比例和除科创板以外的其他股票涨跌幅比例分别为(　　)。

　A. 10%,10%　　B. 5%,10%　　　C. 5%,5%　　　D. 20%,10%

二、多项选择题

1. 委托的方式一般有(　　)。

　A. 递单委托　　　　　　　　　　　B. 计算机自动委托

C. 电话自动委托 D. 远程终端委托

2. 证券竞价交易按(　　)的原则撮合成交。

A. 中小投资者优先　B. 时间优先　C. 价格优先　D. 大宗交易优先

3. 上海、深圳证券交易所证券成交价格的决定,一般采用(　　)方式。

A. 集中竞价　B. 集合竞价　C. 连续竞价　D. 持续竞价

4. 集合竞价时,成交价格的确定原则为(　　)。

A. 可实现最大成交量的价格

B. 高于该价格的买入申报与低于该价格的卖出申报全部成交的价格

C. 与该价格相同的买方或卖方至少有一方全部成交的价格

D. 同等条件下,个人投资者的委托优先于机构投资者成交

5. 连续竞价时,成交价格的确定原则为(　　)。

A. 最高买入申报价格与最低卖出申报价格相同,以该价格为成交价格

B. 买入申报价格高于即时揭示的最低卖出申报价格的,以即时揭示的最低卖出申报价格为成交价格

C. 卖出申报价格低于即时揭示的最高买入申报价格的,以即时揭示的最高买入申报价格为成交价格

D. 可实现瞬时最大成交量的价格

三、业务分析题

请用框图的形式设计制作一个证券交易开户流程的宣传图,要求明确开立账户的名称、开户过程中的注意事项。

项目二 股票投资

 **思维导图**

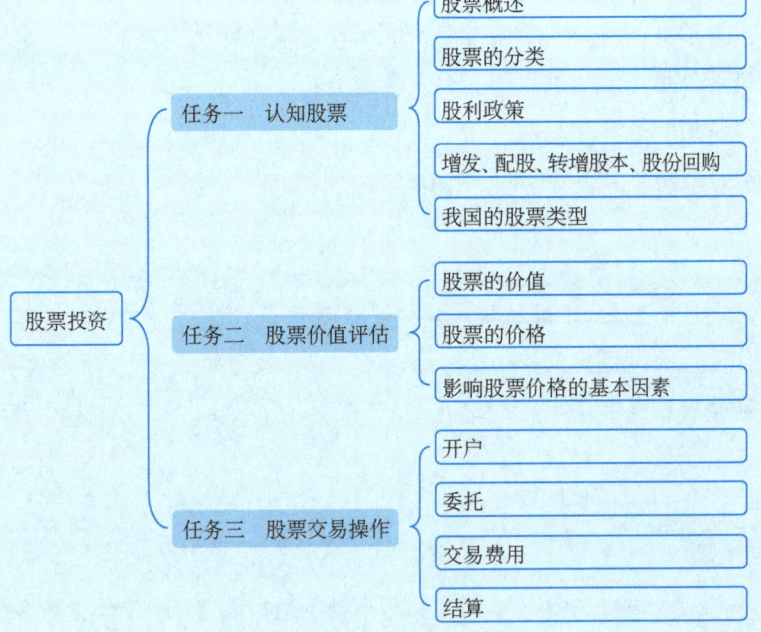

 项目描述

股票是一种有价证券,它是股份有限公司签发的证明股东所持有股份的凭证。股票应载明的事项主要有:公司名称、公司成立的日期、股票种类、票面金额及代表的股份数、股票的编号。

按不同的标准,股票可以分成不同种类:按股东享有权利的不同,股票可以分为普通股票和优先股票；按是否记载股东姓名，股票可以分为记名股票和无记名股票；按票面上是否记载金额，股票可以分为有面额股票和无面额股票。

股票反映的是所有权关系，从理论上说，股票只是一张资本凭证，本身没有价值，股票之所以有价格，是因为它代表着未来收益的价值，即能给它的持有者带来股息红利。股票交易实际上是对未来收益权的转让买卖，不确定性强，投资于股票有较大的风险。在股票交易活动中，投资者在证券市场上买卖已发行的股票要按照一定的程序进行，基本过程包括开户、委托、竞价与成交、结算等几个步骤。

学习目标

▶ 知识目标

1. 掌握股票的定义、性质、特征和类型；
2. 熟悉普通股票与优先股票、记名股票与无记名股票、有面额股票与无面额股票的区别和特征；
3. 熟悉股票票面价值、账面价值、清算价值和内在价值的含义与联系；
4. 掌握影响股票价格变动的基本因素和其他因素；
5. 熟悉股票交易的各个环节；
6. 熟悉股票交易费用的计算方法。

▶ 能力目标

1. 能明确股票市场的结构，了解股票市场的投资运作模式；
2. 能独立评估股票的投资价值；
3. 能树立正确的投资理念。

情境导入

2003年，比亚迪收购西安秦川汽车，从而开始了造车之路。当时，有许多投资方持反对态度，甚至有部分比亚迪高层也不看好王传福的决定。王传福的"疯狂"令众多投资者用脚投票，比亚迪港股股价从18港元暴跌至9港元，各种质疑和嘲笑声扑面而来。比亚迪2008年就发布了全球首款量产的插混车F3DM，搭载了全球首创的DM混动技术。到2018年，比亚迪的DM技术发展到了第三代，但市场的"春天"还没到来。在2019年，比亚迪经历连续3年利润骤降，当年利润仅剩16亿元，但比亚迪仍坚持投入84亿元用于研发，在2019年，比亚迪发布刀片电池，兼顾了能量密度和安全性，与此同时，比亚迪不断发布新技术，DM-i、DM-P、CTB等新技术接连商用，标志着比亚迪通过十几年积累的技术，量变终于发展成质变。最终在2021年,比亚迪新能源汽车终于迎来爆发点,2021年5月完成第100万辆新能源汽车下线,从2008年第一辆F3DM发布,到第100万辆新能源汽车下线,比亚迪花了13年。2022年11月,比亚迪第300万辆新能源汽车下线,从100万辆到300万辆,比亚迪耗时一年半。2023年8月,比亚迪第500万辆新能源汽车正式下线,成为全球"第一个"500万辆新能源车下线的车企,从300万辆到500万辆,比亚迪只用了9个月。

在比亚迪快速发展中,融资是助力发展的关键因素,2017年,比亚迪向投资者出售了一部分公司股权,筹集了6亿美元。这次融资使得公司的资金状况更加宽裕,使得公司能够更好地发展电动汽车业务,并扩大工厂规模。2018年4月,比亚迪宣布完成了一轮融资,共获得了22.5亿人民币的资金。2020年6月,比亚迪发行35亿港元的可转换债券,主要用于资金周转和扩大生产规模。2021年1月,比亚迪配股融资299亿港元,为汽车电动化、智能化和动力电池等领域的研发提供资金支持。

思考与讨论

比亚迪是不是值得投资的企业?

任务一　认知股票

一、股票概述

(一) 股票的定义

股票是一种有价证券,它是股份有限公司签发的证明股东所持有股份的凭证。股票一经发行,购买股票的投资者即成为公司的股东。股票实质上代表了股东对股份公司的所有权,股东凭借股票可以获得公司的股息和红利、参加股东大会并行使自己的权利,同时也要承担相应的责任与风险。

股票作为一种所有权凭证,有一定的格式。从股票的发展历史看,最初的股票票面格式既不统一也不规范,由各发行公司自行决定。我国20世纪80年代某公司发行的股票如图2-1所示。

图2-1　20世纪80年代某公司发行的股票

随着股份制度的发展和完善,许多国家对股票票面格式做了规定,提出了票面应载明的事项和具体要求。根据我国《公司法》的规定,股票采用纸面形式或国务院证券监督管理机构规定的其他形式。股票应载明的事项主要有:公司名称、公司成立日期、股票种类、票面金额及代表的股份数、股票的编号。股票由法定代表人签名,公司盖章。发起人的股票,应当标明发起人股票字样。

(二) 股票的性质

1. 股票是有价证券

持有有价证券,一方面表示拥有一定价值量的财产,另一方面也表明有价证券持有人可以行使该证券所代表的权利。股票具有有价证券的特征:第一,虽然股票本身没有价值,但股票是一种代表财产权的有价证券;第二,股票与它代表的财产权有不可分离的关系。

2. 股票是要式证券

股票应具备《公司法》规定的有关内容,如果缺少规定的要件,股票就无法律效力。

3. 股票是证权证券

证券可分为设权证券和证权证券。设权证券是指证券所代表的权利本来不存在,它是随着证券的制作而产生的,即权利的发生是以证券的制作和存在作为条件的。证权证券是指证券是权利的一种物化的表现形式,它是权利的载体,权利是本来就已经存在的。

4. 股票是资本证券

股票是投入股份公司资本份额的证券化,属于资本证券。股票独立于真实资本之外,在股票市场上进行着独立的价值运动,是一种虚拟资本。

5. 股票是综合权利证券

股票不属于物权证券,也不属于债权证券,而是一种综合权利证券。股东权是一种综合权利,股东依法享有获取资产收益、进行重大决策、选择管理者等权利。

(三) 股票的特征

1. 收益性

收益性是股票最基本的特征,它是指股票可以为持有人带来收益的特性。持有股票的目的在于获取收益。股票的收益来源可分成两类,一是股份公司的权益分配——股息或红利。认购股票后,持有者即对发行公司享有经济权益,这种经济权益的实现形式是从公司领取股息和分享公司的红利。股息和红利的多少取决于股份公司的经营状况和盈利水平。二是股票流通带来的资本利得。股票持有者可以持股票到依法设立的证券交易场所进行交易,当股票的市场价格高于买入价格时,卖出股票就可以赚取差价收益,这种差价收益称为"资本利得"。

2. 风险性

风险性是指股票投资收益的不确定性,或者说实际收益与预期收益之间的偏离程度。投资者在买入股票时,对其未来收益会有一个估计,但真正实现的收益可能会高于或低于原先的估计,这就是股票的风险。很显然,风险不等于损失,高风险的股票可能给投资者带来较大损失,也可能带来较大的预期收益。风险本身是一个中性概念,但是,多数理性的投资者厌恶风险,如果要诱导投资者投资那些风险较高的股票,就必须提供更高的预期收益,这就是"高风险高收益"的含义。

投资理财有风险,购买相关产品还需谨慎。在投资理财中,高收益和高风险往往相伴而生,那么投资者该如何做出选择呢?一般来说,在购买投资理财产品时,投资机构都会要求投资者先做风险测评,也就是风险承受能力评估。它是每个投资者在投资理财前非常重要的一个步骤,可以让投资者预估自己可以承受住多大的风险,也就是有多大能力承担风险,并据此来购买与风险等级相对应的投资理财产品。简单来说,风险承受能力是指能承受多大的投资损失而不至于影响正常生活。风险承受能力要综合衡量,与个人资产状况、

家庭情况、工作情况等都有关系。风险测评一定要独立完成,不要轻信任何人的建议,以免买到与自身风险承受能力不匹配的产品,造成难以挽回的损失。

3. 流动性

流动性是指股票可以通过依法转让而变现的特性,严格地说,是指在本金保持相对稳定、变现的交易成本极小的条件下,股票很容易变现的特性。股票持有人不能从公司退股,但股票转让为其提供了流动性。通常,判断股票的流动性强弱主要从三个方面分析:首先是市场深度,以每个价位上报单的数量来衡量。如果买卖盘在每个价位上均有较大报单,则投资者无论是买进还是卖出股票都会较容易成交,不会对市场价格形成较大冲击。其次是报价紧密度,即买卖盘各价位之间的价差。若价差较小,则新的买卖发生时对市场价格的冲击也会比较小,股票流动性就比较强。在有做市商的情况下,做市商双边报价的买卖价差通常是衡量股票流动性最重要的指标。最后是股票的价格弹性或者恢复能力,即交易价格受大额交易冲击而变化后,迅速恢复到原先水平的能力。价格恢复能力越强,股票的流动性越高。

需要注意的是,由于股票的转让可能受各种条件或法律法规的限制,因此,并非所有股票都具有相同的流动性。通常情况下,大盘股流动性强于小盘股,上市公司股票的流动性强于非上市公司股票,而上市公司股票又可能因市场或监管原因而受到转让限制,从而具有不同程度的流动性。

4. 永久性

永久性是指股票所载有权利的有效性是始终不变的,因为它是一种无期限的法律凭证。股票的有效期与股份公司的存续期间相联系,二者是并存的关系。这种关系实质上反映了股东与股份公司之间比较稳定的经济关系。股票代表着股东的永久性投资,股票持有者可以通过出售股票来转让其股东身份,而对于股份公司来说,由于股东不能要求退股,所以通过发行股票募集到的资金在公司存续期间是一笔稳定的自有资本。

5. 参与性

参与性是指股票持有人有权参与公司重大决策的特性。股票持有人作为股份公司的股东,有权出席股东大会,行使对公司经营决策的参与权。股东参与公司重大决策权利的大小取决于其持有股份数量的多少,如果某股东持有的股份数量达到决策所需要的有效多数时,其就能实质性地影响公司的经营方针。

二、股票的分类

(一) 普通股票和优先股票

按股东享有权利的不同,股票可以分为普通股票和优先股票。

1. 普通股票

普通股票是最基本、最常见的一种股票,其持有者享有股东的基本权利和义务。我国

《公司法》规定,股东可以用货币出资,也可以用实物、知识产权、土地使用权等可以用货币估价并可以依法转让的非货币财产作价出资;但是,法律、行政法规规定不得作为出资的财产除外。股份有限公司成立后,即向股东正式交付股票。普通股票的持有者是股份公司的基本股东,公司股东依法享有资产收益、参与重大决策和选举管理者等权利。

(1) 公司重大决策参与权。作为普通股票股东,行使这一权利的途径是参加股东大会,行使表决权。股东大会一般每年定期召开一次,当出现董事会认为必要、监事会提议召开、单独或者合计持有公司10%以上股份的股东请求等情形时,也可召开临时股东大会。股份公司召开股东大会,应当保证普通股票股东享有出席会议的平等权利。股东会议由股东按出资比例行使表决权,但公司章程另有规定的除外。股东出席股东大会,所持每一股份有一表决权。股东大会除现场会议外,还应向股东提供网络形式的投票平台。股东可以亲自投票,也可以委托他人代为投票。

(2) 公司资产收益权和剩余资产分配权。普通股票股东拥有公司盈余和剩余资产分配权,这一权利直接体现了其在经济利益上的要求。这一要求表现为两个方面:一是普通股票股东有权按照实缴的出资比例分取红利,但是全体股东约定不按照出资比例分取红利的除外;二是普通股票股东在股份公司解散清算时,有权要求取得公司的剩余资产。

普通股票股东行使资产收益权有一定的限制条件。第一,法律上的限制。许多国家在公司法或者其他法律中对股份公司红利的支付条件都有明确规定。一般原则是:只能用留存收益支付;股利的支付不能减少其注册资本;公司在无力偿债时不能支付红利。我国有关法律规定,公司缴纳完所得税后的利润,在支付普通股票的红利之前,应按如下顺序分配:弥补亏损,提取法定公积金,提取任意公积金。可见,普通股票股东能否分到红利以及分得多少,取决于公司的税后利润多少以及公司未来发展的需要。第二,其他方面的限制。如公司对现金的需要、股东所处的地位、公司的经营环境、公司进入资本市场获得资金的能力等。

普通股票股东行使剩余资产分配权也有一定的限制条件。第一,普通股票股东要求分配公司资产的权利不是任意的,必须是在公司解散清算之时。第二,公司的剩余资产在分配给股东之前,一般应按下列顺序支付:支付清算费用,支付公司员工工资和劳动保险费用,缴付所欠税款,清偿公司债务;如还有剩余资产,再按照股东持股比例分配给各股东。

(3) 其他权利。除了上面两种基本权利外,普通股票股东还可以享有由法律和公司章程所规定的其他权利。我国《公司法》规定,股东还有以下主要权利:第一,股东有权查阅公司章程、股东名册、公司债券存根、股东大会会议记录、董事会会议决议、监事会会议决议、财务会计报告,对公司的经营提出建议或者质询。第二,股东持有的股份可依法转让。股东转让股份应在依法设立的证券交易场所进行或按照国务院规定的其他方式进行。公司发起人、董事、监事、高级管理人员的股份转让受《公司法》和公司章程的限制。第三,公司为增加注册资本发行新股时,股东有权按照实缴的出资比例认购新股。股东大会应当对向原有股东发行新股的种类及数额作出决议。股东的这一权利称为"优先认股权"或"配股权",是指当股份公司为增加公司资本而决定发行新的股票时,原普通股票股东享有的按其持股比例,以低于市价的某一特定价格优先认购一定数量新发行股票的权利。赋予股东这种权利有两个主要目的:一是能保证普通股票股东在股份公司中保持原有的持股比例;二是能保护原普通股票股东的利益和持股价值。因为当公司增资扩股后,在一段时间内,公司的每股税后净利会因此摊薄,原普通股票股东以优惠价格优先购买一定数量的新股,可从中得到补偿或取得收益。享有优先认股权的股东可以有三种选择:一是行使此权利来认购新发行的普通股票;二是将该权利转让给他人,从中获得一定报酬;三是不行使此权利而任其过期失效。普通股票股东是否具有优先认股权,取决于认购时间与股权登记日的关系。股份公司在提供优先认股权时会设定一个股权登记日,在此日期前认购普通股票的股东享有优先认股权;在此日期后认购普通股票的股东不享有优先认股权。

2. 优先股票

优先股票与普通股票相对应,是指股东享有某些优先权利(如优先分配公司盈利和剩余财产权)的股票。相对于普通股票而言,优先股票在其股东权利上附加了一些特殊条件,是特殊股票中最重要的一个品种。

优先股票是一种特殊股票,虽然它不是股票的主要品种,但是它的存在对股份公司和投资者来说仍有一定的意义。首先,对股份公司而言,发行优先股票的作用在于可以筹集长期稳定的公司股本,又因其股息率固定,可以减轻利润的分派负担。另外,优先股票股东无表决权,这样可以避免公司经营决策权的改变和分散。其次,对投资者而言,由于优先股票的股息收益稳定可靠,而且在财产清偿时分配顺序也先于普通股票股东,因而风险相对较小,不失为一种较安全的投资对象。

优先股票因收入稳定、二级市场价格波动小、风险较低,适宜中长线投资,在国外,大部分优先股票为保险公司、养老基金等稳健型机构投资者所持有。当然,持有优先股票并不总是有利的,比如,在公司经营有方、盈利丰厚的情况下,优先股票的股息收益可能会大大低于普通股票。优先股票的主要特征有四个。

(1) 股息率固定。普通股票的股息是不固定的,它取决于股份公司的经营状况和盈利水平。而优先股票在发行时就约定了固定的股息率,无论公司经营状况和盈利水平如何变化,该股息率不变。

(2) 股息分派优先。在股份公司盈利分配顺序上,优先股票排在普通股票之前。各国公司法对此一般都有规定,公司盈利首先应支付债权人的本金和利息,缴纳税金;其次是支付优先股股息;最后才分配普通股股利。因此,从风险角度看,优先股票的风险小于普通股票。

(3) 剩余资产分配优先。当股份公司因解散或破产进行清算时,在对公司剩余资产的分配上,优先股票股东排在债权人之后、普通股票股东之前。也就是说,优先股票股东可优先于普通股票股东分配公司的剩余资产,但一般按优先股票的面值清偿。

(4) 一般无表决权。优先股票股东权利是受限制的,最主要的是表决权限制。普通股票股东参与股份公司的经营决策主要通过参加股东大会行使表决权,而优先股票股东在一般情况下没有投票表决权,不享有公司的决策参与权。

(二) 记名股票和无记名股票

股票按是否记载股东姓名，可分为记名股票和无记名股票。

1. 记名股票

股份有限公司向发起人、法人发行的股票，应当为记名股票。记名股票有如下特点：

(1) 股东权利归属于记名股东。对于记名股票来说，只有记名股东或其正式委托授权的代理人才能行使股东权利。除了记名股东以外，其他持有者（非经记名股东转让和经股份公司过户的）不具有股东资格。

(2) 可以一次或分次缴纳出资。缴纳股款是股东基于认购股票而承担的义务。一般来说，股东应在认购时一次缴足股款。但是，基于记名股票所确定的股份公司与记名股东之间的特定关系，有些国家也规定允许记名股东在认购股票时可以无须一次缴足股款。我国《公司法》规定，设立股份有限公司的条件之一是发起人认购和募集的股本达到法定资本最低限额。以发起设立方式设立股份有限公司的，全体发起人首次出资额不得低于注册资本的20%，其余部分由发起人自公司成立之日起两年内缴足；以募集方式设立股份有限公司的，发起人认购的股份不得少于公司股份总数的35%。

(3) 转让相对复杂或受限制。记名股票的转让必须依据法律和公司章程规定的程序进行，而且要服从规定的转让条件。为了维护股份公司和其他股东的利益，法律对于记名股票的转让有时会规定一定的限制条件，如有的国家规定记名股票只能转让给特定的人。我国《公司法》规定，记名股票由股东以背书方式或者法律、行政法规规定的其他方式转让；转让后由公司将受让人的姓名或名称及住所记载于股东名册。

(4) 便于挂失，相对安全。记名股票与记名股东的关系是特定的，因此，如果股票遗失，记名股东的资格和权利并不会消失，记名股东可依据法定程序向股份公司挂失，要求公司补发新的股票。

2. 无记名股票

发行无记名股票的，公司应当记载其股票数量、编号及发行日期。无记名股票有如下特点：

(1) 股东权利归属于股票的持有人。

(2) 认购股票时要求一次缴纳出资。无记名股票上不记载股东姓名，若允许股东缴纳部分出资即发给股票，以后实际上无法催缴未缴纳的出资，所以认购者必须缴足出资后才能领取股票。

(3) 转让相对简便。与记名股票相比，无记名股票的转让较为简单与方便，原持有者只要向受让人交付股票便发生转让的法律效力，受让人取得股东资格不需要办理过户手续。我国《公司法》规定，无记名股票的转让，由股东将该股票交付给受让人后即发生转让的效力。

(4) 安全性较差。因为没有记载股东姓名的法律依据，所以，无记名股票一旦遗失，原股票持有者便丧失股东权利，且无法挂失。

(三) 有面额股票和无面额股票

1. 有面额股票

有面额股票是指在股票票面上记载一定金额的股票。这一记载的金额也称为"票面金额""票面价值"或"股票面值"。我国《公司法》规定,股份有限公司的资本划分为股份,每一股的金额相等。有面额股票具有如下特点:

(1) 可以明确表示每一股所代表的股权比例。比如,某股份公司发行1 000万元的股票,每股面额为1元,则每股股票代表公司净资产千万分之一的所有权。

(2) 为股票发行价格的确定提供依据。我国《公司法》规定,股票发行价格可以等于票面金额,也可以超过票面金额,但不得低于票面金额。有面额股票的票面金额就是股票发行价格的最低界限。

2. 无面额股票

无面额股票是指在股票票面上不记载股票面额,只注明它在公司总股本中所占比例的股票。目前世界上很多国家(包括中国)的公司法规定不允许发行这种股票。

三、股利政策

股利政策是指股份公司对公司经营获得的盈余公积和应付利润采取现金分红或派息、发放红股等方式回馈股东的制度和政策。股利政策体现了公司的发展战略和经营思路,稳定可预测的股利政策有利于股东利益最大化,是股份公司稳健经营的重要指标。

1. 现金股利

现金股利指股份公司以现金分红方式将盈余公积和当期应付利润的部分或全部发放给股东,股东为此应支付利息税。稳定的现金股利政策对公司现金流管理有较高的要求,通常将那些经营业绩较好、具有稳定较高现金股利支付的公司股票称为"蓝筹股"。

2. 股票股利

股票股利也称"送股",是指股份公司对原有股东采取无偿派发股票的行为,把原来属于股东所有的盈余公积转化为投入资本,实质上是留存利润的凝固化、资本化,股东在公司里占有的权益份额和价值均发生变化。获取股票股利暂免纳税。

3. 股利发放中的四个重要日期

(1) 股利宣布日。即公司董事会将分红派息的消息公布于众的日期。

(2) 股权登记日。即统计和确认参加本期股利分配的股东的日期,在此日期持有公司股票的股东方能享受股利发放权利。

(3) 除息除权日。通常为股权登记日之后的1个工作日,本日之后买入的股票不再享有本期股利。从理论上说,除息日股票价值应下降与每股现金股利相同的数额,除权日股票价格应按送股比例同步下降。但是实践中,除息除权后,股价变化与理论价格之间通常会存在差异。

(4) 派发日。即股利正式发放给股东的日期。

四、增发、配股、转增股本、股份回购

(一) 增发

增发指公司因业务发展需要增加资本额而发行新股。上市公司可以向公众公开增发，也可以向少数特定机构或个人增发。增发之后，公司注册资本相应增加。

增发之后，若会计期内增量资本未能产生相应效益，将导致每股收益下降，称为"稀释效应"，会导致股价下跌；从另一角度看，若增发价值高于增发前每股净资产，则增发后可能会促成公司每股净资产增厚，有利于股价上涨；增发总体上增加了发行在外的股票总量，短期内增加了股票供给，若无相应需求增长，股价可能下跌。

(二) 配股

配股是面向原有股东，按持股数量的一定比例增发新股，原股东可以放弃配股权。现实中，由于配股价通常低于市场价格，配股上市之后可能导致股价下跌。在实践中经常发现，对那些业绩优良、财务结构健全、具有发展潜力的公司而言，增发和配股将增强公司经营实力，会给股东带来更多回报，股价不仅不会下跌，可能还会上涨。

(三) 转增股本

转增股本是将原本股东权益的资本公积转为实收资本，股东权益总量和每位股东占公司的股份比例均未发生任何变化，唯一的变动是发行在外的总股数增加了。

送股与转增股本对一般投资者来说，统称"送股"，实际上，二者具有本质区别。送股俗称送"红股"，是上市公司采用股票股利形式进行的利润分配，它的来源是上市公司的留存收益。送股是对股东分红回报的一种方式，因此送股要纳税。而转增股本不是利润分配，只是公司增加股本的行为，它的来源是公司的资本公积。从严格的意义上来说，转增股本并不是对股东的分红回报，因此资本公积金转增股本不需要纳税。

从会计角度来说，送股实质上只是将公司的留存收益转入股本账户，留存收益包括盈余公积和未分配利润，现在的上市公司一般只将未分配利润部分送股，实际上盈余公积的一部分也可送股。而转增股本则是将资本公积转入股本账户。股本、未分配利润、资本公积、盈余公积同属所有者权益类账户，都是公司的净资产，这些都属于投资者所有。也就是说，经过送股、转增股本后，上市公司的所有者权益并没有改变，也不会影响公司的总资产、总负债。可见，送股、转增股本行为本身只是会计上的转账。从另一个角度看，送股、转增股本使公司发行在外的股票数量发生了变化，但这种股票数量的增加对投资者权益没有影响。这是因为股票数量是同比例增加的，每个投资者所持股数占公司总股本数的比例是不

变的。既然送股、转增股本只是使投资者持有的股票增加了,而没有改变投资者在公司中的权益,那么结果就是每股所拥有的权益同比例地下降了,具体到财务指标上就是公司的每股净资产同比例下降。如果公司下年度的经营状况与上年度相比变化不大的话,则下年度的每股收益指标也将同比例下降。

成熟的上市公司、稳健的公司董事会制定其分配政策是以公司的发展前景以及对后期经营业绩的预测为根据的,但由于我国股票市场发展的时间不长,上市公司进入市场也还不久,因而部分上市公司的董事会制定分配预案的做法还不是很规范,突出表现在上市不久的新股板块上。由于这些公司在发行新股时都获得了较高的股票溢价收入,超过股票面值的这部分溢价收入被记入资本公积,因而尽管这些公司当年可供分配的利润可能不多,但都有较高的资本公积,将资本公积金转增股本是这些公司常用的做法。虽然转增股本能够博得目前的流通股股东的欢心,但由于转增股本与送股一样,都有摊薄每股收益与每股净资产的效应,势必会影响下年度的利润分配以及下年度的每股盈利指标。比如,某上市公司2021年每股收益0.42元,其中包括了股票发行时申购资金的冻结利息,却制定了"10送1转增9"的分配预案。如果该公司2022年经营业绩对比2021年没有大的改善的话,该分配方案实施后,2022年的每股收益将是0.20元左右。又如,另一家上市公司2021年每股净资产2.50元,分配方案是"10送4转增6"。这样分配后,2022年年初的每股净资产实际上只有1.20元左右,这1.20元中1元是股本,0.20元是每股所拥有的资本公积和留存收益,也就是下次还可以分配或转增的部分,可见已变得非常少。

总之,对于上市公司和投资者来说,要辩证地看待送股和转增股本。一般来说,在新兴的证券市场上,上市公司比较喜欢用股票股利和转增股本的方式进行分配,以迎合投资者;而在成熟的证券市场上,上市公司较多采用现金股利方式进行利润分配,以保证股东收益的稳定性。

(四)股份回购

上市公司利用自有资金,从公开市场上买回发行在外的股票,称为"股份回购"。

我国《公司法》规定,公司不得收购本公司股份,但是有下列情形之一的除外:减少公司注册资本;与持有本公司股份的其他公司合并;将股份奖励给本公司职工;股东因对股东大会做出的公司合并、分立决议持异议,要求公司收购其股份的。

五、我国的股票类型

(一)按投资主体的性质分类

1. 国家股

国家股是指有权代表国家投资的部门或机构以国有资产向公司投资形成的股份,包括公司现有国有资产折算成的股份。在我国企业的股份制改造中,原来一些全民所有制企业改组为股份公司。从性质上讲,这些全民所有制企业的资产属于国家所有,因此在改组为股份公司时,就折成国家股。另外,国家对新组建的股份公司进行投资,也构成了国家股。国家股由国务院授权的部门或机构持有,或根据国务院决定,由地方人民政府授权的部门或机构持有。国家股权可以转让,但转让应符合国家的有关规定。

2. 法人股

法人股是指企业法人或具有法人资格的事业单位和社会团体以其依法可支配的资产投入公司形成的股份。法人持股所形成的是一种所有权关系,是法人经营自身财产的一种投资行为。法人股股票以法人记名。

如果是具有法人资格的国有企业、事业单位及其他单位以其依法占用的法人资产向独立于自己的股份公司出资形成或依法定程序取得的股份,可称为"国有法人股"。国有法人股属于国有股权。作为发起人的企业法人或具有法人资格的事业单位和社会团体在认购股份时,可以用货币出资,也可以用其他形式的资产,如实物、工业产权、非专利技术、土地使用权等作价出资。但对其他形式资产必须进行评估作价,核实财产,不得高估或者低估作价。

3. 社会公众股

社会公众股是指社会公众依法以其拥有的财产投入公司时形成的可上市流通的股份。在社会募集方式下,股份公司发行的股份,除了由发起人认购一部分外,其余部分应该向社会公众公开发行。我国《证券法》规定,社会募集公司申请股票上市的条件之一是:向社会公开发行的股份达到公司股份总数的 25% 以上;公司股本总额超过人民币 4 亿元的,向社会公开发行股份的比例为 10% 以上。

4. 外资股

外资股是指股份公司向外国和我国香港、澳门、台湾地区投资者发行的股票。这是我国股份公司吸收外资的一种方式。外资股按上市地域,可以分成境内上市外资股和境外上市外资股。境内上市外资股也称"B 股"。B 股采取记名股票形式,以人民币标明股票面值,以外币认购买卖,在境内证券交易所上市交易。境外上市外资股主要由 H 股、N 股、S 股等构成。H 股是指注册地在我国内地、上市地在我国香港的外资股。N 股是指上市地在纽约的外资股,S 股是指上市地在新加坡的外资股。

需要说明的是,红筹股不属于外资股。红筹股是指在中国境外注册、在我国香港上市但主要业务在内地或大部分股东权益来自内地的股票。早期的红筹股,主要是一些中资公司收购香港的中小型上市公司后重组而形成的;此后出现的红筹股,主要是内地一些省市或中央部委将其在香港的窗口公司改组并在香港上市后形成的。红筹股已经成为内地企业进入国际资本市场筹资的一条重要渠道。

(二) 按流通受限与否分类

1. 有限售条件股份

有限售条件股份是指股份持有人依照法律规定或按承诺有转让限制的股份。

2. 无限售条件股份

无限售条件股份是指流通转让不受限制的股份。

任务二　股票价值评估

一、股票的价值

（一）股票的票面价值

股票的票面价值又称"面值"，即在股票票面上标明的金额。该种股票被称为"有面额股票"。如果以面值作为发行价，称为"平价发行"，此时公司发行股票募集的资金等于股本的总和，也等于面值总和。发行价格高于面值称为"溢价发行"，募集的资金中等于面值总和的部分计入资本账户，将超过面值所得的溢价款列为公司资本公积金。随着时间的推移，公司的净资产会发生变化，股票面值与每股净资产价值逐渐背离，与股票的投资价值之间也没有必然的联系。尽管如此，票面价值代表了每一份股份占总股份的比例，在确定股东权益时仍有一定的意义。

（二）股票的账面价值

股票的账面价值又称"股票净值"或"每股净资产价值"，在没有优先股的情况下，每股账面价值等于公司净资产除以发行在外的普通股票的股数。通常情况下，股票的账面价值并不等于股票的市场价格，原因主要有两点：一是会计价值通常反映的是历史成本或者按某种规则计算的公允价值，并不等于公司资产的实际价值；二是账面价值并不反映公司的发展前景。

（三）股票的清算价值

股票的清算价值指股份公司一旦破产或倒闭后进行清算时，每股股票所代表的实际价值。从理论上讲，股票的每股清算价值应与股票的账面价值一致，但企业在破产清算时，其财产价值是以实际的销售价格来计算的，而在进行财产处置时，其售价一般都会低于实际价值，所以股票的清算价值就会与股票的净值不一致。股票的清算价值只是在股份公司因破产或其他原因丧失法人资格而进行清算时才被作为确定股票价格的依据，在股票的发行和流通过程中没有意义。

（四）股票的内在价值

股票的内在价值即理论价值，是股票未来收益的现值。股票的内在价值决定股票的市场价格,股票市场价格总是围绕其内在价值波动。研究和发现股票的内在价值,并将内在价值与市场价格相比较,进而决定投资策略,这是证券研究人员、投资管理人员的主要任务。由于未来收益及市场利率的不确定性,各种价值模型计算出来的内在价值只是股票真实内在价值的估算值。经济形势的变化、宏观经济政策的调整、供求关系的变化等都会影响上市公司未来的收益,引起内在价值的变化。

二、股票的价格

股票的价格是指股票在证券市场上买卖的价格。从理论上说,股票只是一张资本凭证,本身没有价值,股票之所以有价格,是因为它代表着收益的价值,即能给它的持有者带来股息红利。股票交易实际上是对未来收益权的转让买卖,股票价格就是对未来收益的评定。

(一) 股票的理论价格

股票的理论价格根据现值理论计算而来,现值理论认为,人们之所以愿意购买股票和有价证券,是因为它能够为持有人带来预期收益。股票的未来股息收入、资本利得收入是股票的未来收益,将这些未来收益按照必要收益率和有效期限折算成现值,可以说,现值就是股票未来收益的当前价值。因此,股票的理论价格就是以一定的必要收益率计算出来的未来收入的现值。

1. 股利贴现模型

为简化起见,首先假设永远持有股票(只有每年的股利,没有买卖差价),每年从公司获得的股利的贴现值就是这个股票的价值。这是运用收入的资本化定价方法来计算股票的内在价值。按照收入的资本化定价方法,任何资产的内在价值是由拥有这种资产的投资者在未来时期中所接受的现金流决定的,资产的内在价值等于预期现金流的贴现值。

这种通过收入资本化方法所建立的模型被称为"股利贴现模型",其一般形式是:

$$V = \frac{D_1}{1+r} + \frac{D_2}{(1+r)^2} + \frac{D_3}{(1+r)^3} + \cdots = \sum_{t=1}^{\infty} \frac{D_t}{(1+r)^t}$$

其中 V 为每股股票的内在价值,D_t 是第 t 年每股股利的期望值,r 是折现率(股票的必要报酬率)。

公式表明,股票的内在价值是其逐期股利的现值之和。

2. 零息增长条件下的股利贴现模型

零息增长是假设每期期末支付的股利的增长率为 0,未来各期股利按固定数额发放。如果已知某只股票去年支付的股利为 D_0,那么今年以及未来所有年份将要收到的股利也都等于 D_0,很显然,此状态下的股票为投资者提供的未来现金流等于一笔终身年金,根据股利贴现模型可知股票的内在价值为:

$$V=\frac{D_0}{1+r}+\frac{D_0}{(1+r)^2}+\frac{D_0}{(1+r)^3}+\cdots=\sum_{t=1}^{\infty}\frac{D_0}{(1+r)^t}=\frac{D_0}{r}$$

其中 V 为股票价值，D_0 为每年固定的股利，r 为投资者要求的投资报酬率。

做中学 2-1

某公司在未来无期限内，每股固定支付股利 1.5 元，投资者要求的报酬率为 10%，计算该股票的内在价值。

$$V=\frac{1.5}{10\%}=15(元)$$

如果该股票在二级市场上的交易价格为 13.25 元，可认为该公司股票的价格被低估，低估值为 15－13.25＝1.75 元，因此，可买入此股票。

用股利贴现模型进行股票投资决策，具体方法如下：运用模型所得出的股票的内在价值(V)与股票现实的交易价格(P)是不相等的，如果股票内在价值大于现实的交易价格，股票的价格被市场低估，建议投资者买入；反之，建议投资者卖出。

3. 固定增长条件下的股利贴现模型

固定增长条件是假定股利每期按一个固定的增长比率 g 增长，将得到固定增长模型。各期股利为：

$$D_t=D_0(1+g)^t$$

假定 $r>g$，那么根据股利贴现模型，在固定增长条件下，股票的内在价值为：

$$V=D_0\frac{1+g}{r-g}=\frac{D_1}{r-g}$$

做中学 2-2

普华公司准备购买同方公司股票，同方公司去年每股支付股利 0.5 元，预计未来每股股利支付额将以每年 10% 的比率增长，普华公司要求的必要报酬率为 12%，计算同方公司每股股票的内在价值。

$$V=0.5\times\frac{1+10\%}{12\%-10\%}=27.5(元)$$

4. 阶段性成长模型

许多公司的盈利在某一期间有一个超常的增长率，这段时间的增长率 g 可能大于 r，而后阶段公司的盈余固定不变或正常增长。阶段性成长的股票需要分段计算，才能确定股票的价值。阶段性成长模型估算的普通股价值等于股利高速增长阶段现值、股利固定增长阶段现值、股利固定不变阶段现值之和。

做中学 2-3

假定普华公司准备购买永盛公司的股票,普华公司要求12%的报酬率,永盛公司去年年末每股股利0.6元,预计今后三年以15%的增长率高速增长,而后以9%的增长率转入正常成长阶段,则该股票的价值分两个阶段计算。

首先,计算永盛公司高速成长期股利的现值 V_1。

年份	股利/元	现值系数(报酬率为12%)	股利现值/元
1	0.6×(1+15%)=0.69	0.893	0.616 2
2	0.69×(1+15%)=0.793 5	0.797	0.632 4
3	0.793 5×(1+15%)=0.912 5	0.712	0.649 7
合计	—	—	1.898 3

然后,计算永盛公司股利固定增长阶段的股票现值 V_2。

$$V_2 = \frac{0.912\ 5 \times (1+9\%)}{12\% - 9\%} \times \left(\frac{P}{F}, 12\%, 3\right) = 33.154\ 2 \times 0.712 = 23.605\ 8(元)$$

最后,永盛公司股票的价值 $V = 1.898\ 3 + 23.605\ 8 = 25.5(元)$。

(二) 股票的市场价格

股票的市场价格一般是指股票在二级市场上交易的价格。股票的市场价格由股票的价值决定,但受很多因素影响。其中,供求关系是最直接的影响因素,其他因素都是通过作用于供求关系而影响股票价格的。

股票价格＝预期股息÷银行利率
＝票面金额×预期股息率÷银行利率

做中学 2-4

李先生在深圳股市购买了某公司上市股票100股,每股票面金额20元,预期每年可获3%的股息,银行存款利息率为2%。如果没有其他因素影响,一年后李先生购买的100股股票的价格应为多少元?

股票价格＝20×3%÷2%×100＝3 000(元)

三、影响股票价格的基本因素

股票的内在价值决定股票的市场价格,但市场价格又不完全等同于其内在价值。股息和银行利率是决定股票价格的两个重要因素,此外股票的市场价格还受供求关系以及其他诸多因素的影响,股价的波动是各种因素综合作用的结果。在现实社会生活中,经济的兴衰、政治的变迁、社会的震荡等各种状况都会对股票市场价格产生影响。因此,股票市场价格变动是一个十分复杂的问题,它既受企业内部因素影响,又受社会环境影响,是企业内部和外部诸多因素互相影响的结果。影响股票价格波动的基本因素有四种。

(一) 政治因素

指国内外重大经济事件及重大经济政策的出台、变更对股价的影响。当今世界各国的经济联系十分紧密,国际上政治经济的变化必然影响各国经济的发展,特别是一些主要国家的政治经济形势的重要变化,会波及其他国家甚至产生连锁反应,从而导致股市的动荡。一国政局的稳定会对股市产生良好的影响,反之则会导致股价下跌。政府易人、政权转移等重大政治事件关系到国家政治、经济、外交、军事等政策的调整和变动,会影响社会的安定,从而导致股价的波动。

(二) 经济因素

1. 国内生产总值。从长期看,股票价格的波动趋势与一国的国内生产总值的变化是一致的。

2. 银行利率。利率的变动与股价的变动关系相当密切。利率提高时,会吸引社会资金流向银行,股票的市场需求减少,股票价格下跌。同时,利率提高还使企业贷款的利息增加、负担加重,导致企业利润下降,股价也会因此下降。与此相反,利率降低,社会资金流向股市,股票市场需求增加,企业也因利率降低而增加利润,从而推动股票价格上升。

3. 货币供给量。它对股票市场的影响表现在两个方面:一方面,货币供给量增加时,可用于购买股票的资金相应增加,股价会上涨;货币供给量减少时,可用于购买股票的资金相应减少,股价下跌。另一方面,当市场上货币供给量过多而造成通货膨胀时,人们为保值而购买股票,股票需求增加,导致股票价格上涨;当货币供应不足时,人们为取得货币资金而抛出股票,导致股票价格下跌。

4. 经济周期。在经济繁荣时期,股价自然上涨;在危机阶段,可分配的股利少或根本无法分配股利,投资者竞相抛售股票,造成股价暴跌;在萧条阶段,社会需求减少,生产严重过剩,人们对于证券投资活动处于观望状态,因此,股票的价格往往呈相对稳定或者缓慢上升状态;在复苏阶段,全社会的固定资产投资扩大,企业的经营活动日趋活跃,利润不断增加,人们对经济的预期较为乐观,此时股价开始全面回升。

(三) 心理因素

指投资者心理状况对股票价格的影响。许多情况都会引起投资者的心理变化,甚至有些传闻或谣言也会造成投资者抢购或抛售某种股票，以致引起某一种股票的价格猛涨或暴跌。

（四）企业因素

它是决定股票市场价格变动的最基本因素。在其他情况不变时，股价总是和企业利润同向变动的。当企业盈利上升时，股价会上升；盈利下降时，股价也会下跌。一些有发展前途、营业状况好、信誉高的公司对投资者有吸引力，致使投资者争先恐后地购买这些公司的股票，股票价格就会上涨；反之，一些没有发展前途、营业状况差、信誉低的公司对投资者缺乏吸引力，这些公司的股票在市场上问津者少，股票价格就会下跌。在现实经济生活中，股价的升降往往在收益变动之前发生，因为投资者在购买股票时会着眼于未来。

在实际经济生活中，上述因素综合或交叉地作用于股票价格。在同一时间，有些因素驱使价格上涨，有些因素又迫使价格下跌，股票价格最终是涨是跌，主要看各种因素作用的强弱。因此，对股价的分析不仅需要充分占有资料、拥有信息，还要对许多因素进行综合考虑。同时，股市中人为的投机操作因素，如轮作、哄抬、扎空、套杀以及证券管理机构的某些限制规定等，都会对股价产生一定影响。

股票交易操作

在股票交易活动中，投资者在证券市场上买卖已发行的股票要按照一定的交易程序进行。所谓交易程序，就是指投资者在二级市场上买进或卖出已上市证券应遵循的规定过程。基本过程包括开户、委托、竞价与成交、结算等几个步骤，如图2-2所示。

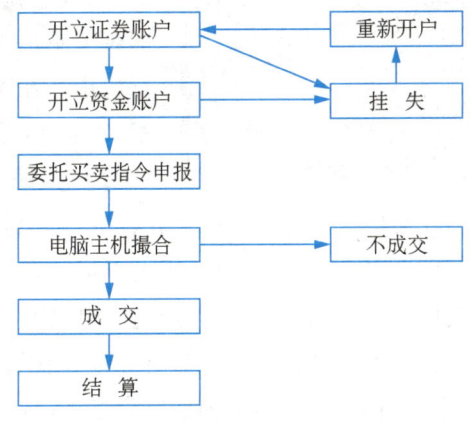

图2-2 交易程序基本过程

一、开户

开户有两个方面,即开立证券账户和开立资金账户。证券账户用来记载投资者所持有的证券种类、数量和相应的证券变动情况,资金账户则用来记载和反映投资者买卖证券的货币收付和结存数额。开立证券账户和资金账户后,投资者买卖证券所涉及的证券、资金变化就会在相应的账户中反映出来。比如,某投资者买入甲股票1 000股,包括股票价格和交易税费的总费用为10 000元,则投资者的证券账户上就会增加甲股票1 000股,资金账户上就会减少10 000元。

开立证券账户是投资者进行证券交易的先决条件。对于股票账户来说,它还是认定股东身份的重要凭证,具有证明股东身份的法律效力。

二、委托

在证券交易所市场,投资者买卖证券是不能直接进入交易所办理的,而是必须通过证券交易所的会员来进行。换言之,投资者需要通过经纪商(通常为证券公司)的代理才能在证券交易所买卖证券。在这种情况下,投资者向经纪商下达买进或卖出证券的指令,称为"委托"。图2-3为某证券交易系统委托买入工商银行股票的委托界面,委托指令的基本要素包括证券账号、日期、品种、买卖方向、数量和价格等。

根据交易所交易规则,买入股票的数量应为100股或其整数倍,卖出股票也应为100股或其整数倍,卖出时余额不足100股的部分应一次性申报卖出。在申报价格最小变动单位方面,A股申报价格最小变动单位为0.01元人民币。

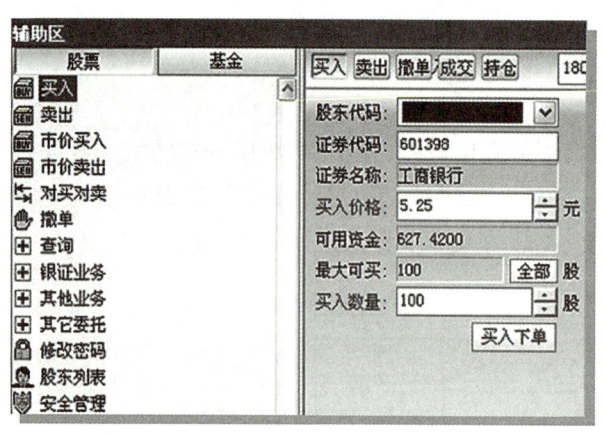

图2-3 买入工商银行股票的委托界面

证券经纪商接受客户委托后应按"时间优先、客户优先"的原则进行申报竞价。时间优先是指证券经纪商应按受托时间的先后次序为委托人申报。客户优先是指当证券公司自营买卖申报与客户委托买卖申报在时间上冲突时,应优先申报客户委托买卖。

A股的交易日为每周一至周五。国家法定节假日和证券交易所公告的休市日,证券交易所市场休市。另外,根据市场发展需要,经中国证监会批准,证券交易所可以调整交易时间。交易时间内因故停市,交易时间不作顺延。上海证券交易所规定,接受会员竞价交易申报的时间为每个交易日9:15—9:25、9:30—11:30、13:00—15:00。每个交易日9:20—

9:25的开盘集合竞价阶段,上海证券交易所交易主机不接受撤单申报。深圳证券交易所则规定,接受会员竞价交易申报的时间为每个交易日 9:15—11:30、13:00—15:00。每个交易日 9:20—9:25、14:57—15:00,交易主机不接受参与竞价交易的撤销申报。每个交易日 9:25—9:30,交易主机只接受申报,不对买卖申报或撤销申报作处理。另外,上海证券交易所和深圳证券交易所认为必要时,都可以调整接受申报时间。

证券营业部申报竞价成交后,买卖即告成立,成交部分不得撤销。在委托未成交之前,客户有权变更和撤销委托。

三、交易费用

投资者在委托买卖证券时,需支付多项费用和税金,如佣金、过户费、印花税等。具体内容前文已有介绍,相应计算公式如下:

买入手续费=交易佣金费率×成交金额+过户费
卖出手续费=(交易佣金费率+印花税率)×成交金额+过户费

做中学 2-5

王先生以每股10元的价格买入了1万股某公司的股票。持有一段时间后,股票涨到每股12元,全部卖出。交易佣金是3‰,计算这笔交易王先生支付的手续费及利润。

买入手续费=0.3‰×10×10 000+0.01‰×10×10 000=301(元)
卖出手续费=(0.3‰+0.1%)×12×10 000+0.01‰×12×10 000=481.2(元)
总手续费=301+481.2=782.2(元)
王先生的利润=(12-10)×10 000-782.2=19 217.8(元)

做中学 2-6   A股交易的保本计算

某投资者在上海证券交易所以每股4元的价格买入5 000股某股票,佣金按0.2%收取,过户费和印花税按规定收取,计算该投资者至少以什么价格卖出才能保本。

购买股票总支出=4×5 000+4×5 000×0.2%+4×5 000×0.001%=20 040.2(元)
假设该投资者以 P 的价格卖出才能保本,则:
20 040.2=5 000P-10P-5P-0.05P=4 984.95P
P≈4.02(元)
所以该投资者至少以每股4.02元的价格卖出才能保本。

四、结算

证券交易成交后,首先需要对买方在资金方面的应付额、在证券方面的应收种类和数量进行计算,同时也要对卖方在资金方面的应收额、在证券方面的应付种类和数量进行计算。这一过程属于清算,包括资金清算和证券清算。清算结束后,需要完成证券由卖方向买方转移和对应的资金由买方向卖方转移的过程,这一过程属于交收。

技能综合实训

环境要求:电脑、网络、证券行情软件。

实训任务一
与同学研讨,对影响证券价格走势的信息进行分类。

实训任务二
列出影响股票价格的主要因素及其影响机制。

实训任务三
上网查询获得近10年我国GDP年度增长率数据,对比深证综指(399106)年增长率(本年末收盘点位比上一年收盘点位的增长率),填写下表,画出我国GDP年度增长率与深证综指年增长率对比图,以此图为依据,对近年来深证综指走势进行研究与点评。

年份										
GDP 年度增长率										
深证综指年增长率										

即测即评

一、单项选择题

1. 股票作为投资的凭证,每一股份代表公司一定数量的( )。
   A. 资产价值　　　B. 资产份额　　　C. 资产净值　　　D. 债务责任
2. 股份公司通过发行股票筹措的资金是公司用于营运的( )。
   A. 真实资本　　　B. 债务资金　　　C. 虚拟资本　　　D. 应付账款
3. [2010年5月真题]持有人对公司的财产有直接分配处理权的证券,称之为( )。
   A. 证权证券　　　B. 设权证券　　　C. 物权证券　　　D. 债权证券
4. 以下关于现金股利的说法错误的是( )。
   A. 现金股利的发放是以现金分红方式
   B. 个人投资者在取得现金红利的过程中不用支付利息税
   C. 现金股利是将公司盈余公积和当期应付利润的部分或全部发放给股东
   D. 现金股利的发放致使公司的资产和股东权益减少同等数额
5. 股票是一种资本证券,它属于( )。
   A. 实物资本　　　B. 真实资本　　　C. 虚拟资本　　　D. 风险资本
6. 股东大会是股份公司的权力机构,由( )组成。
   A. 持股5%以上的股东　　　　　　B. 全体股东
   C. 全体员工　　　　　　　　　　D. 公司高级管理人员

二、多项选择题

1. 股票应载明的事项主要有( )。
   A. 公司名称　　　　　　　　　　B. 股票种类
   C. 公司成立的日期　　　　　　　D. 票面金额及代表的股份数
2. 股票作为一种所有权凭证,有一定的格式,下列关于股票格式的说法正确的有( )。
   A. 最初的股票票面格式既不统一,也不规范,由各发行公司自行决定
   B. 随着股份制度的发展和完善,许多国家对股票票面格式做了规定,提出票面应载明的事项和具体要求
   C. 股票应载明股票的收益率
   D. 我国《公司法》规定,股票采用纸面形式或国务院证券监督管理机构规定的其他形式
3. 股票的性质主要包括( )。
   A. 股票是有价证券　　　　　　　B. 股票是资本证券和证权证券

C. 股票是要式证券　　　　　　　D. 股票是综合权利证券

4. 股票的收益来源有(　　　)。

A. 股息　　　　B. 红利　　　　C. 资本利得　　　　D. 利息

三、业务分析题

1. 2022年9月5日,王某在上海证券交易所购买某股票2 000股,每股票面金额16元,预期每年可以获得5%的股息,而当时银行存款的年利息率为1.98%,如果没有其他因素的影响,一年后他购买的2 000股股票价格是多少?

2. 2022年7月16日,某股份有限公司股票上市发行7 200万股,2022年每股预测收益0.48元,发行价7.34元,上市首日开盘价16.50元,上市首日最高价17.00元,上市首日收盘价15.20元,当年银行存款利息率4%。假如你按发行价买到100股该公司股票,请问:

(1) 如果你在股票上市的第一天就以最高价把100股全部卖掉,可以获得多少收入?

(2) 在持股一年后,这100股股票的价格是多少?

项目三 债券投资

 **思维导图**

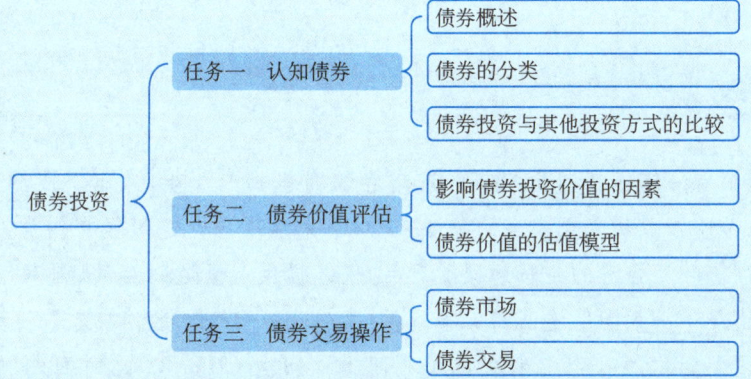

 项目描述

债券作为一种有价证券,是社会各类经济主体为筹集资金而向债券投资者出具的、承诺按一定利率定期支付利息并到期偿还本金的债权债务凭证。债券的价值受多种因素影响,主要分为两个方面,一方面是内在因素,包括债券期限、票面利率、是否可赎回、税收待遇、流动性(二级市场的活跃程度)和发债主体的信用度等;另一方面是外在因素,包括供求状况、基础利率、市场利率风险(波动程度)和通货膨胀水平等。

债券市场是发行和买卖债券的场所,是金融市场的重要组成部分。一个统一、成熟的债券市场可以为全社会的投资者和筹资者提供低风险的投资和融资工具,债券的收益率曲线是社会经济中一切金融商品收益水平的基准,因此债券市场也是传导中央银行货币政策的重要载体。可以说,统一、成熟的债券市场是一个国家金融市场的基础。

学习目标

▶ 知识目标

1. 掌握债券的定义、票面要素、特征和分类；
2. 熟悉债券与股票的异同点；
3. 熟悉债券的基本性质与影响债券期限和利率的主要因素；
4. 掌握影响债券投资价值的因素；
5. 掌握债券交易的基本程序。

▶ 能力目标

1. 能完整识别企业债券基本要素；
2. 能运用债券价值的估值模型判断债券投资价值；
3. 能开展可转换债券投资。

情境导入

李先生手中有一笔钱想用于换车。汽车经销商告知李先生，汽车下周到货，具体提货时间会提前一天通知。从资金安全的角度来看，李先生不想让这笔钱有损失。由于车款数目较大，银行目前并无合适的超短期理财产品，仅能提供一天通知存款，利率为0.55%。经推荐，李先生选择了一天国债逆回购。第一天，李先生以3%的价格成交了一天国债逆回购品种130万元。一天之后，李先生获得了利息95.33元（108.33元的回购利息收入扣去13元的交易费用），而如果他将车款放到银行一天通知存款储蓄账户中，一天获得的利息仅为19.86元。一周后，李先生提车，此时他进行国债逆回购获得的累计收益超600元。

思考与讨论

债券投资和股票投资有什么不同？

任务一　认知债券

一、债券概述

(一) 债券的定义

债券是一种有价证券,是社会各类经济主体为筹集资金而向债券投资者出具的、承诺按一定利率定期支付利息并到期偿还本金的债权债务凭证。债券上规定资金借贷的权责关系主要有三点:第一,所借贷货币的数额;第二,借款时间;第三,在借贷时间内应有的补偿或代价是多少(即债券的利息)。

(二) 债券的基本性质

1. 债券属于有价证券

首先,债券反映和代表一定的价值。债券本身有一定的面值,它通常是债券投资者投入资金的量化表现;其次,持有债券可按期取得利息,利息也是债券投资者收益的价值表现;另外,债券与其代表的权利联系在一起,拥有债券就拥有了债券所代表的权利,转让债券也会将债券代表的权利一并转移。

2. 债券是一种虚拟资本

债券尽管有面值,代表了一定的财产价值,但它也只是一种虚拟资本,而非真实资本。因为债券的本质是证明债权债务关系的证书,在债权债务关系建立时所投入的资金已被债务人占用,债券是实际运用的真实资本的证书。债券的流动并不意味着它所代表的实际资本也同样流动,债券独立于实际资本之外。

3. 债券是债权的表现

债券代表债券投资者的权利,这种权利不是直接支配财产权,也不以财产所有权表现,而是一种债权。拥有债券的人是债权人,债权人不同于公司股东,是公司的外部利益相关者。

(三) 债券的票面要素

债券作为证明债权债务关系的凭证,一般有一定格式的票面形式,债券票面上通常有四个基本要素。

1. 票面价值

债券的票面价值是债券票面标明的货币价值,是债券发行人承诺在债券到期日偿还给债券持有人的金额。债券的票面价值要标明的内容首先是币种,即以何种货币作为债券价值的计量标准。确定币种主要考虑的是债券的发行对象。一般来说,在本国发行的债券通常以本国货币作为面值的计量单位;在国际金融市场筹资,则通常以债券发行地所在国家的货币或以国际通用货币作为计量标准。此外,确定币种还应考虑债券发行人本身对币种的需求。币种确定后,则要规定债券的票面金额。票面金额不同的债券可以适应不同投资对象的需要,同时也会产生不同的发行成本。票面金额定得较小,有利于小额投资者购买,持有者分布面广,但债券本身的印刷及发行工作量大,发行费用可能较高;票面金额定得较大,有利于少数大额投资者购买,且印刷费用等也会相应减少,但小额投资者较难参与。因此,债券票面金额的确定也要根据债券的发行对象、市场资金供给情况及债券发行费用等因素综合考虑。

2. 到期期限

债券的到期期限是指债券从发行之日起至偿清本息之日止的时间,也是债券发行人承诺履行合同义务的全部时间。各种债券有不同的偿还期限,短则几个月,长则几十年,习惯上有短期债券(1年以内),中期债券(1年以上、10年以下),长期债券(10年以上)之分。

发行人在确定债券期限时,要考虑多种因素,主要有:

(1) 资金使用方向。债务人借入资金可能是为了弥补临时性资金周转的短缺,也可能是为了满足长期资金的需求。在前者情况下可以发行短期债券,在后者情况下可以发行中长期债券。这样安排的好处是既能满足发行人的资金需要,又不因占用资金时间过长而增加利息负担。

(2) 市场利率变化。发行人应根据对市场利率变化的预期,相应选择有助于减少筹资成本的期限。一般来说,当未来市场利率趋于下降时,应选择发行期限较短的债券,可以避免市场利率下跌后仍需支付较高的利息;而当未来市场利率趋于上升时,应选择发行期限较长的债券,这样能在市场利率趋高的情况下保持较低的利息负担。

(3) 债券变现能力。这一因素与债券流通市场发展程度有关。如果流通市场发达,债券容易变现,长期债券较能被投资者接受;如果流通市场不发达,投资者购买长期债券后,急需资金时不易变现,此时短期债券较能被投资者接受。

3. 票面利率

债券的票面利率也称为"名义利率",是债券年利息与债券票面价值的比率。在实际经济生活中,债券利率有多种形式,如单利、复利和贴现利率等。

债券利率亦受很多因素影响,主要有:

(1) 资金市场利率水平。市场利率较高时,债券的票面利率也相应较高,否则投资者会选择其他金融资产投资而舍弃债券;反之,市场利率较低时,债券的票面利率也相应较低。

(2) 发行人的资信。如果债券发行人的资信状况好、债券信用等级高,投资者的风险小,债券票面利率可以定得比其他条件相同的债券低一些;如果债券发行人的资信状况差、债券信用等级低,投资者的风险大,债券票面利率就需要定得高一些。此时的利率差异反映了信用风险的大小,高利率是对高风险的补偿。

（3）债券到期期限。一般来说,期限较长的债券流动性差,风险相对较大,票面利率应该定得高一些；而期限较短的债券流动性强,风险相对较小,票面利率就可以定得低一些。但是,债券票面利率与期限的关系较复杂,它们还受其他因素的影响,所以有时也会出现短期债券票面利率高而长期债券票面利率低的情况。

4. 债券发行人名称

这一要素指明了该债券的债务主体。既明确了债券发行人应履行对债权人偿还本息的义务,也为债权人到期追索本金和利息提供了依据。

需要说明的是,以上四个要素虽然是债券票面的基本要素,但它们并不一定都会在债券票面上印制出来。在许多情况下,债券发行人会以公布条例或公告形式向社会公开宣布某债券的期限与利率。此外,债券票面上有时还包含一些其他要素,如分期偿还、选择权、附有赎回选择权、附有出售选择权、附有可转换条款、附有交换条款和附有新股认购条款等。

> **做中学3-1**　　　　　　　**企业债券基本要素**
>
> 1. 债券名称:2022年某公司企业债券。
> 2. 发行总额:100亿元。
> 3. 债券的品种期限及规模:本期债券分为5年期和7年期两个品种。其中,5年期品种发行规模为70亿元,7年期品种发行规模为30亿元。
> 4. 债券利率:本期债券5年期品种的票面年利率为3.45%,7年期品种的票面年利率为4.05%,在债券存续期内固定不变。本期债券采用单利按年计息,不计复利,逾期不另计利息。
> 5. 发行方式:本期债券采用通过承销团成员设置的发行网点向境内机构投资者公开发行和在上海证券交易所向机构投资者协议发行两种方式。
> 6. 发行对象:在承销团成员设置的发行网点的发行对象为在中央国债登记结算有限责任公司开户的境内机构投资者(国家法律、法规另有规定者除外);在上海证券交易所的发行对象为在中国证券登记结算有限责任公司上海分公司开立合格证券账户的机构投资者(国家法律、法规禁止购买者除外)。
> 7. 信用级别:经中诚信国际信用评级有限责任公司综合评定,发行人的主体信用级别为AAA,本期债券信用级别为AAA。
> 8. 债券担保情况:无担保。

（四）债券的特征

1. 偿还性

偿还性是指债券有规定的偿还期限,债务人必须按期向债权人支付利息并偿还本金。

曾有国家发行过无期公债或永久性公债,这种公债无固定偿还期限,持券者不能要求政府清偿,只能按期取息。

2. 流动性

流动性是指债券持有人可根据自身需要和市场的实际状况灵活地转让债券,以提前收回本金和实现投资收益。

3. 安全性

安全性是指债券持有人的收益相对稳定,不随发行人经营状况的变动而变动,并且可按期收回本金。债券投资不能收回有两种情况:第一,债务人不履行债务,即债务人不能按时足额支付约定的利息或者偿还本金;第二,流通市场风险,即债券在市场上转让时因价格下跌而使债券持有人承受损失。

4. 收益性

收益性是指债券能为债券持有人带来一定的收入。在实际经济活动中,债券收益有两种形式:一种是利息收入,即债权人在持有债券期间按约定的条件分期、分次取得利息或者到期一次取得利息;另一种是资本损益,即债权人到期收回的本金与买入债券或中途卖出债券与买入债券之间的价差收入。

二、债券的分类

(一) 按发行主体分类

1. 政府债券

政府债券的发行主体是政府。中央政府发行的债券称为"国债",其主要用途是解决由政府投资的公共设施或重点建设项目的资金需要和弥补国家财政赤字。地方政府发行的债券称为"地方政府债券"。有些国家把由政府担保的债券也划归为政府债券体系,称为"政府保证债券"。

从形式上看,政府债券是一种有价证券,它具有债券的一般性质。从功能上看,政府债券最初仅仅是政府弥补赤字的手段,但在现代商品经济条件下,政府债券已成为政府筹集资金、扩大公共事业开支的重要手段,并且随着金融市场的发展,逐渐具备了金融商品和信用工具的职能,成为国家实施宏观经济政策、进行宏观调控的工具。

政府债券的特征主要有:

(1) 安全性高。在各类债券中,政府债券的信用等级是最高的,通常被称为"金边债券"。购买政府债券是一种较安全的投资选择。

(2) 流通性强。由于政府债券的信用好、竞争力强、市场属性好,所以,许多国家政府债券的二级市场十分发达,一般不仅允许在证券交易所上市交易,还允许在场外市场买卖。

(3) 收益稳定。政府债券的付息由政府保证,其信用度最高、风险最小,对于投资者来说,投资政府债券的收益是比较稳定的。此外,因政府债券的本息大多数固定且有保障,所以交易价格一般不会出现较大波动,二级市场的交易双方均能得到相对稳定的收益。

(4)免税。为了鼓励人们投资政府债券,大多数国家规定,购买政府债券获得的收益可以享受免税待遇。

2. 金融债券

金融债券的发行主体是银行或非银行的金融机构。金融机构一般有雄厚的资金实力,信用度较高,因此,金融债券往往也有良好的信誉。发行金融债券的目的主要是筹资用于某种特殊用途或改变自身的资产负债结构。

我国的金融债券主要有:

(1)中央银行票据。中央银行票据简称央票,是中央银行为调节基础货币而向金融机构发行的票据,是一种重要的货币政策日常操作工具,期限为3个月至3年。

(2)政策性金融债券。政策性金融债券是政策性银行(国家开发银行、中国进出口银行、中国农业发展银行)在银行间债券市场发行的金融债券。

(3)商业银行债券。商业银行债券是指商业银行在全国银行间债券市场发行的金融债券、商业银行次级债券、混合资本债券。商业银行次级债券是指商业银行发行的、本金和利息的清偿顺序位于商业银行其他负债之后、商业银行股权资本之前的债券。我国的混合资本债券是指商业银行为补充附属资本发行的、清偿顺序位于股权资本之前但位于一般债务和次级债务之后、期限在15年以上且自发行之日起10年内不可赎回的债券。

(4)证券公司债券。证券公司债券是指证券公司依法发行的、约定在一定期限内还本付息的有价证券,包括普通债券、短期融资债券和次级债券。短期融资债券是指证券公司以短期融资为目的,在银行间债券市场发行的约定在一定期限内还本付息的金融债券。

(5)保险公司次级债券。保险公司次级债务是指保险公司经批准定向募集的、期限在5年以上(含5年)、本金和利息的清偿顺序位于保单责任和其他负债之后、保险公司股权资本之前的保险公司债务。

(6)财务公司债券。财务公司债券是指企业集团财务公司在全国银行间债券市场发行的、按约定还本付息的有价证券。2007年7月,中国银监会下发《企业集团财务公司发行金融债券有关问题的通知》,明确规定企业集团财务公司发行债券的条件和程序,并允许财务公司在银行间债券市场发行财务公司债券。

3. 公司债券

公司债券是公司依照法定程序发行、约定在一定期限内还本付息的有价证券。公司债券的发行主体是股份公司,但有些国家也允许非股份制企业发行债券,可将公司债券和企业发行的债券合称为"公司(企业)债券"。公司发行债券的目的主要是满足经营需要。由于不同公司的经营情况相差较大,因此,公司债券的风险比政府债券和金融债券大。公司债券有中长期的,也有短期的,具体期限视公司的需要而定。

(二) 按计息与付息方式分类

1. 零息债券

零息债券也称"零息票债券",指债券合约未规定利息支付的债券。这类债券通常以低于面值的价格发行和交易,债券持有人以买卖(到期赎回)价差的方式取得债券利息。

2. 附息债券

附息债券是指在债券存续期内,对持有人定期支付利息的债券(通常每半年或每年支付一次)。按照计息方式的不同,这类债券还可细分为固定利率债券和浮动利率债券。固定利率债券是在债券存续期内票面利率不变的债券,浮动利率债券是在票面利率的基础上按照预先确定的某一基准利率来定期调整利率的债券。

3. 息票累积债券

息票累积债券与附息债券相似,这类债券也规定了票面利率,但是债券持有人必须在债券到期时一次性获得本金和利息,存续期间没有利息支付。

(三) 按债券形态分类

1. 实物债券

实物债券是一种具有标准格式实物券面的债券。在标准格式的债券券面上,一般印有债券面额、债券利率、债券期限、债券发行人全称和还本付息方式等各种债券票面要素。有时债券利率、债券期限等要素也可以通过公告向社会公布,而不在债券券面上注明。其特点主要有:不记名、不挂失、可上市流通。

2. 凭证式债券

凭证式债券是债权人认购债券的一种收款凭证,而不是债券发行人制定的标准格式的债券。其特点主要有:可记名、可挂失、不能上市流通。

3. 记账式债券

记账式债券是没有实物形态的债券,通过电脑系统,利用证券账户完成债券发行、交易及兑付的全过程。其特点主要有:可记名、可挂失、安全性较高。

(四) 按是否可转换分类

1. 不可转换债券

不可转换债券是指不能转换为普通股的债券。由于其没有赋予债券持有人将来成为公司股东的权利,所以其利率一般高于可转换债券。

2. 可转换债券

可转换债券是债券持有人可按照发行时约定的价格将债券转换成公司的普通股票的债券,以下简称可转债。如果债券持有人不想转换,则可以继续持有债券,直到偿还期满时收取本金和利息,或者在流通市场出售变现。如果持有人看好发债公司股票增值潜力,在宽限期之后可以行使转换权,按照预定转换价格将债券转换成为股票,发债公司不得拒绝。该债券利率一般低于普通公司的债券利率,企业发行可转换债券可以降低筹资成本。可转换债券持有人还享有在一定条件下将债券回售给发行人的权利,发行人在一定条件下拥有强制赎回债券的权利。

目前可转债虽然在我国规模不大,但其优势已经被相当多的投资者认同,拥有较为稳定的投资群体,同时也为投资者提供了多样化的投资渠道。投资者投资可转债,须关注可转债的多重性特征:第一,债权性。债权性是可转债的基本属性。可转债的债权性与普通的公司债券一样,都属于公司向社会大众募集资金而形成的一种债务关系,发行人按约定向债权人还本付息,在公司的资产负债表中均计入负债项下。可转债虽可以转换为发行人的股份,但在转换前,其作为公司债的性质并无变化。如果投资者在转换期间不行使转换权,那么可转债自始至终都表现为公司债。第二,股权性。可转债转股后,原来的债权人就转变成了公司股东,享有红利分配等股东权利。可转债的股权性不仅表现在其可转换为完整意义上的公司股份,也表现在转换前的"潜在状态",正是其股权性特征使得转换前可转债的票面价值与公司股票价格形成正向联动。第三,可转换性。可转债的重要意义就在于赋予债权人灵活的转换选择权,而且转换与否完全由债权人自行决定。如果股票市价高于转股价,投资者可以将持有的可转债转换为股票从而获得利润;如果股票市价低于转股价,投资者可以选择到期兑付,享有原债券的固定本息利益。第四,期权性。可转债在公司债券的基础上附加了一份有条件的期权,是债权与股权互换而成的金融衍生品。

可转换债券有若干要素,这些要素基本上决定了可转换债券的转换条件、转换价格和市场价格等总体特征。

(1)有效期限和转换期限。就可转换债券而言,其有效期限与一般债券相同,指债券从发行之日起至偿清本息之日止的存续期间。转换期限是指可转换债券转换为普通股票的起始日至结束日的期间。大多数情况下,发行人都会规定一个特定的转换期限,在该期限内,允许可转换债券的持有人按转换比例或转换价格将可转换债券转换成发行人的股票。我国《上市公司证券发行注册管理办法》规定,可转换债券自发行结束之日起六个月后方可转换为公司股票,转股期限由公司根据可转债的存续期限及公司财务状况确定。

(2)债券利率或股息率。可转换公司债券的票面利率(或可转换优先股票的股息率)是指可转换债券作为债券时的票面利率(或优先股股息率),由发行人根据当前市场利率水平、公司债券资信等级和发行条款确定,一般低于相同条件的不可转换债券(或不可转换优先股票)。可转换公司债券应每半年或一年付息一次,到期后五个工作日内应偿还未转股债券的本金及最后一期利息。

(3)转换比例和转换价格。转换比例是指一定面额可转换债券可转换成普通股票的股数。用公式表示为:

转换比例=可转换债券面值÷转换价格

转换价格是指可转换债券转换为每股普通股份所支付的价格,也就是每股普通股份的市价。用公式表示为:

转换价格＝可转换债券面值÷转换比例

做中学 3-2　　　　　可转换债券转换比例

如果某可转换债券面额为 1 000 元，规定其转换价格为 25 元，则转换比例为 40，即 1 000 元债券可按每股 25 元的价格转换为 40 股普通股票。

(4) 赎回条款与回售条款。赎回是指发行人在发行一段时间后，可以提前赎回未到期的发行在外的可转换债券。赎回条件一般是当公司股票在一段时间内连续高于转换价格达到一定幅度时，公司可按照事先约定的赎回价格买回发行在外且尚未转股的可转换债券。回售是指公司股票在一段时间内连续低于转换价格达到某一幅度时，可转换债券持有人按事先约定的价格将所持可转换债券卖给发行人的行为。

(5) 转换价格修正条款。转换价格修正是指发行公司在发行可转换债券后，由于公司的送股、配股、增发股票、分立、合并、拆细及其他原因导致发行人股份发生变动，引起公司股票名义价格下降时而对转换价格所做的必要调整。

做中学 3-3　　　　　中国银行可转换债券

1. 证券类型：可转换为中国银行 A 股股票的可转换公司债券。
2. 发行总额：人民币 4 000 000 万元。
3. 发行数量：40 000 万张。
4. 票面金额(面值)：100 元/张。
5. 发行价格：按票面金额平价发行。
6. 债券期限：发行之日起六年，即自 2010 年 6 月 2 日至 2016 年 6 月 2 日。
7. 票面利率：第一年 0.5%，第二年 0.8%，第三年 1.1%，第四年 1.4%，第五年 1.7%，第六年 2.0%。
8. 债券到期偿还：可转债期满后五个交易日内按本次发行的可转债票面面值的 106%（含最后一期利息）赎回全部未转股的可转债。
9. 初始转股价格：4.02 元/股。
10. 转股起止日期：自可转债发行结束之日满六个月后的第一个交易日起至可转债到期日止（即 2010 年 12 月 2 日至 2016 年 6 月 2 日）。
11. 信用评级：AAA（AAA 为目前国内债券的最高评级，其信用度接近国债）。

三、债券投资与其他投资方式的比较

(一) 债券与股票的比较

1. 债券与股票的相同点

(1) 二者都属于有价证券。尽管债券和股票有各自的特点，但它们都属于有价证券。

债券和股票是虚拟资本,它们本身无价值,但又都是真实资本的代表。持有债券或股票,都有可能获取一定的收益,并能行使各自的权利和流通转让。债券和股票都在证券市场上交易,是各国证券市场的两大支柱类交易工具。

(2) 二者都是筹措资金的手段。债券和股票都是有关经济主体为筹资而发行的有价证券。经济主体在社会经济活动中必然会产生对资金的需求,从资金融通角度来看,债券和股票都是筹资手段。与向银行贷款这种间接融资相比,发行债券和股票筹资的数额大、时间长、成本低,且不受贷款银行的条件限制。

(3) 二者的收益率相互影响。从单个债券和股票看,它们的收益率经常会产生差异,而且有时差距还很大。但是总体而言,如果市场是有效的,则债券的平均收益率和股票的平均收益率会大致保持相对稳定的关系,其差异反映了二者风险程度的差别。这是因为在市场规律的作用下,证券市场上一种融资手段收益率的变动,会引起另一种融资手段收益率的同向变动。

2. 债券与股票的不同点

(1) 二者权利不同。债券是债权凭证,债券持有者与债券发行人之间的经济关系是债权债务关系,债券持有者只可按期获取利息及到期收回本金,无权参与公司的经营决策。股票则不同,股票是所有权凭证,股票所有者是发行股票公司的股东,股东一般拥有表决权,可以通过参加股东大会选举董事,参与公司重大事项的审议和表决,行使对公司的经营决策权和监督权。

(2) 二者目的不同。发行债券是公司追加资金的需要,它属于公司的负债,而不是资本。发行股票则是股份公司创立和增加资本的需要,筹措的资金列入公司资本。此外,发行债券的经济主体很多,中央政府、地方政府、金融机构和财务公司等一般都可以发行债券,但能发行股票的经济主体只有股份有限公司。

(3) 二者期限不同。债券一般有规定的偿还期,期满时债务人必须按时归还本金,因此,债券是一种有期证券。股票通常是无须偿还的,一旦投资入股,股东便不能从股份公司收回本金,因此,股票是一种无期证券,或称永久证券。但是股票持有者可以通过市场转让收回投资资金。

(4) 二者收益不同。债券通常有规定的票面利率,可获得固定的利息。股票的股息红利不固定,一般视公司经营情况而定。

(5) 二者风险不同。债券风险较小,股票风险相对较大。其原因如下:第一,债券利息是公司的固定支出,属于费用范围;股票的股息红利是公司利润的一部分,公司有盈利才能支付,而且支付顺序位于债券利息支付和纳税之后。第二,倘若公司破产,清理资产后有余额偿还时,债券偿付在前,股票偿付在后。第三,在二级市场上,债券因其利率固定、期限固定,市场价格也较稳定;而股票无固定期限和利率,受各种宏观因素和微观因素的影响,市场价格波动频繁,涨跌幅度较大。

做中学 3-4　　　　　　　王先生的投资策略

王先生把自己的闲余资金分别投资在股票和债券两个市场中,某一个星期一,他发现他持有的一只股票价格上涨到了 16 元,原因是该股票发行公司的年报显示其每股收益达到了 1 元,王先生根据市场的平均 20 倍市盈率,判断该股票的价值应该在 20 元左右,因此选择了继续买进。

当天,一只剩余期限还有 5 年的固定利率债券的价格涨到了 106 元,王先生按照固定利率债券到期收益率的计算公式发现这只债券的到期收益率只有 2.7%。王先生觉得收益不会再涨了,因此选择了卖出所持有的这只债券。

可以看到,股票和债券由于其本质上的区别,其投资策略的决定是两个完全不同的过程。

(二) 债券与储蓄的比较

1. 债券与储蓄的相同点

(1) 二者都是债权债务关系。储蓄是居民将货币的使用权暂时让渡给银行或其他金融机构的信用行为,资金的让渡者是债权人,而银行或其他金融机构是债务人。债券投资则是投资者将资金的使用权暂时让渡给债券发行人的信用行为,债券发行人(即债务人)是政府、金融机构或企业。

(2) 二者到期后都要归还本金。债券和储蓄存款(活期存款除外)都有规定的期限,到期后归还本金。

(3) 二者都能够获得预期利息收益。债券和储蓄存款都可事先确定适用利率或计算方法,到期后取得规定的利息收入。

2. 债券与储蓄的不同点

(1) 二者安全性不同。债券投资的债务人是政府、金融机构和企业,而储蓄存款的债务人是银行和其他金融机构。债务人的不同使二者安全性存在差异,从整体上看,储蓄存款安全性高于债券。

(2) 二者期限不同。储蓄存款的期限通常较短,定期存款期限最长为五年,而债券虽也有 1 年内的短期债券,但多数期限较长,有的达几十年。我国近年来债券发行比较频繁,债券品种多样,长、中、短期相结合,适应了投资者对不同期限债券的投资需要。

(3) 二者流动性不同。活期存款流动性非常强,随时可以到银行转化为现金;但定期存款缺乏流动性,储户若急需现金,提前支取未到期的定期存款时,不管需要多少,只能一次性支取全部存款,并按照活期存款利率计息。存款越多,期限越长,利息的损失越大。债券具有较强的流动性。债券投资者若急需现金,可以根据需要将持有的债券在市场上进行转让,转让价格为市场价格,债券按规定利率和已持有期限应计而尚未支取的利息收入已包含在市场价格之中。当然,债券的流动性依赖于一个比较完善、成熟和发达的债券市场,除此之外也与债券本身的质量相关。一般来说,国债具有非常强的流动性,金融债券和上市公司债券的流动性也较强。

(4) 二者收益性不同。储蓄存款的收益是利息收入。我国目前的利率是由中央银行统一规定的,期限越长,利率越高。存款时每笔存款的利率已经确定,因此可以精确地确定可以得到的利息收入。债券投资收益的构成相对复杂一些。前面已经论及,债券投资收益最基本的部分是利息收入,但买卖债券时由于价格的变化还可能得到资本收益。若考虑复利,则分期支付利息的附息债券投资收益还应计入利息的再投资收入。

(三) 债券与日常资金借贷的比较

债券和日常资金借贷都是一种债权债务关系,但这种债权债务关系的具体表现并不相同。

债券是一种社会化、公开化的集资手段。发行债券是将所需筹措的资金总额分成等值单位的若干票面,在同一时间以同一条件向社会各阶层筹措资金,即债券的债务人只有一个,而债权人却可能有成千上万个。日常资金借贷所体现的债权债务关系却相对简单,只是单个债务人与单个债权人或数个债权人之间的关系。

日常资金借贷往往依靠个人或公司信用,难免有借而不还的情况。但债券发行是受到严格控制的,一般只有信用好的发行人才能发行债券,其偿还是有保障的,所以,债券的安全性相对较高。

任务二 债券价值评估

债券价值是指进行债券投资时投资者预期可获得的现金流入的现值。债券的现金流入主要包括利息和到期收回的本金或出售时获得的现金两部分。当债券的购买价格低于债券价值时,债券才值得购买。

一、影响债券投资价值的因素

(一) 影响债券投资价值的内部因素

1. 期限

一般来说,债券的期限越长,市场变动的可能性越大,价格的易变性越大,投资者要求的收益率补偿也越高。

2. 票面利率

债券的票面利率越低,价格的易变性越大。市场利率提高的时候,票面利率较低的债券价格下降较快；但市场利率下降时，这种债券的增值潜力也较大。

3. 提前赎回条款

债券的提前赎回条款是债券发行人所拥有的一种选择权，它允许债券发行人在债券到期前按约定的赎回价格部分或全部偿还债务。这种规定在财务上对发行人是有利的。有较高提前赎回可能性的债券应具有较高的票面利率，其内在价值较低。

4. 税收待遇

一般来说，免税债券的到期收益率比相同条件的应纳税债券的到期收益率低。低利附息债券比高利附息债券的内在价值高。

5. 流动性

债券的流动性是指债券可以随时变现的性质，反映债券规避由市场价格波动而导致的实际价格损失的能力。流动性好的债券与流通性差的债券相比，具有较高的内在价值。

6. 信用级别

债券的信用级别是指债券发行人按期履行合约规定的义务、足额支付利息和本金的可靠性程度。信用级别越低的债券，投资者要求的到期收益率就越高，债券的内在价值也就越低。

（二）影响债券投资价值的外部因素

1. 基础利率

基础利率是债券定价必须考虑的一个重要因素，基础利率一般指无风险债券利率。一般来说，短期政府债券风险最小，可以近似看作无风险证券，其收益率可被用作确定基础利率的参照物。基础利率也可参照银行存款利率来确定。

2. 市场利率

市场利率是债券利率的替代物，是投资于债券的机会成本。市场总体利率水平上升时，债券的收益率水平也应上升，从而使债券的内在价值降低；反之，在市场总体利率水平下降时，债券的收益率水平也应下降，从而使债券的内在价值增加。

3. 其他因素

其他因素主要包括市场供求状况、通货膨胀水平、外汇汇率风险等。

二、债券价值的估值模型

因不同的计息方法，债券价值有以下几种计算模型：

（一）典型的债券价值计算模型

典型的债券是指固定利率、每年计算并支付利息、到期归还本金的债券。这种典型债券价值计算的基本模型是：

$$V=\sum_{t=1}^{n}\frac{I}{(1+i)^t}+\frac{M}{(1+i)^n}=I\times\left(\frac{P}{A},i,n\right)+M\times\left(\frac{P}{F},i,n\right)$$

其中 V 是债券价值，I 是定期计算的利息，M 是债券票面价值，i 是必要投资收益率，n 是计息期数，t 表示第 t 次付息。

做中学 3-5

某公司欲购买一张面值为 1 000 元、票面利率为 8%、每年付息一次、5 年期的债券。若该公司要求的最低投资收益率为 10%，则该债券市价为多少时公司才应进行投资？

$$V=80\times\left(\frac{P}{A},10\%,5\right)+1\,000\times\left(\frac{P}{F},10\%,5\right)=80\times3.791+1\,000\times0.621=924.28(元)$$

计算结果表明，这种债券的市价低于 924.28 元时，该公司才应购买。

（二）一次还本付息且单利计息的债券价值计算模型

一次还本付息且单利计息的债券价值的计算模型如下：

$$V=\frac{I\times n+M}{(1+i)^n}$$

做中学 3-6

A 公司欲购买 B 公司发行的利随本清、不计复利的债券。该债券面值为 1 000 元，5 年期，票面利率为 10%，当前市场利率为 8%。若该债券目前发行价格为 1 015 元，则 A 公司是否应该购买该债券？

$$V=\frac{1\,000\times10\%\times5+1\,000}{(1+8\%)^5}=1\,021(元)$$

因为该债券价值为 1 021 元，大于目前买入价 1 015 元，所以 A 公司可以投资。

（三）贴现发行时债券价值的计算模型

目前，我国有些债券采用贴现方式发行，没有票面利率，到期按面值偿还。这种债券价值的计算模型为：

$$V=M\times\left(\frac{P}{F},i,n\right)$$

做中学 3-7

某债券面值为 1 000 元，期限为 5 年，以贴现方式发行，期内不计利息，到期按面值偿还。若企业要求的投资收益率为10%,则该债券价格为多少时,企业才应购买?

$$V = 1\,000 \times \left(\frac{P}{F}, 10\%, 5\right) = 1\,000 \times 0.621 = 621(元)$$

计算结果表明,只有当该债券价格低于621元时,企业才应购买。

任务三 债券交易操作

债券交易是指所有转让、买卖已发行债券的行为。在了解债券交易前,需要了解债券市场的相关知识。

一、债券市场

(一) 一级市场——债券发行市场

债券发行市场主要由发行人、认购人和委托承销机构组成。前面已经说过,只要具备发行资格,不管是国家、政府机构和金融机构,还是公司、企业和其他法人,都可以通过发行债券来募资。认购人就是投资的人,主要有社会公众团体、企事业法人、证券经营机构、非盈利性机构、外国企事业机构和家庭或个人。委托承销机构就是代发行人办理债券发行和销售业务的中介人,主要有投资银行、证券公司、商业银行和信托投资公司等等。

国债发行按是否有金融中介机构参与出售的标准来看,有直接发行与间接发行之分,其中,间接发行又包括代销、承购包销、招标发行和拍卖发行四种方式。

直接发行,一般指作为发行主体的财政部直接将国债定向发行给特定的机构投资者,也称"定向私募发行",采取这种推销方式发行的国债数额一般不太大,仅靠发行主体直接推销巨额国债有一定难度,因此使用该种发行方式较为少见。

代销发行方式,指由国债发行主体委托代销者代为向社会出售债券,可以充分利用代销者的网点,但因代销者只是按预定的发行条件于约定日期内代为推销,代销期终止时,未销出的余额会全部退给发行主体,代销者不承担任何风险与责任,因此,代销方式也有其缺点:①不能保证按当时的供求情况形成合理的发行条件;②推销效率不尽如人意;③受预约推销期限制,其发行期较长。所以,代销发行仅适用于证券市场不发达、金融市场秩序不良、机构投资者缺乏承销条件和积极性的情况。

承购包销发行方式,指大宗机构投资者组成承购包销团,按一定条件向财政部承购包销国债,并由其负责在市场上转售,任何未能售出的余额均由承销者包购。这种发行方式的特征是:①承购包销的初衷是要求承销者向社会再出售,由作为发行主体的财政部与承销团达成协议确定发行条件,一切承购手续完成后,国债方能被投资者购买,因而承销者是作为发行主体与投资者间的媒介存在的；②承购包销是用经济手段发行国债的标志，并可用招标方式决定发行条件，是国债发行转向市场化的一种形式。

公开招标发行方式，指作为国债发行主体的财政部直接向大宗机构投资者招标，投资者中标认购后，没有再向社会销售的义务，因而中标者即为国债认购者，当然中标者也可以按一定价格向社会再行出售债券。相对于承购包销发行方式，公开招标发行不仅实现了发行人与投资者的直接交易，减少了中间环节，而且使竞争机制和其他市场机制通过投资者对发行条件的自主选择投标而得以充分体现，有利于形成公平合理的发行条件，也有利于缩短发行期限，提高市场效率，降低发行主体的发行成本，是国债发行方式市场化的进一步加深。

拍卖发行方式，指在拍卖市场上，按照例行的经常性的拍卖方式和程序，由发行主体主持，公开向投资者拍卖国债，国债发行价格与利率完全由市场决定。国债的拍卖发行实际是在公开招标发行基础上更加市场化的做法，是国债发行市场高度发展的标志，这种发行方式更加科学、合理、高效。

(二) 二级市场——债券流通市场

债券流通市场的基本作用是为一级市场上发行的债券提供流动性。当债券持有人需要资金时，可以到二级市场上出售或抵押其债券，以取得现金。债券流通市场与债券发行市场的本质区别是，债券交易市场上买卖流通的债券，只代表现有债券的债权债务关系的转移，这种债券所有权和资金的易位与原发行人无关，并不创造新的实际资产或金融工具。根据市场组织形式，债券流通市场又可进一步分为场内交易市场和场外交易市场。

1. 证券交易所

证券交易所是专门进行证券买卖的场所，如我国的上海证券交易所和深圳证券交易所。在证券交易所内买卖债券所形成的市场就是场内交易市场，这种市场组织形式是债券流通市场较为规范的形式。交易所作为债券交易的组织者，本身不参加债券的买卖和价格的决定，只是为债券买卖双方创造条件、提供服务，并进行监管。场外交易市场是在证券交易所以外进行债券交易的市场。

2. 柜台市场

柜台市场为场外交易市场的主体。许多证券经营机构都设有专门的柜台，通过柜台进行债券买卖。在柜台交易市场中，证券经营机构既是交易的组织者，又是交易的参与者。此外，场外交易市场还包括银行间债券市场，以及一些机构投资者通过电话、电脑等通信手段形成的市场等。

目前，我国债券流通市场由三部分组成，即上海、深圳证券交易所市场，银行间债券市场和证券经营机构柜台交易市场。我国的债券市场组成如图 3-1 所示。

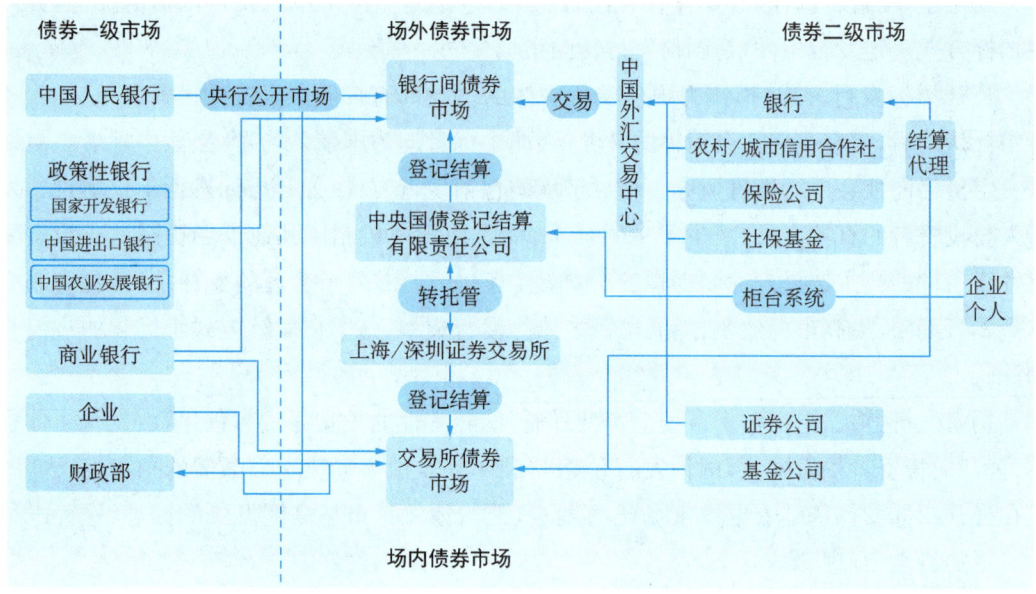

图 3-1 中国的债券市场

(资料来源:和讯网.图解中国债券市场.http://bond.hexun.com/stepbystep/chart.html)

二、债券交易

(一) 场外债券交易

1. 国债账户开户

国债账户开户是指银行代理财政部为客户开立记账式国债托管账户(以下简称记账式国债账户),同时为客户开通银行记账式国债柜台交易业务。客户凭本人有效身份证件及银行卡或存折,到银行网点柜台正确填写相关业务申请表后,即可办理国债账户开户业务。客户也可通过网上银行及电话银行按提示信息自行完成国债账户开户操作。

客户开通记账式国债账户,银行将按中国人民银行规定从银行卡或存折活期账户收取开户手续费人民币 10.00 元。

记账式国债账户也可用于办理储蓄国债(电子式)的认购业务或其他相关业务。

2. 现券买卖

现券买卖是指在财政部规定的国债交易日内,客户通过银行各服务渠道买入或卖出记账式国债份额。现券买卖按净价交易,全价结算。净价是指不含应计利息的债券价格,单位为元/百元面值。应计利息是指上一付息日(或起息日)至结算日之间累计的按百元面值计算的债券发行人应付给债券持有人的利息,单位为元/百元面值。全价是净价与应计利息之和,单位为元/百元面值。客户买入国债成交时,银行按"银行卖出全价(元/百元面值)"及国债面额从银行卡或存折活期账户中扣除相应资金;卖出国债成交时,银行按"银行买入全价(元/百元面值)"增加银行卡或存折活期账户相应资金。

做中学 3-8   **现券的买卖**

银行买入全价 101.15＝银行买入净价 99.23＋应计利息 1.92(单位:元/百元面值)
国债面额:3 000.00 元
活期账户入账资金＝3 000.00÷100.00×101.15＝3 034.50(元)

3. 转托管转出

转托管转出是指客户申请通过银行记账式国债柜台交易系统将其持有的国债份额转托管至其他机构进行托管。转托管转出是否成功,以中央国债登记结算有限责任公司确认的结果为准。客户申请记账式国债转托管转出,必须持本人有效身份证件及银行卡或存折到银行网点柜台办理,同时必须提供转入代理人托管账户及申请人转入托管账户号码。银行网上银行、电话银行及其他自助交易渠道暂不受理转托管转出申请。

银行为客户办理转托管转出申请操作成功后,将自动从客户银行卡或存折活期账户收取手续费人民币 20.00 元。

(二) 场内债券交易

1. 交易程序

交易程序有五个步骤:开户、委托、成交、清算和交割过户。目前投资者可以通过在上海、深圳证券交易所各地证券登记机构开设的证券账户或基金账户进行上市国债的认购、交易和兑付,并指定一个证券商办理委托买卖手续。开通证券账户或基金账户,可在中国结算上海、深圳分公司及其在各地的代理机构及证券商处办理。

2. 交易规则

申购代码:深市 1016 ** 或 1017 **,沪市 751 ***。
申购价格:挂牌认购价格为 100 元。
申购单位:以"手"为单位(1 手为 1 000 元面值),申购数量为 1 手或其整数倍。
申购费用:无须缴纳任何费用。
交易时间:每周一至周五,每天 9:30—11:30、13:00—15:00。法定公众假期除外。
价格最小变动单位:债券的申报价格最小变动单位为 0.01 元人民币。
交易方式:T＋0,国债现货交易允许实行回转交易。即当天买进的债券当天可以卖出,当天卖出的债券当天可以买进。
交易清算:债券结算按 T＋1 方式进行。

3. 全价交易与净价交易

我国目前在交易所上市的国债实行全价交易方式,简单地说,全价交易就是国债的行情价格包含了应计利息,投资者以"全价"申报委托交易;而净价交易是指国债行情报价不包含应计利息部分,投资者以"净价"申报委托交易。"全价"与"净价"二者的关系可以简单地用下面的公式表示：净价＝全价－应计利息。

做中学 3-9

2019 年 12 月 31 日深市某债券收盘价全价报价为 145.99 元，投资者需以 145.99 元为参考价格委托交易，其中包含了 6.51 元的应计利息。如果以净价报价的话，则债券的收盘价揭示为：净价＝145.99 元（全价）－6.51 元（应计利息）＝139.48 元。投资者买卖时就应以 139.48 元为参考价格来申报委托交易。需要注意的是结算价格仍是全价，即 145.99 元。

（三）债券回购交易

债券回购是指债券交易的双方在进行债券交易的同时，以契约方式约定在将来某一日期以约定的价格（本金和按约定回购利率计算的利息），由债券的"卖方"（正回购方）向"买方"（逆回购方）再次购回该笔债券的交易行为。从交易发起人的角度出发，凡是抵押出债券，借入资金的交易就称为"债券正回购"；凡是主动借出资金，获取债券质押的交易就称为债券"逆回购"。

1. 回购方式

债券回购分为"以券融资"和"以资融券"两种方式。所谓"以券融资"，就是债券持有者在卖出一笔债券的同时，与买方约定于某一到期日再以事先约定的价格将该笔债券购回，并付一定利息。假如机构投资者选择"三天国债回购"的融资方式，交易所的交易系统将在三天后自动从其账户里划出本金和三天利息。这就是一个完整的债券回购过程了，简单地说就是需要钱的人拿债券作为短期抵押向有钱的人借钱。"以资融券"则是一个逆过程。

2. 交易规则

上海证券交易所对于回购交易的规定为：申报单位为手，1 000 元标准券为 1 手。计价单位为每百元资金到期年收益。申报价格最小变动单位为 0.005 元人民币。申报数量为 100 手或其整数倍，单笔申报最大数量应当不超过 1 万手。

深圳证券交易所规定，债券回购交易的申报单位为张，100 元标准券为 1 张。最小报价变动单位为 0.005 元人民币。申报数量为 10 张及其整数倍，单笔申报最大数量应当不超过 10 万张。其他规定与上海证券交易所类似。

做中学 3-10

表 3-1 沪市和深市可转债交易的规则

交易规则	沪市可转债	深市可转债
区分方法	代码是"11××××"；交易价格保留到分，如 125.08 元	代码是"12××××"；交易价格保留到厘，如 115.088 元
交易单位	委托单位是手，1 000 元标准券为 1 手	委托单位是张，100 元标准券为 1 张

续　表

交易规则	沪市可转债	深市可转债
交易时间	9:15—9:25 为可转债开盘集合竞价时间，9:30—11:30 为连续竞价时间，13:00—15:00 为连续竞价时间	9:15—9:25 为可转债开盘集合竞价时间，9:30—11:30 为连续竞价时间，13:00—14:57 为连续竞价时间，14:57—15:00 为收盘集合竞价时间
停牌制度	涨跌幅大于等于±20%时，触发熔断停牌30分钟，涨跌幅大于等于±30%时，触发熔断停牌至14:57，停牌时间超过14:57的将在14:57复牌。全天上涨和下跌各可触发熔断停牌两次，停牌期间不可委托，但可以撤销未成交的申报	涨跌幅大于等于±20%时，触发熔断停牌30分钟，涨跌幅大于等于±30%时，触发熔断停牌至14:57，停牌时间超过14:57的将在14:57复牌，14:57复牌时会将之前的委托进行集合竞价得出最新成交价格。14:57—15:00 会继续收盘集合竞价。全天上涨和下跌各可触发熔断停牌两次，停牌期间可以委托，也可以撤销未成交的申报
竞价规则	首日开盘集合竞价的有效报价范围是70～150元。非首日开盘集合竞价的有效报价范围为上一交易日收盘价的70%～150%。连续竞价的报价需在当前成交价的±10%以内，可转债超出报价范围直接变为废单	首日开盘集合竞价的有效报价范围是70～130元。非首日开盘集合竞价的有效报价范围为上一交易日收盘价的90%～110%。连续竞价的报价需在当前成交价的±10%以内，超出报价范围会暂存系统，当成为有效报价时，就会参与竞价交易

3. 交易程序

以券融资(卖出回购)的程序：以券融资即债券持有人将手中持有的债券作为抵押品，以一定的利率取得资金使用权的行为。在交易所回购交易开始时，其申报买卖部位为买入(B)，这是因其在回购到期时反向交易中处于买入债券的地位而确定的。回购交易申报操作类似股票交易。成交后由登记结算机构根据成交记录和有关规则进行清算交割；到期反向成交时，无须再行申报，由交易所电脑系统自动产生一条反向成交记录，登记结算机构据此进行资金和债券的清算与交割。

以资融券(买入返售)的程序：以资融券即资金持有人将手中持有的资金以一定的利率借给债券持有人，获得债券抵押权，并在回购期满得到相应利息收入的行为。在交易所回购交易开始时，其申报买卖部位为卖出(S)，这是因其在回购到期时反向交易中处于卖出债券的地位而确定的。其交易程序除方向相反外其余均与以券融资相同。对于交易对手抵押的债券，目前交易所不直接划入以资融券方证券经营机构的债券账户，而是由登记结算机构予以冻结。

(四) 可转换债券交易

可转债是一个比较复杂的投资品种，投资者应在明晰运作机理、了解相应条款、熟悉交易规则后再进行投资。

1. 定价

可转债的理论价值是纯债券价值与复杂期权价值之和,其影响因素主要有正股价格、转股价格、正股与转债规模、正股历史波动率、所含各式期权的期限、市场无风险利率和同资质企业债券到期收益率等。纯债券价值可以通过贴现转债约定未来现金流计算得出,复杂期权价值可以采用二叉树、随机模拟等数量化方法确定,主要是所含赎回、回售、修正和转股期权的综合价值。可转债理论价值与纯债券价值、转股价值的关系是:当正股价格下跌时,可转债价格向纯债券价值靠近;在正股价格上涨时,可转债价格向转股价值靠近,可转债价格高出纯债券价值的部分为可转债所含复杂期权的市场价格。可转债的投资收益主要包括票面利息收入、买卖价差收益和数量套利收益等。

2. 交易方式

可转债实行 T+0 交易,其委托、交易、托管、转托管、行情揭示和交易时间参照 A 股规则办理。可转债在转换期结束前的十个交易日终止交易,终止交易前一周交易所予以公告。

3. 购买途径

投资者可通过几种方式直接或间接参与可转债投资。第一,可以像申购新股一样,直接申购可转债。具体操作时,分别输入可转债的代码、价格和数量等,最后确认即可。可转债的发行面值为 100 元,申购的最小单位为 1 手(10 张)。由于可转债申购 1 手需要的资金较少,因而获得的配号数较多,中 1 手的概率较申购新股高。第二,除了直接申购外,投资者还可以通过提前购买正股获得优先配售权。由于可转债发行时一般会对老股东优先配售,因此投资者可以在股权登记日之前买入正股,然后在配售日行使配售权,获得可转债。第三,在二级市场上,投资者拥有股票账户也可以买卖可转债。具体操作与买卖股票类似。

4. 可转债的投资风险

可转债的投资风险仍然需要投资者特别关注。

(1) 正股价格波动的风险。可转债的价格与股票市场价格有正向联动性,当股票市场价格下跌时,一定期间内可转债价格下跌甚至跌破票面价的情况也可能发生。虽然不影响可转债到期收益,但正股价格一直下跌会增加可转债的持有风险,也会增加持有可转债的时间成本。

(2) 利息损失的风险。虽然大部分可转债最终都能转股,但实践中也存在到期未转股、大股东还钱的特例。尤其是当公司股价一直下跌,转股价格高于正股价格时,投资者大部分都不愿转股,造成上市公司短期内面临巨大的偿债压力,最终偿付的利率甚至可能低于定期存款的水平,投资者的高利息机会成本容易面临挑战。

(3) 提前赎回的风险。可转债发行人在发行可转债时就会明确在特定条件下将以某一价格赎回债券,而赎回债券往往限定了投资者收益率的上限,容易造成投资者机会成本的损失。

此外,投资可转债还存在利率风险、发行人违约风险等其他风险因素。

投资者投资可转债,一般希望能够享受正股价格上涨而带来的潜在利益,因此在投资中对发行人及发行时机的选择尤为重要。投资者可通过分析发行人基本情况,确定是否有实际业绩支撑,重视企业的内在价值,同时注意发行人的信用评级情况,把握最佳投资时机。由于可转债兼有债券、股票和期权的特性,条款多、结构较为复杂,投资者应避免在缺乏对产品深入研究的情况下盲目投资。另外,建议投资者特别注意可转债的特定条款,尤其要细读募集说明书中的票面利率、赎回、回售和强制转股等条款,确保投资策略及相关操作建立在充分理解规则的基础上,保持理性投资理念。

技能综合实训

实训任务一 债券即时行情解读与研判

1. 解读下面的债券行情报表。

代码	名称	涨幅%	现价	总手	现手	昨收	开盘	最高	最低	涨速%	量比
111035	06节能债	+0.01	102.88	30	5↑	102.87	102.30	102.88	102.30	+0.00	0.24
111036	07中关村	+0.09	106.69	650	70↑	106.59	106.60	106.70	106.51	+0.00	0.84
111037	08昆建债	+0.53	111.45	13 505	6 000↑	110.86	110.86	111.45	110.86	+0.00	5.22
111038	08西基投	+0.17	111.00	175	2↓	110.81	110.80	111.00	110.80	+0.00	0.07
111039	08奈伦债	+0.08	110.84	12 245	62↓	110.75	110.61	110.92	110.60	−0.03	0.96
111040	08甬交投	−0.01	109.74	82	1↑	109.75	109.65	109.74	109.60	−0.05	0.86
111041	08铁岭债	+0.12	111.93	10 411	40↓	111.80	111.79	112.06	111.55	+0.07	0.52

2. 解读实训当天11:30的21国债07的即时行情,分析和预测其下午的价格走势,对比预测结果与实际走势之间的差别,分析产生差别的原因。

实训任务二 债券信息收集与研判

1. 与同学研讨,分别列出影响国债、企业债和可转换债券价格的主要因素。
2. 收集新钢转债的相关信息,分析和预测其期中、短期价格走势。

即测即评

一、单项选择题

1. 债券作为证明(　　)关系的凭证,一般有一定格式的票面形式。
   A. 债权债务　　B. 产权　　C. 所有权　　D. 委托代理
2. 债券具有(　　),持有人的收益相对稳定,不随发行人经营收益的变动而变动,并且可按期收回本金。
   A. 偿还性　　B. 风险性　　C. 收益性　　D. 安全性

3. 下列关于股票和债券的说法,错误的是(　　)。

A. 债券和股票都属于有价证券

B. 债券和股票的权利相同

C. 债券和股票都是筹集资金的手段

D. 债券和股票的收益率相互影响

4. 下列不属于影响债券投资价值的内部因素的是(　　)。

A. 债券期限　　　B. 票面利率　　　C. 市场利率　　　D. 提前赎回条款

5. 通常(　　)被认为是"金边债券"。

A. 金融债券　　　B. 政府债券　　　C. 企业债券　　　D. 公司债券

二、多项选择题

1. 债券按计息和付息方式可以分为(　　)。

A. 零息债券　　　B. 附息债券　　　C. 可转换债券　　　D. 息票累积债券

2. 债券的特征包括(　　)。

A. 偿还性　　　B. 安全性　　　C. 收益性　　　D. 永久性

3. 债券有不同的形式,根据债券券面形态可以分为(　　)。

A. 资本债券　　　B. 实物债券　　　C. 记账式债券　　　D. 凭证式债券

4. 下列关于记账式债券的论述,正确的是(　　)。

A. 记账式债券是没有实物形态的债券

B. 记账式债券特点主要是可记名、可挂失、安全性较高

C. 记账式债券特点主要是可记名、可挂失、不能上市流通

D. 记账式债券是一种具有标准格式的实物形态的债券

5. 债券的票面要素包括(　　)。

A. 债券的票面价值　　　　　　　　B. 债券的到期期限

C. 债券的票面利率　　　　　　　　D. 债券发行人名称

三、业务分析题

1. 某公司欲购买一张面值为100元、票面利率为6%、每年付息一次、3年期的债券。若该公司要求的最低投资收益率为8%,则该债券市价为多少时公司才应进行投资?

2. 投资人王某欲购买A公司发行的利随本清、不计复利的债券。该债券面值为100元,5年期,票面利率为8%,当前市场利率为6%。若该债券目前发行价格为101.5元,则王某是否应当购买该债券?

项目四
基金投资

 思维导图

- 基金投资
  - 任务一 认知基金
    - 证券投资基金概述
    - 证券投资基金的分类
    - 证券投资基金当事人
    - 基金信息的披露
    - 基金收益分配
  - 任务二 基金价值评估
    - 证券投资基金的费用
    - 证券投资基金资产估值
    - 证券投资基金的收入及利润分配
    - 证券投资基金赎回
    - 证券投资基金投资风险
    - 证券投资基金的投资范围
    - 证券投资基金的投资限制
  - 任务三 基金交易操作
    - 基金交易
    - 基金交易规则
    - 交易费用
    - 如何选择合适的基金
    - 开放式基金的监督保障
    - 基金适合的人群
    - 投资于开放式基金可以采取的策略

项目描述

广义的基金是指为了某种目的而设立的具有一定数量的资金。从投资的角度讲,基金是指证券投资基金。证券投资基金是指通过公开发售基金份额募集资金,由基金托管人托管,由基金管理人管理和运用资金,为基金份额持有人的利益,以资产组合方式进行证券投资的一种利益共享、风险共担的集合投资方式。证券投资基金的当事人主要有证券投资基金份额持有人、证券投资基金管理人、证券投资基金托管人,和股票、债券不同,基金反映的是信托关系。

基金的估值主要依托基金资产净值,即基金资产总值减去负债后的价值。基金资产总值是指基金所拥有的各类证券的价值、银行存款本息、基金应收的申购基金款以及其他投资所形成的价值总和。证券投资基金是一种集中资金、专家管理、分散投资、降低风险的投资工具,但投资者投资于基金仍有可能面临风险。证券投资基金存在的风险主要有市场风险、管理能力风险、技术风险和巨额赎回风险等。

学习目标

▶ 知识目标

1. 掌握证券投资基金的定义和特征;
2. 掌握基金与股票、债券的区别,熟悉基金的作用;
3. 熟悉我国证券投资基金业的发展概况和证券投资基金的分类方法;
4. 掌握契约型基金与公司型基金、封闭式基金与开放式基金的定义与区别,掌握货币市场基金管理内容;
5. 掌握基金的估值原则;
6. 掌握基金投资的风险。

▶ 能力目标

1. 能在投资项目中找出具有升值空间和潜力的投资组合;
2. 能对基金的风险进行评估;
3. 能比较出不同类型基金的风险及收益;
4. 能对基金进行简单的估值;
5. 能进行基金的开户;
6. 能计算基金的手续费。

情境导入

2016年3月,蚂蚁金服总裁井贤栋在GPFI(全球普惠金融合作伙伴组织)主办的2016峰会上,发表了名为"用技术推进普惠金融"的主题演讲,分享了蚂蚁金服眼中的普惠金融观以及蚂蚁金服在这一领域所做出的探索和成果,GPFI是G20(Group of 20,二十国集团)框架下专门研究和推进普惠金融发展的国际组织。井贤栋指出,蚂蚁金服之所以命名为"蚂蚁",是因为其寓意正契合普惠金融的本义,即服务小微企业和普通人。

从支付宝起家,蚂蚁金服旗下已有支付宝、余额宝、招财宝、蚂蚁聚宝、网商银行、蚂蚁花呗、芝麻信用、蚂蚁金融云、蚂蚁达客等子业务板块。截至2016年3月,支付宝的年活跃用户4.5亿,每笔支付交易的成本低至0.02元;余额宝服务2.5亿用户,为用户带来了500多亿人民币的收益;基于数据的征信放贷系统服务了260万家小微企业,累计发放了6 000多亿人民币的贷款。

以余额宝为例,蚂蚁金服2016年公布的数据显示:春节红包活动期间,购买余额宝的用户与同期相比增长了44%,转入金额同比增长60%。从地域上看,三线、四线、五线城市的用户增幅分别达到45%、59%、61%。河南省、贵州省、甘肃省、山西省、四川省、江西省6个省份同比增长均超过60%,共有15个省份同比增长超过50%,这大大打破了互联网金融的"尝鲜者"主要集中在一线、二线城市的旧印象。而与城市相比,农村地区同比增幅更高,春节期间余额宝城市用户数同比增长了43%,而农村地区比城市高出11个百分点,为54%,践行普惠金融这一目标得到进一步纵深发展。打破城乡鸿沟,越来越多人可以通过余额宝追求到"稳稳的幸福"。

思考与讨论

余额宝的收益来自哪里?

任务一　认知基金

广义的基金是指为了某种目的而设立的具有一定数量的资金，主要包括信托投资基金、公积金、保险基金、退休基金以及各种基金会的基金。从会计角度分析，基金是一个狭义的概念，指具有特定目的和用途的资金。这里提到的基金主要是指证券投资基金。

一、证券投资基金概述

（一）证券投资基金的产生与发展

证券投资基金是指通过公开发售基金份额募集资金，由基金托管人托管，由基金管理人管理和运用资金，为基金份额持有人的利益，以资产组合方式进行证券投资的一种利益共享、风险共担的集合投资方式。

一般认为，基金起源于英国，是在 18 世纪末、19 世纪初产业革命的推动下出现的。100 多年来，随着社会经济的发展，世界基金产业从无到有、从小到大，尤其是 20 世纪 70 年代以来，随着世界投资规模的剧增、现代金融业的创新，品种繁多、名目各异的基金风起云涌，形成了一个庞大的产业。基金产业已经与银行业、证券业、保险业并驾齐驱，成为现代金融体系的四大支柱之一。

（二）证券投资基金的特点

1. 集合投资

基金的特点是将零散的资金汇集起来，由专业机构投资于各种金融工具，以谋取资产的增值。基金对投资的最低限额要求不高，投资者可以根据自己的经济能力决定购买数量，有些基金甚至不限制投资额大小。

2. 分散风险

以科学的投资组合降低风险、提高收益是基金的另一大特点。在投资活动中，风险和收益总是并存的，因此"不要把鸡蛋放在一个篮子里"。但是，要实现投资资产的多样化，需要一定的资金实力。对小额投资者而言，由于资金有限，很难做到这一点，基金则可以帮助中小投资者解决这个问题，即可以凭借其集中的巨额资金，在法律规定的投资范围内进行科学地组合，分散投资于多种证券，实现资产组合多样化。通过多元化的投资组合，基金一方面借助于资金庞大和投资者众多的优势使每个投资者面临的投资风险变小，另一方面，利用不同投资对象之间收益率变化的相关性，达到分散投资风险的目的。

3. 专业理财

将分散的资金集中起来以信托方式交给专业机构进行投资运作,既是证券投资基金的一个重要特点,也是它的一个重要功能。基金实行专业理财制度,由受过专门训练、具有比较丰富的证券投资经验的专业人员运用各种技术手段收集、分析各种信息资料,预测金融市场上各个品种的价格变动趋势,制订投资策略和投资组合方案,从而可避免投资决策失误,提高投资收益。

(三) 证券投资基金与股票、债券的区别

1. 反映的经济关系不同

股票反映的是所有权关系;债券反映的是债权债务关系;基金反映的则是信托关系,但公司型基金除外。

2. 所筹集资金的投向不同

股票和债券是直接投资工具,而基金是间接投资工具。

3. 风险水平不同

股票的直接收益取决于发行公司的经营效益,不确定性强,投资于股票有较大的风险。债券的直接收益取决于债券利率,债券利率一般是事先确定的,投资风险较小。基金主要投资于有价证券,投资选择灵活多样,从而使基金的收益有可能高于债券,投资风险有可能小于股票。

二、证券投资基金的分类

(一) 按组织形式分类

1. 契约型基金

契约型基金又称"单位信托",是指将投资者、管理人、托管人三者作为基金的当事人,通过签订基金契约的形式发行受益凭证而设立的一种基金。

2. 公司型基金

公司型基金是依据基金公司章程设立,在法律上具有独立法人地位的股份投资公司。公司型基金在组织形式上与股份有限公司类似,基金投资者是公司的股东,由股东选举董事会,由董事会选聘基金管理公司,由基金管理公司负责管理基金的投资业务。

(二) 按运作方式分类

1. 封闭式基金

封闭式基金是指经核准的基金份额总额在基金合同期限内固定不变,基金份额可以在依法设立的证券交易场所交易,但基金份额持有人不得申请赎回的基金。基金期限届满即为基金终止,管理人应组织清算小组对基金资产进行清产核资,并将清产核资后的基金净

资产按照投资者的出资比例进行公正合理的分配。

2. 开放式基金

开放式基金是指基金份额总额不固定,基金份额可以在基金合同约定的时间和场所申购或者赎回的基金。

封闭式基金与开放式基金主要有以下区别:

(1)期限不同。封闭式基金有固定的存续期,通常在5年以上,一般为10年或15年,经受益人大会通过并经监管机构同意可以适当延长期限。开放式基金没有固定期限,投资者可随时向基金管理人赎回基金份额,若大量赎回甚至会导致基金清盘。

(2)发行规模限制不同。封闭式基金的基金规模是固定的,在封闭期限内未经法定程序认可不能增加发行量。开放式基金没有发行规模限制,投资者可随时提出申购或赎回申请,基金规模也会随之增加或减少。

(3)基金份额交易方式不同。封闭式基金的基金份额在封闭期限内不能赎回,持有人只能在证券交易场所出售给第三者,交易在基金投资者之间完成。开放式基金的投资者则可以在首次发行结束一段时间后,随时向基金管理人或其销售代理人提出申购或赎回申请,绝大多数开放式基金不上市交易,交易在投资者与基金管理人或其销售代理人之间进行。

(4)基金份额的交易价格计算标准不同。封闭式基金与开放式基金的基金份额除了首次发行价都是按面值加一定百分比的购买费计算外,以后的交易计价方式不同。封闭式基金的买卖价格受市场供求关系的影响,常出现溢价或折价现象,并不必然反映单位基金份额的净资产值。开放式基金的交易价格则取决于每一基金份额净资产值的大小,其申购价一般是基金份额净资产值加一定的购买费,赎回价是基金份额净资产值减去一定的赎回费,不直接受市场供求关系影响。

(5)基金份额资产净值公布的时间不同。封闭式基金一般每周或更长时间公布一次,开放式基金一般在每个交易日连续公布。

(6)交易费用不同。投资者在买卖封闭式基金时,要在基金价格之外支付手续费。投资者在买卖开放式基金时,则要在基金价格之外支付申购费和赎回费。

(7)投资策略不同。封闭式基金在封闭期内基金规模不会减少,因此可进行长期投资,基金资产的投资组合能有效地在预定计划内进行。开放式基金因基金份额可随时赎回,为了使投资者随时能够赎回兑现,所募集的资金不能全部用来投资,更不能把全部资金用于长期投资,必须保持基金资产的流动性,在投资组合上须保留一部分现金和具有高流动性的金融工具。

(三)按投资标的分类

1. 国债基金

国债基金是一种以国债为主要投资对象的证券投资基金。由于国债的年利率固定,又有国家信用作为保证,因而这类基金的风险较低,适合于稳健型投资者。

2. 股票基金

股票基金是指以上市股票为主要投资对象的证券投资基金。股票基金的投资目标侧重于追求资本利得和长期资本增值。

3. 货币市场基金

货币市场基金是以货币市场工具为投资对象的一种基金。其投资对象期限在1年以内,包括银行短期存款、国库券、公司债券、银行承兑票据及商业票据等货币市场工具。货币市场基金的优点是资本安全性高、购买限额低、流动性强、收益较高、管理费用低,有些还不收取赎回费用。因此,货币市场基金通常被认为是低风险的投资工具。

(四) 按投资目标分类

1. 成长型基金

成长型资金以资本长期增值为投资目标,其投资对象主要是信用度较高、有长期成长前景或长期盈余的公司的股票。

2. 收入型基金

收入型基金主要投资于可带来现金收入的有价证券,以获取当期的最大收入为目的。

3. 平衡型基金

平衡型基金将资产分别投资于两种不同特性的证券,并在以取得收入为目的的债券及优先股和以资本增值为目的的普通股之间进行平衡。这种基金一般将25%~50%的资产投资于债券及优先股,其余的投资于普通股。平衡型基金的优点是风险比较低,缺点是成长的潜力不大。

(五) 交易所交易的开放式基金

交易所交易的开放式基金是将传统封闭式基金的交易便利性与开放式基金的可赎回性相结合的一种新型基金。目前,我国上海、深圳证券交易所已经分别推出交易型开放式指数基金(ETF)和上市开放式基金(LOF)两类变种。

1. 交易型开放式指数基金(ETF)

交易型开放式指数基金(ETF)结合了封闭式基金与开放式基金的运作特点,投资者一方面可以像封闭式基金一样在交易所二级市场进行ETF的买卖,另一方面又可以像开放式基金一样申购、赎回ETF份额。不同的是,它的申购是用一揽子股票换取ETF份额,赎回时也是换回一揽子股票而不是现金。ETF的二级市场交易以在证券交易所挂牌交易的方式进行,任何投资者,不管是机构投资者,还是个人投资者,都可以通过经纪人在证券交易所随时购买或出售ETF份额。

2. 上市开放式基金(LOF)

上市开放式基金(LOF)是一种既可以同时在场外市场进行基金份额申购、赎回,又可以在交易所进行基金份额交易,并通过份额转托管机制将场外市场与场内市场有机地联系在一起的一种开放式基金。与 ETF 不同的是,LOF 不一定采用指数基金模式,而且申购和赎回均以现金形式进行。

三、证券投资基金当事人

证券投资基金的当事人主要有证券投资基金份额持有人、证券投资基金管理人、证券投资基金托管人。

(一) 基金份额持有人

基金份额持有人即基金投资者,是基金的出资人、基金资产的所有者和基金投资回报的受益人。基金份额持有人的权利包括对基金收益的享有权、对基金份额的转让权和在一定程度上对基金经营决策的参与权。

(二) 基金管理人

基金管理人由依法设立的基金管理公司担任。基金管理公司通常由证券公司、信托投资公司或其他机构等发起成立。基金管理人作为受托人,必须履行"诚信义务"。基金管理人的目标是受益人利益的最大化,因而,不得出于自身利益的考虑损害基金持有人的利益。

(三) 基金托管人

基金托管人又称"基金保管人",是依据基金运行中"管理与保管分开"的原则对基金管理人进行监督和保管基金资产的机构,是基金持有人权益的代表,通常由有实力的商业银行或信托投资公司担任。基金托管人与基金管理人签订托管协议,在托管协议规定的范围内履行自己的职责并收取一定的报酬。

(四) 证券投资基金当事人之间的关系

1. 持有人与管理人之间的关系

在基金的当事人中,基金份额持有人通过购买基金份额或基金股份,参加基金投资并将资金交给基金管理人管理,享有基金投资的收益权,是基金资产的终极所有者和基金投资收益的受益人。基金管理人则是接受基金份额持有人的委托,负责对所筹集的资金进行具体的投资决策和日常管理,并有权委托基金托管人保管基金资产的金融中介机构。因此,基金份额持有人与基金管理人之间的关系是委托人、受益人与受托人的关系,也是所有者和经营者的关系。

2. 管理人与托管人之间的关系

基金管理人与托管人是相互制衡的关系。基金管理人由专业投资人员组成,负责基金资产的经营;托管人由主管机关认可的金融机构担任,负责基金资产的保管,依据基金管理机构的指令处置基金资产并监督管理人的投资运作是否合法合规。对基金管理人而言,将有关证券、现金收付的具体事务交由基金托管人办理,自己就可以专心从事资产的运用和投资决策。基金管理人和基金托管人均对基金份额持有人负责。他们的权利和义务在基金合同或基金公司章程中已预先界定清楚,任何一方有违规之处,对方都应当监督并及时制止,甚至请求更换违规方。这种相互制衡的运行机制,有利于基金信托财产的安全和基金运用的绩效。这种机制的作用得以有效发挥的前提是基金托管人与基金管理人必须严格分开,由不具有任何关联关系的不同机构或公司担任,二者在财务上、人事上、法律地位上应该完全独立。

3. 持有人与托管人之间的关系

基金份额持有人与托管人的关系是委托与受托的关系,即基金份额持有人将基金资产委托给基金托管人保管。对持有人而言,将基金资产委托给专门的机构保管,可以确保基金资产的安全;对基金托管人而言,必须对基金份额持有人负责,监管基金管理人的行为,使其经营行为符合法律法规的要求,为基金份额持有人的利益勤勉尽责,保证资产安全,提高资产的收益。

做中学 4-1

证券投资基金相关概念解读:

1. 基金成立日

基金成立日是指基金达到成立条件后,基金管理人宣布基金成立的日期。

2. 基金募集期

基金募集期是指自招募说明书公告之日起到基金成立日的时间段。

3. 基金存续期

基金存续期是指基金发行成功并通过一段时间的封闭期后进入的日常交易期。

4. 基金单位

基金单位是指基金发起人向不特定的投资者发行的,表示持有人对基金享有资产所有权、收益分配权和其他相关权利,并承担相应义务的凭证。

5. 基金开放日

基金开放日就是可以办理开放式基金的开户、申购、赎回、销户、挂失、过户等一系列手续的工作日。对于一只开放式基金来说,并不是在任何一个工作日都可以进行交易,因此,规定每周的某几个工作日进行交易,这几个工作日就称为"开放日"。

6. 基金认购

基金认购是指投资者在开放式基金募集期间、基金尚未成立时购买基金份额的过程。通常认购价为基金单位面值(1元)加上一定的销售费用。投资者认购基金应在基金销售点填写认购申请书,交付认购款项。

7. 基金申购

基金申购是指投资者到基金管理公司或选定的基金代销机构开设基金账户,按照规定的程序申请购买基金份额的行为。申购基金份额的数量是以申购日的基金份额资产净值为基础计算的,具体计算方法须符合监管部门有关规定的要求,并在基金销售文件中载明。

8. 基金转托管

基金转托管是指投资者同一基金在不同托管点(不同销售商及同一销售商的不能通存通兑的城市或分行)之间实施的所持基金份额托管机构变更的操作。

9. 基金转换

基金转换是指投资者在持有本公司发行的任一开放式基金后,可直接自由转换到本公司管理的其他开放式基金,而不需要先赎回已持有的基金单位,再申购目标基金。比如,在某公司目前已经发行的两只开放式基金当中,投资者可以将持有的 A 基金的份额转换为 B 基金的份额,也可以将持有的 B 基金的份额转换为 A 基金的份额。

10. 非交易过户

非交易过户是指由遗产继承、捐赠或司法执行等原因引起的基金单位持有人的变更行为。基金非交易过户包括遗产继承、捐赠和司法执行。

11. 开放式基金的封闭期

开放式基金的封闭期是指基金成功募集足够资金宣告成立后,会有一段不接受投资者赎回基金单位申请的时间。设定封闭期一方面是为了方便基金的后台(登记注册中心)为日常申购、赎回做好充分的准备;另一方面,基金管理人可将募集来的资金根据证券市场状况完成初步的投资安排。根据《开放式证券投资基金试点办法》规定,基金封闭期不得超过 3 个月。

四、基金信息的披露

(一) 开放式基金信息披露

开放式基金信息披露内容包括招募说明书(公开说明书)、定期报告和临时报告三类。定期报告又由每日公布单位净值公告、季度投资组合公告、中期报告和年度报告四项组成。法定披露信息由基金管理人编制,基金托管人复核,于规定时限内在中国证监会指定的信息披露报刊和网站上发布。

(二) 招募说明书(公开说明书)

招募说明书在初次发行后称为"公开说明书",该说明书旨在充分披露可能对投资者做出投资判断产生重大影响的一切信息,包括管理人情况、托管人情况、基金销售渠道、申购和赎回的方式及价格、费用种类及比率、基金的投资目标、基金的会计核算原则和收益分配方式等。

公开说明书是指基金成立后定期公告的有关基金简介、基金投资组合、基金经营业绩、重要变更事项和其他按法律规定应披露事项的说明。

(三) 基金中期报告

基金中期报告是反映基金上半年的运作及业绩情况的报告。主要包括管理人报告和财务报告重要事项揭示等,其中,财务报告包括资产负债表、收益及分配表、净资产变动表等会计报表及其附注,以及关联事项的说明等。该报告在会计年度的前 6 个月结束后 60 日内公告。

(四) 基金年度报告

基金年度报告是反映基金全年的运作及业绩情况的报告。除中期报告应披露的内容外,年度报告还必须披露托管人报告、审计报告等内容。该报告在会计年度结束后 90 日内公告。

五、基金收益分配

(一) 基金收益

基金收益是指基金资产在运作过程中所产生的超过自身价值的部分。具体地说,基金收益包括基金投资所得红利、股息、债券利息、买卖证券价差、存款利息和其他收入。

(二) 基金净收益

基金净收益是指基金收益减去按照国家有关规定可以在基金收益中扣除的费用后的余额。

(三) 权益登记日

基金管理人进行红利分配时,需要定出某一天,界定哪些基金持有人可以参加分红,定出的这一天就是权益登记日。在权益登记日当天仍持有或申购该基金并得到确认的投资者均可享受此次分红。

(四) 除息日

除息日是权益登记日(T 日)后的第一个工作日,即 T+1 日。

(五) 红利再投资

红利再投资是指将投资者分得的收益再投资于基金,并折算成相应数量的基金单位。这实际上是将应分配的收益折为等额的新的基金单位送给投资者。

(六)开放式基金的税金

一般情况下,基金的投资者会涉及三种税金:①所得税,针对投资者的红利和资本利得征收的税金;②交易税,基金在交易时需要缴纳的税金;③印花税,交易中的有关单据需缴纳的税金。

我国目前对个人投资者的基金红利和资本利得暂未征收所得税,对机构投资者获得的投资收益并入企业的应纳税所得额,征收企业所得税。基金的投资对象是证券市场,基金的管理人在进行投资时已经缴纳了证券交易所规定的各种税,所以投资者在申购和赎回开放式基金时也无需缴纳交易税。对投资者买卖基金暂时免征印花税。

任务二 基金价值评估

一、证券投资基金的费用

(一)基金管理费

基金管理费是指从基金资产中提取的、支付给为基金提供专业化服务的基金管理人的费用,也就是管理人为管理和操作基金而收取的费用。基金管理费通常按照每个估值日基金净资产的一定比率(年率)逐日计提,累计至每月月底,按月支付。

管理费率的大小通常与基金规模成反比,与风险成正比。基金规模越大,风险越小,管理费率就越低;反之,则越高。不同的国家及不同种类的基金,管理费率不完全相同。

(二)基金托管费

基金托管费是指基金托管人为保管和处置基金资产而向基金收取的费用。托管费通常按照基金资产净值的一定比率提取,逐日计提并累计,按月支付给托管人。

目前,我国封闭式基金按照0.25%的比例计提基金托管费,开放式基金根据基金合同的规定比例计提,通常低于0.25%;股票型基金的托管费率要高于债券型基金及货币市场基金的托管费率。

(三)其他费用

证券投资基金的费用还包括:封闭式基金上市费用,证券交易费用,基金信息披露费用,基金持有人大会费用,与基金相关的会计师、律师等中介机构费用,法律、法规及基金契约规定可以列入的其他费用。上述费用由基金托管人根据法律、法规及基金合同的相应规定，按实际支出金额支付。

（四）收益率

收益率是指投资的回报率，其计算方式为：

$$收益率 = 收益 \div 本金 \times 100\%$$

收益率一般以年度百分比来表示，根据当时市场价格、面值、息票利率以及距离到期日时间计算。对于公司而言，收益率指净利润占使用的平均资本的百分比。收益率可以用来衡量任何投资行为的成功程度，它反映了投资所带来的收益以及投资者可以实现的利润水平。

> **做中学 4-2**
>
> 2021年12月31日，某股票基金资产净值为2亿元，到2022年12月31日，该基金资产净值变为3.2亿元。假设该基金净值变化来源仅为资产增值和分红收入的再投资，试计算该基金在2022年的收益率。
>
> 该基金在2022年的收益率 = (3.2 − 2) ÷ 2 × 100% = 60%

二、证券投资基金资产估值

（一）基金资产总值

基金资产总值是基金购买的各类证券价值、银行存款本息以及其他投资所形成的价值总和。

（二）基金资产净值

基金资产净值是基金资产总值减去按照国家有关规定可以在基金资产中扣除的费用后的价值。

基金资产净值是衡量一个基金经营好坏的主要指标，也是基金份额交易价格的内在价值和计算依据。基金份额净值是指某一时点上某一投资基金每份基金份额实际代表的价值。一般情况下，基金份额价格与资产净值的变化趋势一致，即资产净值增长，基金价格也随之提高。尤其是开放式基金，其基金份额的申购或赎回价格直接按基金份额资产净值来计算。

（三）基金单位资产净值

基金单位资产净值是指计算日基金资产净值除以计算日基金单位总数后的价值。它既是反映基金业绩的指标，也是开放式基金的交易价格。单位资产净值计算公式为：

$$单位资产净值＝(总资产－总负债)÷基金总份额$$

其中总资产是指基金拥有的股票、债券、银行存款和其他有价证券在内的资产总值；总负债是指基金运作所形成的负债，包括应支付的各项费用。

由于基金持有的股票和债券基本上每个交易日的价格都会发生变化，因此单位资产净值也每个交易日都会变化，与上一日持平的情况很少见。

(四) 基金累计净值

基金累计净值是基金单位资产净值与基金成立以来累计分红的总和。它体现了基金从成立以来所取得的累计收益(减去一元面值即是实际收益)，可以比较直观和全面地反映基金在运作期间的历史表现，更准确地体现基金的真实业绩水平。

(五) 基金资产的估值

1. 估值的目的

基金资产估值的目的是客观、准确地反映基金资产的价值。经基金资产估值后确定的基金资产净值而计算出的基金份额净值，是计算基金份额转让价格，尤其是计算开放式基金申购与赎回价格的基础。

2. 估值对象

估值对象为基金依法拥有的各类资产，如股票、债券、权证等。

3. 估值日

基金管理人应于每个交易日当天对基金资产进行估值。

4. 估值暂停

基金管理人虽然必须按规定对基金净资产进行估值，但遇到下列特殊情况时，可以暂停估值：

(1) 基金投资所涉及的证券交易所遇法定节假日或因其他原因暂停营业的；

(2) 因不可抗力或其他情形致使基金管理人、基金托管人无法准确评估基金资产价值的；

(3) 占基金相当比例的投资品种的估值出现重大转变，而基金管理人为保障投资人的利益，已决定延迟估值的；

(4) 出现基金管理人认为属于紧急事故的任何情况，会导致基金管理人不能出售或评估基金资产；

(5) 中国证监会和基金合同认定的其他情形。

5. 估值原则

(1) 对存在活跃市场的投资品种，如估值日有市价的，应采用市价确定公允价值。估值日无市价，但最近交易日后经济环境未发生重大变化的，应采用最近交易市价确定公允价值。估值日无市价，且最近交易日后经济环境发生了重大变化的，应参考类似投资品种的现行市价及重大变化因素，调整最近交易市价，确定公允价值。有充分证据表明最近交易市价不能真实反映公允价值的(如异常原因导致长期停牌或临时停牌的股票等),应对最近交易的市价进行调整,以确定投资品种的公允价值。

(2) 对不存在活跃市场的投资品种,应采用市场参与者普遍认同,且被以往市场实际交易价格验证具有可靠性的估值技术确定公允价值。运用估值技术得出的结果,应反映估值日在公平条件下进行正常商业交易所采用的交易价格。

(3) 有充足理由表明按以上估值原则仍不能客观反映相关投资品种的公允价值的,基金管理公司应根据具体情况与托管银行进行商定,按最能恰当反映公允价值的价格估值。

三、证券投资基金的收入及利润分配

(一) 证券投资基金的收入来源

证券投资基金的收入来源主要为利息收入、投资收益和其他收入。基金资产估值引起的资产价值变动作为公允价值变动损益计入当期损益。

(二) 证券投资基金的利润分配

基金利润分配通常有两种方式:一是分配现金,二是分配基金份额。

按照《证券投资基金运作管理办法》的规定,封闭式基金的收益分配每年不得少于一次,封闭式基金年度收益分配比例不得低于基金年度已实现收益的90%。开放式基金的基金合同应当约定每年基金收益分配的最多次数和基金收益分配的最低比例。基金收益分配应当采用现金方式。开放式基金的基金份额持有人可以事先选择将所获分配的现金收益,按照基金合同有关基金份额申购的约定转为基金份额;基金份额持有人事先未做出选择的,基金管理人应当支付现金。

对货币市场基金的收益分配,中国证监会有专门的规定。《货币市场基金监督管理办法》第十条规定:"对于每日按照面值进行报价的货币市场基金,可以在基金合同中将收益分配的方式约定为红利再投资,并应当每日进行收益分配。"《关于货币市场基金投资等相关问题的通知》规定:"当日申购的基金份额自下一个工作日起享有基金的分配权益,当日赎回的基金份额自下一个工作日起不享有基金的分配权益。"具体而言,货币市场基金每周五进行收益分配时,将同时分配周六和周日的收益;每周一至周四进行收益分配时,则仅对当日收益进行分配。投资者于周五申购或转换转入的基金份额不享有周五和周六、周日的收益;投资者于周五赎回或转换转出的基金份额享有周五和周六、周日的收益。

四、证券投资基金赎回

(一) 基金的赎回

基金的赎回是指在基金存续期内,基金份额持有人按基金合同规定的条件要求基金管理人购回基金份额的行为。多数基金赎回时需要缴纳一定的赎回费,赎回费用和基金类型以及投资者持有期的长短有关。

(二) 基金赎回价格

基金申购赎回的价格是申赎当天的基金单位净值。但是投资者需要在交易日 15:00 之前申请,15:00 之后按下一交易日净值结算。由于基金持有的股票和债券基本上每个交易日的价格都会发生变化,所以单位净值每个交易日也会发生变化。每天收市之后,交易所、中国结算等将成交的数据反馈给基金公司,基金公司收到数据之后进行筛选核算,然后再将核算的数据发给托管银行复核,复核无误之后,再由基金公司报送给监管机构备案,然后才会在 18:00—21:00 陆续公布。

(三) 基金赎回到账

基金的赎回到账时间一般都是按照工作日来进行计算的,遇到周六、周日或法定年节假日,都会往后顺延。不同基金赎回到账时间不等,需要查阅基金销售文件或者咨询基金管理人。

一般根据基金类型的不同,到账时间的差异主要表现为:货币型基金到账最快,一般 1~2 个交易日到账,网上购买的货币型基金一般 1 个工作日就可以到账。债券、股票、混合型基金一般 3~4 个交易日到账。QDII 基金到账时间相对更长,一般 7~10 个交易日到账。但需要注意,不同购买渠道基金到账时间有差异,具体以各销售渠道为准。

五、证券投资基金投资风险

证券投资基金是一种集中资金、专家管理、分散投资、降低风险的投资工具,但投资者投资于基金仍有可能面临风险。证券投资基金存在的风险主要有十一个。

(一) 市场风险

市场风险主要包括政策风险、经济周期风险、利率风险、上市公司经营风险和购买力风险等。

基金主要投资于证券市场,投资者购买基金,相对于购买股票而言,由于能有效地分散投资和利用专家优势,可以对风险有所控制。分散投资虽能在一定程度上消除来自个别公司的非系统性风险,但无法消除市场的系统性风险。

(二) 管理能力风险

基金管理人作为专业投资机构,比普通投资者在风险管理方面具有优势,如能较好地认识风险的性质、来源和种类;能较准确地度量风险;通常能够按照自己的投资目标和风险承受能力构造有效的证券组合；在市场变动的情况下，能及时对投资组合进行更新，从而将基金资产风险控制在预定的范围内等。但是不同基金管理人的基金投资管理水平、管理手段和管理技术存在差异，从而会对基金收益水平产生影响。

(三) 技术风险

当计算机、通信系统、交易网络等技术保障系统或信息网络支持出现异常情况时，可能出现基金日常的申购或赎回无法按正常时限完成、注册登记系统瘫痪、核算系统无法按正常时限显示基金净值以及基金的投资交易指令无法及时传输等技术风险。

(四) 巨额赎回风险

这是开放式基金所特有的风险。因市场剧烈波动或其他原因而连续出现巨额赎回情况，导致基金管理人现金支付困难时，基金投资者申请赎回基金份额，可能会遇到部分顺延赎回或暂停赎回等风险。

(五) 赎回价格风险

开放式基金的申购及赎回未知价风险是指投资者在当日申购、赎回基金单位时，所参考的单位资产净值是上一个基金开放日的数据，而对于基金单位资产净值自上一交易日至开放日当日所发生的变化，投资者无法预知，因此投资者在申购、赎回时无法知道会以什么价格成交，这种风险就是开放式基金的申购、赎回价格未知风险。

(六) 不可抗力风险

不可抗力风险是指战争、自然灾害等不可抗力发生时给基金投资者带来的风险。

(七) 政策风险

政策风险是指国家宏观政策（如货币政策、财政政策、行业政策和地区发展政策等）发生变化，导致市场价格波动而产生的风险。

(八) 经济周期风险

经济周期风险是指随着经济运行的周期性变化，各个行业及上市公司的盈利水平也呈周期性变化，从而影响个股乃至整个行业板块的二级市场的走势。

(九) 利率风险

利率风险是指市场利率的波动会导致证券市场价格和收益率的变动。利率直接影响着国债的价格和收益率，影响着企业的融资成本和利润。基金投资于国债和股票，其收益水平会受到利率变化的影响。

(十) 上市公司经营风险

上市公司经营风险是指上市公司的经营状况受多种因素影响,如管理能力、财务状况、市场前景、行业竞争和人员素质等,这些都会导致企业的盈利发生变化。如果基金所投资的上市公司经营不善,其股票价格可能下跌,或者能够用于分配的利润减少,使基金投资收益下降。虽然基金可以通过投资多样化来分散这种非系统风险,但不能完全规避。

(十一) 购买力风险

购买力风险是指基金的利润主要通过现金形式来分配,而现金可能因为通货膨胀的影响而购买力下降,从而使基金的实际收益下降。

六、证券投资基金的投资范围

目前我国的基金主要投资于国内依法公开发行上市的股票、非公开发行股票、国债、企业债券和金融债券、公司债券、货币市场工具、资产支持证券以及权证等。

七、证券投资基金的投资限制

对基金投资进行限制的主要目的,一是引导基金分散投资,降低风险;二是避免基金操纵市场;三是发挥基金引导市场的积极作用。

按照《中华人民共和国证券投资基金法》和其他相关法规的规定,基金财产不得用于下列投资或者活动:①承销证券;②违反规定向他人贷款或者提供担保;③从事承担无限责任的投资;④买卖其他基金份额,但是国务院证券监督管理机构另有规定的除外;⑤向基金管理人、基金托管人出资;⑥从事内幕交易、操纵证券交易价格及其他不正当的证券交易活动;⑦法律、行政法规和国务院证券监督管理机构规定禁止的其他活动。

运用基金财产买卖基金管理人、基金托管人及其控股股东、实际控制人或者与其有其他重大利害关系的公司发行的证券或承销期内承销的证券,或者从事其他重大关联交易的,应当遵循基金份额持有人利益优先的原则,防范利益冲突,符合国务院证券监督管理机构的规定,并履行信息披露义务。

基金投资应符合以下规定:①股票基金应有60%以上的资产投资于股票;②债券基金应有80%以上的资产投资于债券;③货币市场基金仅投资于货币市场工具,不得投资于股票、可转债、剩余期限超过397天的债券、信用等级在AAA级以下的企业债、国内信用等级在AAA级以下的资产支持证券和以定期存款利率为基准利率的浮动利率债券;④基金不得投资于有锁定期但锁定期不明确的证券;⑤货币市场基金、中短债基金不得投资于流通受限证券;⑥封闭式基金投资于流通受限证券的锁定期不得超过封闭式基金的剩余存续期;⑦基金投资的资产支持证券必须在全国银行间债券交易市场或证券交易所交易。

此外,基金管理人运用基金财产进行证券投资,不得有下列情形:①一只基金持有一家公司发行的证券,其市值超过基金资产净值的10%;②同一基金管理人管理的全部基金持有一家公司发行的证券,超过该证券的10%;③基金财产参与股票发行申购,单只基金所申报的金额超过该基金的总资产,单只基金所申报的股票数量超过拟发行股票公司本次发行股票的总量;④违反基金合同关于投资范围、投资策略和投资比例等约定;⑤中国证监会规定禁止的其他情形。完全按照有关指数的构成比例进行证券投资的基金品种可以不受第①②项规定的比例限制。

任务三 基金交易操作

一、基金交易

基金交易是以基金为买卖对象,自我承担风险收益而进行的流通转让活动。基金的交易环节通常包括四个方面。

(一)认购

认购是指投资者在开放式基金募集期间、基金尚未成立时购买基金份额的过程。通常认购价为基金份额面值(1元/份)加上一定的销售费用。投资者认购基金应在基金销售点填写认购申请书,交付认购款项。

(二)申购

申购是指投资者到基金管理公司或选定的基金代销机构开设基金账户,按照规定的程序申请购买基金份额的行为。

(三)赎回

赎回又称"买回",它是指针对开放式基金,投资者以自己的名义直接或通过代理机构向基金管理公司要求部分或全部退出基金的投资,并将买回款汇至该投资者的账户内。

(四)清算

清算一般针对封闭式基金,该类基金有年限,年限到期后,会进行净值清算,终止运行或转为开放式基金。

二、基金交易规则

(一) 交易渠道

1. 封闭式基金

投资者买卖封闭式基金必须开立沪、深证券账户或沪、深基金账户及资金账户,操作参考股票交易。

2. 开放式基金

常见的开放式基金销售渠道有以下几种:

(1) 基金公司直销。投资者在嘉实、华夏、易方达、兴全基金等基金公司官网直接购买。

(2) 银行代销。由银行的理财顾问向客户推销基金理财产品,或者用户自行在银行的手机客户端购买。

(3) 证券、保险公司代销。投资者在各家证券公司的手机客户端既可以买股票也可以买基金。

(4) 独立第三方销售公司。如上海天天基金销售有限公司的天天基金网及其 APP、蚂蚁财富(上海)金融信息服务有限公司的蚂蚁财富 APP、北京雪球基金销售有限公司的雪球基金 APP。

(5) 新兴的互联网金融渠道。以腾讯理财通为代表,腾讯的理财通以合作的形式为基金公司提供客户资源,为用户交易下单提供入口。

(二) 交易流程

投资人基金业务主要包括开户、认购、申购和赎回等业务环节。

1. 开户

基金账户是基金注册登记机构为基金投资者开立的、用于记录其持有的基金份额余额和变动情况的账户。开户是指投资人经由公司前台业务系统或自助式前台业务系统,通过基金销售支付结算机构实名制认证后,开立基金注册登记机构基金账户的业务过程。在开立基金账户前,投资人须开立结算账户,也就是一般意义上的银行账户。基金投资人结算账户用于投资人认购、申购和赎回基金份额以及分红、无效认(申)购的资金退款等资金结算。

2. 认购/申购

认购是指在首次发行募集期内购买基金的行为。申购是指在基金首次发行募集结束后投资人日常申请购买基金的行为。一般情况下,基金认购/申购申请一经提交,不得撤销。投资人 T 日提交认购/申购申请后,一般可于 T+2 日后查询认购/申购申请的受理情况。投资人在提交认购申请后应及时到原认购网点打印认购成交确认情况。公司对认购/申购申请的受理并不表示对认购/申购申请的成功确认,而仅代表公司接受了认购/申购申请。申请的成功确认应以基金注册登记机构的确认登记为准。认购/申购申请被确认无效的,认购/申购资金将会退还给投资人。非货币型基金申购、赎回价格以申购、赎回日交易时间结束后,基金注册登记机构公布的基金份额净值为基准,即"未知价"原则。基金交易时间为上海、深圳证券交易所交易时间(9:30—11:30,13:00—15:00),或基金合同规定的其他时间。

3. 赎回

赎回是指投资人申请将基金卖回给基金管理公司的行为。基金通常设有最低赎回份额限制和最低剩余份额限制。对于不符合赎回限制的申请,部分基金注册登记机构会对该类委托确认失败,部分基金注册登记机构会将剩余份额强制赎回。

三、交易费用

(一) 完成一次交易的成本

1. 申购费

申购费指买入一定数量的基金份额时花费的手续费(货币基金不需要),不得超过申购金额的5%。

2. 赎回费

赎回费指卖出一定数量的基金份额时花费的手续费(货币基金不需要),不得超过赎回金额的5%。

3. 交易佣金

交易佣金即销售服务费,不得高于成交金额的0.3%,起点为5元,不足5元按5元收取,由证券公司向投资者收取。

4. 持有过程费用

(1) 管理费。可以理解为基金公司帮投资人投资收取的一点"辛苦费"(计算基金净值时已扣除,不用在每一笔交易中计算)。

(2) 托管费。银行因托管资金而收取的费用(计算基金净值时已扣除,不用在每一笔交易中计算)。

(二) 开放式基金的认购

1. 认购渠道

目前,我国承办开放式基金认购业务的机构主要有商业银行、证券公司、证券投资咨询机构、专业基金销售机构及中国证监会规定的其他具备基金代销业务资格的机构。

2. 认购步骤

投资者参与认购开放式基金分为开户、认购、确认三个步骤。

(1) 开户。投资者认购基金前必须先开立基金账户和资金账户。

(2) 认购。在基金发售期间,投资者须填写认购申请书,按照基金销售机构的规定足额缴纳认购款,一般情况下已受理的认购申请不允许撤销。

(3) 确认。销售网点(包括直销机构和代销网点)受理申请并不表示对该申请已经成功确认,而仅仅代表销售网点收到了认购申请,申请是否有效应以基金注册登记机构的确认登记为准。投资者于T日提交认购申请后可于T+2日起到办理认购的网点查询认购申请的受理情况,认购申请无效的,认购资金退回到投资者资金账户。认购的最终结果待基金募集期结束后才能确认。

3. 认购方式

开放式基金采取金额认购的方式。投资者认购基金份额时,需按销售机构规定的方式全额交付认购款项,投资者在募集期内可以多次认购基金份额。

4. 认购费用和认购份额的计算

开放式基金的认购费率不得超过认购金额的5%。目前,我国股票型基金的认购费率在1%~1.5%,债券型基金的认购费率通常在1%以下,货币型基金的认购费率一般为零。

有效认购申请的认购费用及认购份额的计算统一采用外扣法,即基金的认购金额包括认购费用和净认购金额,计算公式如下:

$$净认购金额 = 认购金额 \div (1 + 认购费率)$$

$$认购费用 = 认购金额 - 净认购金额$$

$$认购份额 = 净认购金额 \div 认购日基金份额净值$$

做中学 4-3

小张投资1万元认购上市开放式基金,假设管理人规定的认购费率为1.5%,认购当日基金份额净值为1.025 0元,计算分析其认购份额及返还的资金余额。

净认购金额 = 10 000÷(1+0.015) = 9 852.22(元)

认购费用 = 10 000 − 9 852.22 = 147.78(元)

认购份额 = 9 852.22÷1.025 0 = 9 611.92(份)

因场内份额保留至整数份,故投资者认购所得份额为9 611份,不足1份部分的认购资金返还给小张。

实际净认购金额 = 9 611×1.025 0 = 9 851.28(元)

退款金额 = 10 000 − 9 851.28 − 147.78 = 0.94(元)

即小张投资1万元认购基金,假设认购当日基金份额净值为1.025 0元,则他可得到9 611份基金单位,并得到返还的认购资金0.94元。

(三) 开放式基金的申购、赎回

1. 申购、赎回的场所和时间

申购、赎回可以通过基金管理人的直销中心与基金销售代理人的代销网点进行,也可以通过电话、传真、互联网等形式进行。基金管理人应在申购、赎回开放日前3个工作日在至少一种证监会指定的媒体上刊登公告。申购和赎回的工作日为证券交易所交易日,工作日的具体业务办理时间为上海、深圳证券交易所交易日的交易时间。

2. 申购、赎回的原则

(1) 股票、债券型基金的申购、赎回原则。第一,"未知价"原则。投资者在申购、赎回时并不能即时获知买卖的成交价格。申购、赎回价格只能以申购、赎回日交易时间结束后基金管理人公布的基金份额净值为基准进行计算。第二,"金额申购、份额赎回"原则。申购以金额申请,赎回以份额申请。

(2) 货币市场基金的申购、赎回原则。第一,"确定价"原则。申购、赎回基金份额价格以1元人民币为基准进行计算。第二,"金额申购、份额赎回"原则。申购以金额申请,赎回以份额申请。

3. 申购费用和申购份额的计算

有效申购申请的申购费用及申购份额的计算统一采用外扣法,即基金的申购金额包括申购费用和净申购金额,计算公式如下:

$$净申购金额 = 申购金额 \div (1 + 申购费率)$$

$$申购费用 = 申购金额 - 净申购金额$$

$$申购份额 = 净申购金额 \div 申购日基金份额净值$$

做中学 4-4

小张投资1万元申购上市开放式基金,对应申购费率为1.6%,假设申购当日基金单位资产净值为1.016 8元,计算分析其申购份额。

净申购金额 = 10 000 ÷ (1 + 1.6%) = 9 842.52(元)

申购份额 = 9 842.52 ÷ 1.016 8 = 9 679.90(份)

即小张投资1万元申购上市开放式基金,假设申购当日基金单位资产净值为1.016 8元,则他可得到的基金份额为9 679.90份。

4. 赎回费用和赎回金额的计算

赎回开放式基金采用未知价法,即基金单位交易价格取决于赎回行为发生时尚未确知(但当日收市后即可计算并于下一交易日公告)的单位基金资产净值,计算公式如下:

$$赎回总额 = 赎回日基金单位资产净值 \times 赎回份额$$

$$赎回费用 = 赎回总额 \times 赎回费率$$

$$净赎回金额 = 赎回总额 - 赎回费用$$

做中学 4-5

小张赎回上市开放式基金1万份基金单位,持有时间为1年半,对应的赎回费率为

0.50%,假设赎回当日基金单位资产净值为1.025 0元,计算分析其可得到的净赎回金额。

赎回总额＝10 000×1.025 0＝10 250(元)

赎回费用＝10 250×0.005＝51.25(元)

净赎回金额＝10 250－51.25＝10 198.75(元)

即小张赎回1万份基金单位,假设赎回当日基金单位资产净值为1.025 0元,则他可得到的净赎回金额为10 198.75元。

四、如何选择合适的基金

市场上的基金有很多不同的类型,同类基金中各只基金也有不同的特点。在选择基金时,需要注意浏览各种报纸、销售网点公告或基金管理公司的信息,了解基金的收益、费用和风险特征,判断某种基金是否切合自己的投资目标。

具体来说,应考虑以下几点:

(一) 基金的过往业绩

基金的回报水平是否有吸引力,它的过往表现是否一贯良好。

(二) 基金管理公司

基金管理公司是否值得信赖,基金经理对管理基金是否具有足够的专业知识和投资经验。

(三) 基金是否适合个人需要

基金的投资目标、投资对象、风险水平是否与个人目标相符。比如说投资目标,每个人因年龄、收入、家庭状况的不同而具有不同的投资目标。

(四) 可承受的风险

一般来说,高风险投资的回报潜力也较高。然而,如果投资者对市场的短期波动较为敏感,便应该考虑投资一些风险较低及价格较为稳定的基金。如果投资者投资取向较为进取,并不介意市场的短期波动,同时希望赚取较高回报,那么一些较高风险的基金或许符合需要。

此外,在其他条件相当的情况下,还可以关注一下基金的费用水平是否适当。

五、开放式基金的监督保障

从我国基金的运作模式可以看出,基金是一种非常安全的投资方式,投资者投资于基金的资产受到多方面的监督和保障。

（一）法律法规的保障

国务院及中国证监会发布的《证券投资基金管理暂行办法》《开放式证券投资基金试点办法》等各项法律法规对基金的设立、募集、交易、投资运作和各当事人的权利义务等做了严格的规定，以确保基金的规范运作和基金资产的安全，保护投资者的利益。

（二）中国证监会的监管

中国证监会对基金的设立、募集、运作以及基金管理公司进行监管，保障投资者的权益。

（三）基金管理公司的内部控制

我国法律法规要求基金管理公司必须有严格的内部控制机制，控制各种风险，保障投资者的资金安全。

（四）基金托管银行的控制

基金管理公司负责基金的管理和运作，而基金的资产则必须独立存放于托管银行的专门账户中，与基金管理公司、基金托管银行的自有资产及其他基金的资产相独立。这些信誉良好的银行可以作为资金的保管人，严格按照法律法规和基金契约的规定保管基金资产，确保资产不被挪作他用，并对基金管理公司的运作进行监督。

（五）会计师事务所和律师事务所的监督

独立的会计师事务所对基金的账务进行审计，律师事务所对基金的发行和设立等事项出具法律意见，确保基金运作严格遵守各项法律法规，切实保护投资者的权益。

从以上安排可以看出，投资于基金的资产受到多重保护，因此是相对比较安全的。但需注意的是，基金的投资回报并无保证，基金单位净值会随着投资市场的变化而出现波动，因此投资者投资于基金须承担投资风险。

六、基金适合的人群

（一）希望获得比存款更高收益的人士；
（二）没时间理财的职业人士；
（三）缺乏专业投资知识的人士或不愿承担股市高风险的人士；
（四）正在考虑为子女准备教育资金或为将来退休生活准备资金的人士；
（五）有其他需求的人士。

总之，如果投资者有适当的资金，为实现资金的增值或是准备应付将来的支出，都可以投资于基金。委托基金管理公司的专家来理财，既可分享证券市场带来的收益机会，又能避免过高的风险和直接投资带来的烦恼，达到轻松投资、事半功倍的效果。

七、投资于开放式基金可以采取的策略

投资者购买基金时可以根据自己的收入状况、投资经验和对证券市场的熟悉程度等来决定合适的投资策略。如果对证券比较陌生，又没有太多时间来关心投资情况，那么可以采取一些被动性的投资策略，如分期等额购入投资策略和固定比例投资策略；反之，可以采用主动性较强的投资策略，如顺势操作投资策略和适时进出投资策略。

（一）定期定额购入策略

如果投资者做好了长期投资基金的准备，同时收入来源比较稳定，可以采用分期购入法进行基金的投资，即不论行情如何，每月（或定期）投资固定的金额于固定的基金上，当市场上涨，基金的净值高，买到的单位数较少；当市场下跌，基金的净值低，买到的单位数较多，如此长期下来，所购买基金单位的平均成本将较平均市价低，即所谓的平均成本法。平均成本法的功能之所以能够发挥，主要是因为当基金下跌时，投资人亦被动地投资购买了较多的单位数，如果判断基金长期的表现是上升趋势，在基金低档时买进的低成本基金会带来丰厚的利润。

以这种方式投资基金，还有其他的好处：一是不必担心进场时机。二是花小钱就可以投资。定期定额投资的最低投资金额相对较低。三是长期投资报酬远比定期存款高。尽管定期定额投资有些类似于"零存整取"的定期存款，但它投资的是报酬率较高的基金，变现性也很好，随时可以赎回，安全性较高。四是种类多、可以自由选择。目前，一般成熟的金融市场上可供投资的基金种类相当多，可以让投资人自由选择。

（二）固定比例投资策略

固定比例投资指将一笔资金按固定的比例分散投资于不同种类的基金上，当某类基金因净值变动而使投资比例发生变化时，就卖出或买进这种基金，从而维持原有的投资比例。这样不仅可以分散投资成本、抵御投资风险，还能"见好就收"，不至于因某只基金表现欠佳或过度奢望价格会进一步上升而使到手的收益成为泡影或使投资额大幅度上升。比如，将50%、35%和15%的资金分别买进股票基金、债券基金和货币市场基金，当股市大涨时，设定股票增值后投资比例上升了20%，便可以卖掉20%的股票基金，使股票基金的投资比例仍维持50%不变，或者追加投资买进债券基金和货币市场基金，使它们的投资比例也各自上升20%，从而保持原有的投资比例；如果股票基金下跌，就可以购进一定比例的股票基金或卖掉等比例的债券基金和货币市场基金，恢复原有的投资比例。当然，这种投资策略并

不是市场一发生变化就调整,有经验的投资者大致遵循这样一个准则:每隔三个月或半年调整一次投资组合的比例,股票基金上涨20％就卖掉一部分,下跌25％就增加投资。

(三)顺势操作投资策略

顺势操作投资策略又称"更换操作策略",这种策略是基于以下假定之上的:每种基金的价格都有升有降,并随市场状况而变化。投资者在市场上应顺势购入表现好的强势基金,抛掉业绩表现不佳的弱势基金。这种策略在多头市场上比较有用,在空头市场上不一定行得通。

(四)适时进出投资策略

适时进出投资指投资者完全依据市场行情的变化来买卖基金。采用这种方法的投资者大多具有一定投资经验,对市场行情变化较有把握,且投资的风险承担能力也较高,毕竟,要准确地预测股市每一波的高低点并不容易,就算已经掌握了市场趋势,也要耐得住短期市场可能会有的起伏。

 技能综合实训

环境要求:电脑、网络、基金行情网站。
实训任务一
与同学研讨,分别列出影响封闭式基金、ETF和LOF价格(单位净值)的主要因素。
实训任务二
选择开放式、封闭式基金各一只,分别收集相关信息,分析和预测其期中、短期价格(单位净值)走势。

 即测即评

一、单项选择题

1. 考虑到要保证收益而且风险不太大,张女士准备将资金购买货币市场基金。一般来说,下列四项关于货币市场基金的说法,不正确的是(　　)。
   A. 一般一个基金单位是1元　　　　B. 可以投资可转换债券
   C. 货币市场基金免收认购费　　　　D. 一般来说投资者享受复利

2. 如果刘先生是一名外国人,想分享中国国内的经济增长带来的好处,因此想购买资本来源于国外而投资于国内的基金,这种基金被称为(　　)。
   A. 国内基金　　B. 国际基金　　C. 离岸基金　　D. 国家基金

3. 共同基金的费用包括多种费用,因此投资基金时通常也要仔细阅读相关费用。下列基金中赎回费用最少的是( )。

A. 股票型基金　　B. 债券型基金　　C. 货币市场基金　　D. 混合型基金

4. 如果何先生的风险承受能力较弱,而且对于未来的股市走势不确定,何先生应该购买( )。

A. 上市型开放式基金　　　　　　B. 保本基金

C. 交易所交易的基金　　　　　　D. 基金中的基金

5. ( )只负责持有证券和划拨款项,不负其他责任。

A. 基金受托人　　　　　　　　　B. 管理受托人

C. 操作受托人　　　　　　　　　D. 保管受托人

二、多项选择题

1. 以下属于开放式基金特点的是( )。

A. 基金价格以基金净资产价值为计算依据

B. 基金规模不可变化

C. 基金单位可以赎回

D. 通常在交易所交易

E. 不限定存续期

2. 基金是信托关系的一种体现,基金关系中的受托人通常包括( )。

A. 基金管理人　　　　　　　　　B. 基金委托人

C. 基金监管人　　　　　　　　　D. 基金托管人

E. 基金托付人

3. 证券投资基金的特点包括( )。

A. 集合理财、专业管理　　　　　B. 组合投资、分散风险

C. 集中管理、保障安全　　　　　D. 利益共享、风险共担

4. 以下关于封闭式基金的说法,正确的有( )。

A. 封闭式基金的基金份额在封闭期内不能赎回

B. 持有人可以进行场外交易

C. 封闭式基金的存续期固定,但可以适当延长

D. 封闭式基金的基金概念规模在封闭期限内未经法定程序认可不能增加发行量

三、业务分析题

1. 投资人李某于2020年1月20日用1万元认购某开放式基金,认购费率为1.2%,认购期间产生利息50元;之后又于2020年3月10日下午4点用2万元申购该基金,申购费率为1.5%,上一个交易日该基金的每份净值为1.48元,申购当日该基金的每份净值为1.52元,下一个交易日该基金的每份净值为1.50元,计算李某实际购买到的基金份额。

12月1日上午10点,李某要赎回其购买的基金,假定赎回费率为0.5%,当日基金的每份净值为2.00元,次日基金的每份净值为2.10元,计算李某共可赎回的金额。

2. 2019年8月23日13:00,张三以1万元在蚂蚁财富买入广发稳健增长混合(270002)基金,8月27日卖出,整个过程为:8月23日买入,申购费率1.50%;8月24日以23日净值1.1813元确定份额;8月25日可查看24日产生的收益;8月27日,基金份额净值1.2000元,赎回费率1.50%提交卖出;8月28日,确认卖出份额,资金到账。

试计算净申购金额、申购份额、申购费用、赎回总额、赎回费用、净赎回金额以及收益或亏损金额。

项目五 金融衍生品投资

 思维导图

- 金融衍生品投资
  - 任务一 认知金融衍生工具
    - 金融衍生工具的定义
    - 金融衍生工具的特征
    - 金融衍生工具的分类
    - 金融衍生工具的产生与发展动因
  - 任务二 远期合约与金融期货
    - 现货交易、远期交易与期货交易
    - 远期合约市场
    - 金融期货市场
  - 任务三 金融期权
    - 金融期权概述
    - 金融期权的分类
    - 金融期权的基本功能
    - 期权价格
  - 任务四 金融互换
    - 金融互换的定义和特征
    - 金融互换的种类
    - 金融互换的主要作用

项目描述

金融衍生工具是指建立在基础产品或基础变量之上,其价格随基础产品的价格(或数值)变动的派生金融产品。金融衍生工具有多种类型。按照交易场所分类,金融衍生工具可以分为交易所交易的衍生工具和场外交易市场(OTC)交易的衍生工具;按照产品形态分类,金融衍生工具可以分为嵌入式衍生工具和独立衍生工具;按照基础工具种类分类,金融衍生工具可以分为货币衍生工具、利率衍生工具、信用衍生工具、股权类产品的衍生工具和其他衍生工具;按照金融衍生工具自身的交易方法及特点分类,金融衍生工具可以分为金融互换、金融远期合约、金融期权和金融期货。

早期金融衍生工具的诞生是为了规避风险。到了20世纪80年代,随着金融自由化的推进,金融衍生工具得到进一步发展。得益于近些年来的新技术革命,金融衍生工具的发展获得了更好的物质基础与技术支持。

学习目标

知识目标

1. 掌握金融衍生工具的定义和特征;
2. 掌握金融衍生工具的分类方法;
3. 掌握现货交易、远期交易、期货交易的定义、基本特征和主要区别;
4. 掌握金融期货的集中交易制度、标准化的期货合约和对冲机制、保证金制度、无负债的每日结算制度、限仓制度、大户报告制度、每日价格波动限制及断路器规则等主要交易制度;
5. 掌握金融期货的规避风险功能、价格发现功能、投机功能和套利功能;
6. 掌握金融期货与金融期权在基础资产、交易者权利与义务的对称性、履约保证、现金流转、盈亏特点及套期保值的作用与效果等方面的区别。

能力目标

1. 能合理运用衍生工具规避风险;
2. 能提供套期保值方案。

情境导入

2022年3月上旬,伦敦金属交易所(LME)镍期货价格在短期内快速上涨,导致我国青山控股集团(简称青山集团)重仓所持LME镍期货空单可能产生数十亿美元亏损,为应对上述市场情形,LME紧急暂停镍交易,并宣布3月8日零点之后镍期货交易全部无效,同时允许延期交割,并对镍交易规则进行了调整,由此爆出此次引起市场广泛关注的青山集团镍期货事件。

2021年年底之前,LME镍期货价格基本稳定在2万美元/吨以下。到了2022年年初,随着俄乌局势日益紧张,LME镍价出现明显上涨趋势,到1月中旬,已攀升至2.4万美元/吨,3月4日价格约2.9万美元/吨。

3月7日,LME镍价放量急速上涨,从开盘约2.9万美元/吨上升到最高5.5万美元/吨,日内涨幅最高达89%。3月8日,LME镍价延续暴涨行情,一度攀升至10万美元/吨以上,两个交易日累计涨幅近250%。随后,有媒体报道称青山集团持有的20万吨LME镍期货空头合约(彭博社报道持仓量逾15万吨)将无法在规定期限内完成现货交割。青山集团遭遇多头狙击,面临被强制平仓进而亏损数十亿美元的风险。在这种情况下,LME紧急停止镍交易并宣布当日交易无效,并接连发布6份公告,公布了包括镍在内的所有主要合约增加递延交割机制、头寸转移机制、涨跌停限制等一系列稳定市场的措施。

根据有关公开信息以及媒体报道,多数市场人士分析本轮LME镍价暴涨背后的逻辑并不复杂,主要是国际资本多头狙击青山集团,试图通过逼空来实现巨额盈利。

近年来全球新能源汽车行业快速发展,对镍的需求不断增加,加上国际资本炒作,镍库存总体呈现下降趋势。同时,随着俄乌紧张局势不断升级,市场对镍产品供应更加担忧。2022年年初开始,镍价就出现了明显上涨,到了2月份,有媒体报道青山集团为保证未来自有镍矿产出价格稳定,已持有20万吨镍期货空头合约。或许此时,多头已经盯上了青山集团。事实上,青山集团自身的镍产品并不符合LME期货交割标准,以往可通过购入俄镍产品用于期货交割,但是随着俄乌战争爆发,市场猜测俄镍产品因交易受阻或被移出LME交割品种,叠加青山集团持有的空头头寸过大等因素,多头认为青山集团短时间内没有足够的现货用于交割,趁机利用资金优势拉升镍期货价格,同时青山集团被迫对空单平仓或移仓时也进一步推动价格上涨,从而上演了一轮暴涨行情。

回顾此次事件,固然有LME未根据经济发展形势变化及时更新交易所规则(LME镍交割品种不足)、国际资本利用交易所规则(持仓限制和信息披露要求不够严格、无涨跌停限制)恶意逼空等原因,但是青山集团在套期保值风险管控、交易策略、流动性管理和市场敏锐性等方面可能存在的不足,也无疑给了对手可乘之机。

思考与讨论

镍期货事件给我们带来哪些启示?

任务一 认知金融衍生工具

一、金融衍生工具的定义

金融衍生工具是指建立在基础产品或基础变量之上,其价格随基础产品的价格(或数值)变动的派生金融产品。这里所说的基础产品是一个相对的概念,既包含现货金融产品(如债券、股票、银行定期存款单等),也包含金融衍生工具。基础变量可以是利率、各类价格指数,也可以是天气(温度)指数等。

二、金融衍生工具的特征

(一) 跨期性

金融衍生工具是一种在未来特定时间按照特定条件进行交易的合约,交易双方根据自身对未来利率、汇率、股价等因素变动的分析预测,在当下达成交易约定。金融衍生工具会在未来合约约定的时间上影响交易者的现金流,进而影响交易者的盈亏,因而具有显著的跨期交易的特点。

(二) 杠杆性

通过金融衍生工具交易签订的远期大额合约或互换不同的金融工具,通常只支付保证金或权利金,这意味着投资者可控制自身资金数倍的金融资产,收益可以成倍放大,从而实现以小博大的效果。但值得注意的是,投资者所承担的风险与损失也同步成倍放大,基础工具价格的小幅度震荡就可以让投资者产生的收益大幅度波动。因此,金融衍生工具的杠杆性在一定程度上决定了它的高投机性和高风险性。

(三) 联动性

金融衍生工具的价值依托于基础产品或基础变量,其价值波动与基础产品或基础变量紧密相关。通常,衍生工具合约规定了金融衍生工具与基础变量相联系的支付条件,其联动关系有简单的线性关系、非线性关系或者分段函数等。

(四) 不确定性或高风险性

交易者对基础工具或基础变量未来状态的预测和判断决定了金融衍生工具的交易结

果,而基础金融工具价格的波动性导致了金融衍生工具交易结果的不确定性,这也是导致金融衍生工具具有高风险性的重要原因。

除了基础金融工具价格的波动性,金融衍生工具还存在以下几种风险:

(1) 市场风险,即资产或指数价格不利变动而导致的损失;

(2) 流动性风险,即市场交易对手匮乏导致投资者不能进行相应交易;

(3) 信用风险,即交易中对手方违约,没有履行承诺而导致的损失;

(4) 结算风险,即交易对手无法按时付款或交割而导致的损失;

(5) 运作风险,即交易或管理人员的人为错误或系统故障、控制失灵而导致的损失;

(6) 法律风险,即合约不符合所在国法律而无法履行,或合约条款遗漏及模糊而导致的损失。

三、金融衍生工具的分类

金融衍生工具的分类标准主要有产品形态、交易场所、基础工具的种类以及自身交易方法和特点。

(一) 按产品形态分类

1. 独立衍生工具

独立衍生工具指金融合约自身独立存在的衍生工具。如期权合约、期货合约或者互换交易合约等。

2. 嵌入式衍生工具

嵌入式衍生工具指嵌入其他非衍生合同中,导致未来的现金流会因金融工具价格、指数、利率、汇率、信用等级或信用指数等变量而发生改变的金融衍生工具。

(二) 按交易场所分类

1. 交易所交易的衍生工具

交易所交易的衍生工具是指在规定的交易所进行交易的衍生工具。比如,在上海证券交易所交易的 ETF 期权产品,在中国金融期货交易所交易的指数型期货和期权,在大连商品交易所、郑州商品交易所和上海期货交易所交易的各类期货合约、期权合约等。

2. 场外交易市场(OTC)交易的衍生工具

不通过集中的交易所进行的场外交易又称"柜台交易",交易比较分散。比如,金融机构之间、金融机构与大规模交易者之间进行的各类互换交易和信用衍生品交易。从最近的发展趋势来看,OTC 交易量逐渐增加,其交易额甚至已超过交易所的交易额,专业性和流动性均得到增强,产生了专业的交易商。

(三) 按基础工具种类分类

1. 股权类产品的衍生工具

这类衍生工具是指与股票价格变动相关联的金融衍生工具,主要包括股票指数期权、股票指数期货、股票期权、股票期货以及上述合约的混合交易合约。

2. 货币衍生工具

这类衍生工具是指与汇率变动相关联的金融衍生工具,主要包括货币期权、货币期货、远期外汇合约、货币互换以及上述合约的混合交易合约。

3. 利率衍生工具

这类衍生工具是指与利率变动或者利率载体价格变动相关联的金融衍生工具,主要包括利率期权、利率期货、远期利率协议、利率互换以及上述合约的混合交易合约。

4. 信用衍生工具

这类衍生工具是指与信用风险或违约风险相关联的金融衍生工具,用于转移或防范信用风险,主要包括信用互换、信用联结票据等。

5. 其他衍生工具

除以上金融衍生工具外,还存在其他类型的金融衍生工具,这些衍生工具的价格变动不与金融产品相关联,比如用于管理气温变化风险的天气期货、管理政治风险的政治期货、管理巨灾风险的巨灾衍生产品等。

(四) 按金融衍生工具自身的交易方法及特点分类

1. 金融远期合约

金融远期合约是指交易双方约定在未来日期按照约定价格买卖指定金融资产的金融合约。合约对未来的交易时间、交易资产、交易价格和交易数量进行明确规定,具体条款可以由交易双方协商确定。金融远期合约主要包括远期股票合约、远期利率协议和远期外汇合约。

2. 金融期货

金融期货是指交易双方在未来特定时间交易特定数量的金融工具的协议。与金融远期合约相比,金融期货在交易所进行,合约均为标准化合约,交易价格在市场上以公开竞价的形式确定。金融期货主要包括股票期货、股票指数期货、货币期货和利率期货。

3. 金融期权

金融期权是指合约买方向卖方支付一定费用从而获得一种选择权的金融合约,即合约买方有权在约定的时间内按事先约定的价格买卖某种金融工具,而合约卖方有义务履约。金融期权包括现货期权和期货期权两类。

4. 金融互换

金融互换是指两个或两个以上的当事人按共同商定的条件,在约定的时间内定期交换现金的金融交易。金融互换可分为利率互换、股权互换和货币互换等类别。

四、金融衍生工具的产生与发展动因

（一）避险是金融衍生工具产生的最基本原因

20世纪70年代，布雷顿森林体系瓦解，美元汇率不断下跌，国际货币制度由固定汇率制向浮动汇率制转变。但1973年和1978年的两次石油危机导致西方国家经济陷于滞胀，为应对通货膨胀，美国大幅度加息，这导致了金融市场利率波动加剧。利率的升降会传导到资产证券价格，金融市场面临股市、汇市和债市三重风险叠加，商业银行、投资机构和企业必须寻找可以规避市场风险、进行套期保值的金融工具，金融期货、期权等金融衍生工具便应运而生。

（二）金融自由化进一步推动了金融衍生工具的发展

20世纪80年代以来金融自由化理论进一步发展，金融自由化是指政府或有关监管当局放松甚至取消限制金融体系的现行法令、规则、条例及行政管制，从而形成一个较宽松、自由、更符合市场运行机制的新的金融体制。金融自由化的主要内容包括：

1. 取消存款利率的上限，逐步实现利率自由化。
2. 取消金融机构经营范围的地域和业务种类限制，允许各金融机构业务交叉、互相自由渗透，鼓励银行综合化发展。
3. 放松外汇管制。
4. 开放各类金融市场，放宽对资本流动的限制。

（三）金融机构的利润驱动

1988年的《巴塞尔协议Ⅰ》规定，开展国际业务的银行必须将其核心资本充足率维持在4%以上，资本与加权风险资产的比率维持在8%以上。目前，《巴塞尔协议Ⅱ》对国际性商业银行从事衍生工具业务也提出了资本要求。

金融中介机构积极参与金融衍生工具的发展，一方面，金融机构在金融衍生工具方面具备一定的优势，有利于开展自营交易，从而扩大利润来源；另一方面，在金融机构进行资产负债管理的背景下，金融衍生工具业务属于表外业务，既不体现在资产负债表上，又能带来手续费等收入。

（四）新技术革命为金融衍生工具的发展提供了物质基础与手段

计算机和通信技术在新技术革命期间迅猛发展，金融市场广泛受到计算机网络和信息处理技术的影响，机构和个人更容易参与到金融衍生工具的交易中。

任务二 远期合约与金融期货

一、现货交易、远期交易与期货交易

通常可以根据合约签订与实际交割的情况,将市场交易的组织形态划分为三类。

(一) 现货交易

现货交易是指现款买现货,即传统的"一手交钱,一手交货"。

(二) 远期交易

远期交易是指双方约定在未来某一时刻(或时间段内)按照现在签订的合约价格进行交易。远期交易的交易双方以获取标的物为主要目的。

(三) 期货交易

期货交易是指以期货合约或者标准化期权合约为交易标的的交易活动。与远期交易相比,期货交易是在交易所进行的,交易合约是标准化合约。通常,期货交易不进行实物交割,而是在交易所进行平仓了结,获取现金收益。期货交易在交易所以公开竞价的形式达成,交易双方一般不知道对手方的情况。

二、远期合约市场

作为最基础的金融衍生产品,金融远期合约是指交易双方约定在未来日期按照约定价格买卖指定金融资产的金融合约,约定价格又称"远期价格",未来的交易日期又称"交割日"。远期合约是在场外市场上通过协商达成的,是一种OTC交易,交易对手方可以一对一进行确认,合约条款可以根据双方需要进行商定,非常灵活便利,因此远期交易是金融机构或大型工商企业进行风险管理的手段。但是OTC交易也存在交易成本较高、需警惕对手违约风险等缺点。随着远期交易市场的发展,部分市场出现了专门的报价商,交易效率也因此得到一定提升。

根据基础资产进行划分,金融远期合约包括以下几类:

(一)股权类资产的远期合约

股权类资产的远期合约包括单个股票的远期合约、一揽子股票的远期合约和股票价格指数的远期合约三个子类。

(二)债权类资产的远期合约

债权类资产的远期合约主要包括定期存款单、商业票据、短期债券和长期债券等固定收益证券的远期合约。

(三)远期利率协议

远期利率协议是指交易双方在一定协议金额的基础上,在交换协议期间内的特定时刻,以合同利率和参考利率结算利息收益的金融合约。其中,买方的利息以合同利率计算,卖方的利息以参考利率计算。即买方从结算日起以合同利率借入名义本金的货币,并于到期日以参考利率偿还,即:

当合同利率＞参考利率时,买方向卖方支付"本金×(合同利率－参考利率)"的贴现值;

当合同利率＜参考利率时,卖方向买方支付"本金×(参考利率－合同利率)"的贴现值。

(四)远期汇率协议

远期汇率协议是指交易双方在约定的未来日期按照约定的汇率买卖约定数量的特定外币的远期协议。

三、金融期货市场

(一)金融期货的定义和特征

金融期货是指交易双方在未来特定时间交易特定数量的金融工具的协议。金融期货在交易所进行集中交易,合约均为标准化合约,交易价格在市场上以公开竞价的形式确定。金融期货合约的基础工具是各种金融工具(或金融变量),如外汇、债券、股票或股价指数等。

1. 金融期货交易与金融现货交易的区别

金融期货交易与金融现货交易的区别主要体现在以下五个方面:

(1)交易对象不同。金融现货交易的对象是具体的金融工具。金融期货交易的对象则是金融期货合约。

(2)交易目的不同。金融现货交易的首要目的是筹资或投资。金融期货交易的主要目的则是套期保值。

(3) 交易价格的含义不同。金融现货交易价格是实时的成交价,即当前买卖双方均能接受的市场价格。金融期货的交易价格是对标的金融产品未来价格的预期,起到价格发现的作用。

(4) 交易方式不同。金融现货交易要求在成交后的规定时间内完成全部资金与金融产品的交割。金融期货交易实行保证金和逐日盯市制度,借助杠杆效应,交易者并不需要在成交时提供全部资金或标的金融产品。

(5) 结算方式不同。金融现货交易通常以基础金融工具与货币的转手来结束交易活动。而绝大多数的金融期货合约是通过做相反交易实现对冲而平仓的。

2. 金融期货交易与普通远期交易的区别

金融期货是一种标准化的远期交易,其与普通远期交易之间存在以下区别:

(1) 交易场所、交易组织形式不同。金融期货在交易所进行交易。普通远期交易则在场外市场进行双边协商来完成交易。

(2) 交易监管程度不同。在世界各国,金融期货交易被严格监管,监管机构对交易品种、交易者行为等均有监管要求。而普通远期交易的监管要求较少。

(3) 交易内容不同。金融期货交易是标准化交易,交易所会明确规定基础资产的质量、合约时间、合约规模、交割安排、交易时间、报价方式、价格波动限制、持仓限额和保证金水平等内容,标准化程度高。而普通远期交易的具体内容可由交易双方根据自身需要协商确定,灵活性较大。

(4) 风险不同。金融期货交易实行保证金制度和每日结算制度,在交易所(或期货清算公司)的交易规则下进行,违约风险较低。而普通远期交易通常不存在上述安排,因此违约风险较高。

(二) 金融期货的主要交易制度

1. 集中交易制度

金融期货在期货交易所或证券交易所进行集中交易。期货交易所是专门进行期货合约买卖的场所,组织和监督期货市场的交易。期货交易所一般实行会员制度。

2. 标准化的期货合约和对冲机制

期货合约是由交易所设计、经主管机构批准后向市场公布的标准化合约。标准化合约的设计目的是便于交易。标准化期货合约对合同条款进行统一规定,如基础金融工具的品种、交易单位、最小变动价位、每日限价、合约月份、交易时间、最后交易日、交割日、交割地点和交割方式等,除卖方在某些交易品种中能有一定的交割选择权外,标的金融产品的交易价格是唯一的变量。双方可以在到期日前通过反向交易平仓,避免实物交割。实际上,绝大多数的期货合约并不进行实物交割,通常在到期日之前即已平仓了结。

3. 保证金及其杠杆作用

设立保证金的主要目的是当交易者出现亏损时能及时制止,防止出现不能偿付的情况。在成交时交易双方需要按照标的合约价值缴纳一定比率的金额,这个金额就是保证金。保证金的比率由交易所或结算所确定,一般在5%~10%,但也存在1%甚至18%的情况。成交后随着标的金融资产的价格波动,保证金也会发生变动,但保证金水平必须满足最低要求,一般为初始保证金的75%,这时候的保证金被称为"维持保证金"。

保证金的存在使得期货交易具备高杠杆性,这一性质使套期保值者能用少量的资金实现风险规避,也为投机者提供了获取暴利的机会。

4. 结算所和无负债的每日结算制度

结算所是期货交易的专门清算机构,通常附属于交易所,但又以独立的公司形式组建。所有的期货交易均需通过结算机构完成,交易双方不直接进行交收清算。

结算所实行无负债的每日结算制度,又称"逐日盯市制度",就是根据期货交易的成交价格和每日结算价格,计算每个结算所会员账户的浮动盈亏,每日完成清算,从而及时调整交易者的保证金账户余额,有效防范违约风险。

5. 限仓制度

限仓制度是指交易所为了防止市场风险过度集中和防范操纵市场的行为,而对交易者的持仓数量加以限制的制度。

6. 大户报告制度

大户报告制度是指当会员或客户的持仓量达到交易所规定的数量时,必须向交易所申报有关开户、交易、资金来源和交易动机等情况,以便交易所审查大户是否有过度投机和操纵市场的行为,并判断大户交易风险状况的风险控制制度。

7. 每日价格波动限制及熔断制度

为防止期货价格出现剧烈波动,交易所通常会对价格的最大波动范围做出规定,一旦波动价格达到涨(跌)幅限制,则超过限制价格的交易委托无效。

除此之外,有的交易所还有熔断规定,即当价格波动达到一定的幅度限制时,会暂停市场交易,一段时间后再恢复交易,目的是给市场时间消化特定信息的影响,减缓市场情绪化波动。

(三)金融期货的种类

按照基础工具的性质进行划分,金融期货可以分为股权类期货、利率期货和外汇期货。

1. 股权类期货

股权类期货是指以单只股票、股票组合或者股票价格指数作为基础资产的期货合约。

(1)单只股票期货。单只股票期货是指以单只股票作为基础资产的期货产品。股票期货买卖双方的盈亏按规定的合约乘数乘以价差进行计算,并以现金的方式进行交割。

(2)股票组合期货。股票组合期货是金融期货中最新的一类,是以标准化的股票组合作为基础资产的金融期货。

(3) 股票价格指数期货。股票价格指数期货是以股票指数作为基础资产的期货产品。其盈亏由基础指数的数值变动与交易所规定的每点价值相乘计算获得,盈利以现金进行结算。

股票价格指数期货的诞生主要是为了对冲系统性风险,从而有效控制股市风险。1982 年,美国堪萨斯期货交易所正式开办世界上第一个股票指数期货交易。

2006 年 9 月 8 日,中国金融期货交易所正式成立。2010 年 4 月 16 日,中国金融期货交易所推出沪深 300 股指期货,这是内地首个股票价格指数期货。

2. 利率期货

利率期货是指以一定数量的与利率相关的金融工具作为基础资产的期货合约,主要用于规避利率风险。利率期货产生于 1975 年 10 月的美国芝加哥期货交易所。

3. 外汇期货

外汇期货又称"货币期货",是一种在最终交易日按照当时的汇率将一种货币兑换成另一种货币的期货合约。作为最先产生的金融期货品种,外汇期货主要用于规避外汇风险。1972 年芝加哥商业交易所推出外汇期货交易,之后得到了迅速发展。

(四) 套期保值的原理

套期保值是指通过在现货市场与期货市场建立相反的头寸,从而锁定未来现金流的交易行为。由于期货的标的资产和现货金融资产基本相同,二者的价格变动也会大致相同。若同时在现货市场和期货市场建立数量相同、方向相反的头寸,则到期时不论现货价格是上涨还是下跌,两种头寸的盈亏恰好抵消,套期保值者从而可以提前锁定价格,减少价格波动带来的风险损失。

套期保值的基本类型有两种:一是多头套期保值,是指现货空头方担心价格上涨,将来需要以更高价格购买现货,于是买入期货合约,提前锁定未来购买价格;二是空头套期保值,是指持有现货多头方担心未来价格下跌,将来以较低的价格卖出现货,于是卖出期货合约,提前锁定未来卖出价格。

做中学 5-1

2022 年 9 月 15 日,沪深 300 指数现货报价为 4 027 点,在股指期货交易市场,2022 年 12 月到期的沪深 300 股指期货合约报价为 4 023 点。某投资者持有价值为 1 亿元的市场组合,为防范在 12 月 1 日之前出现系统性风险,可卖出 12 月沪深 300 指数期货进行保值。如果该投资者做空 83 张[100 000 000÷(4 023×300)]12 月到期合约,则到 12 月 1 日收盘时:

现货头寸价值=1亿元×12月1日现货收盘价÷9月15日现货报价
期货头寸盈亏=300元×(9月15日期货报价−12月1日期货结算价)×做空合约张数

在不同的指数点位下,头寸变化见表 5-1。

表 5-1　沪深 300 指数期货套期保值头寸变化

12月1日沪深300指数预期	现货头寸价值/元	期货头寸盈亏/元	合计/元
3 700	91 879 811.27	8 042 700	99 922 511.27
3 800	94 363 049.42	5 552 700	99 915 749.42
3 900	96 846 287.56	3 062 700	99 908 987.56
4 000	99 329 525.70	572 700	99 902 225.70
4 100	101 812 763.80	−1 917 300	99 895 463.84
4 200	104 296 002.00	−4 407 300	99 888 701.99
4 300	106 779 240.10	−6 897 300	99 881 940.13
4 400	109 262 478.30	−9 387 300	99 875 178.27

由表 5-1 可知,经空头套期保值后,不论沪深 300 指数如何变化,该投资者的账户总值基本维持不变。如果有投资者拥有较多资金欲投资于股票现货,又担心建仓期内大盘非预期大幅上涨导致建仓成本过高,也可以采取多头套期保值方法,在期货上建立相应多头头寸,利用期货盈余抵消现货成本上升的风险。在现实中,投资者还要利用投资组合的贝塔系数对股指期货的头寸进行修正。

但在实际操作中,由于期货交易的是标准化合约产品,因此,套期保值者很可能难以找到与现货头寸在品种、期限和数量上均恰好匹配的期货合约,只能以接近的方式进行套期保值,因此不能完全锁定未来现金流,由此带来的风险称为"基差风险"(基差＝现货价格－期货价格)。

(五) 金融期货的基本功能

1. 规避风险功能

金融期货的规避风险功能能够实现的原因主要有以下三个方面:

(1) 实物现货持有者各自所面临的风险不同,通过金融期货交易可以达成对自身有利的条件,从而控制市场的总体风险。比如,进口商担心外汇汇率上升,而出口商担心外汇汇率下跌,他们通过进行反向的外汇期货交易即可实现风险的对冲。

(2) 金融商品的期货价格与现货价格一般同方向变动。通过在金融期货市场和金融现货市场建立相反的头寸,当金融商品的价格发生变动时,现货市场和期货市场的盈亏可全部或部分冲抵,从而达到规避风险的目的。

(3) 通过规范化的场内交易,金融期货市场集中了众多投机者。投机者通过频繁、迅速的买卖对冲,转移了金融现货持有者的价格风险,金融期货市场的规避风险功能得以实现。

2. 价格发现功能

价格发现功能是指在一个公开、公平、高效、竞争的期货市场中,通过集中竞价形成期货价格的功能。期货市场将众多影响供求关系的因素集中于交易所内,通过买卖双方公开竞价,集中转化为一个统一的交易价格。这个价格一经形成,会影响供求关系,从而形成新的价格,使价格趋于合理。因此期货市场具备价格发现的功能。

期货价格具有预期性、连续性和权威性的特点,能够比较准确地反映出未来商品价格的变动趋势。由于资金成本、仓储费用、现货持有便利等因素的影响,从理论上说,期货价格要反映现货的持有成本,即使现货价格不变,期货价格也会与之存在差异。

3. 投机功能

期货市场上的投机者也同样会通过预测价格走势进行投机交易,以获得交易回报,如预计价格上涨的投机者会建立期货多头;反之,则建立空头。

4. 套利功能

套利的理论基础为经济学中的一价定律,即忽略交易费用的差异,同一商品只能有一个价格。套利可分为跨市场套利、跨品种套利和跨期限套利。

严格意义上的期货套利是指利用同一合约在不同市场上可能存在的短暂价格差异进行买卖来赚取差价,也就是跨市场套利。行业内通常也根据不同品种、不同期限合约之间的比价关系进行双向操作,分别称为跨品种套利和跨期限套利,但其结果不一定可靠。

做中学 5-2

假设某股票报价为 2 元,该股票在 1 年内不发放任何股利。若 1 年期期货报价为 2.2 元,则可进行如下套利:

按 5% 的年利率借入 2 000 元资金,并购买 1 000 股该股票,同时卖出 1 000 股 1 年期期货。1 年后,期货合约交割获得现金 2 200 元,偿还贷款本息 2 100 元[2 000×(1+0.05)],盈利 100 元。

任务三　金融期权

一、金融期权概述

(一) 金融期权的定义

金融期权又称"选择权",是指期权购买方在规定的期限内按约定价格购买或出售一定数量的标的金融资产的权利。

期权交易实际上是一种有偿的权利单方面让渡。期权的买方通过支付一定数量的期权费而拥有选择权,但不承担必须买进或卖出的义务;期权的卖方则因为收取期权费,有义务在买方选择履约时兑现相应的承诺。

(二) 金融期权的特征

与金融期货相比,金融期权的主要特征在于买卖双方权利的不对等性。期权买方通过支付期权费,拥有了期权合约所赋予的选择权,即在一定时间内可以选择按约定价格买卖标的金融工具,但也可以选择放弃履约。当买方选择行使权利时,期权的卖方则必须按期权合约的要求履行相应的义务,卖方没有选择的权利。

(三) 金融期货与金融期权的区别

1. 基础资产不同

凡可做期货交易的金融工具都可做期权交易,但可做期权交易的金融工具未必可做期货交易。也就是说,金融期权的基础资产多于金融期货的基础资产。在实践中,只有金融期货期权,而没有金融期权期货,即只有以金融期货合约为基础资产的金融期权交易,而没有以金融期权合约为基础资产的金融期货交易。

2. 交易者权利与义务的对称性不同

金融期货交易双方的权利与义务具有对称性。而金融期权交易双方的权利与义务具有不对称性,期权的买方只有权利而没有义务,期权的卖方只有义务而没有权利。

3. 履约保证不同

金融期货的交易双方均需开立保证金账户,并按规定足额补充保证金。而在金融期权交易中,只有期权卖方才需开立保证金账户并按规定缴纳保证金,而期权买方不缴纳保证金,只在交易达成时支付期权费。

4. 现金流转不同

由于逐日结算制度,金融期货的交易双方在成交后会由于标的资产价格波动而面临保证金余额变化,尤其是浮亏方更可能会面临追加保证金的要求,因此金融期货交易双方都需要准备一定的流动性资产。而在金融期权交易中,期权买方缴纳期权费后,就不再有保证金的要求,除了到期履约,交易双方将不发生任何现金流转。

5. 盈亏特点不同

金融期货的交易双方只能选择到期前通过反向交易对冲了结或到期时进行实物交割,交易双方都必须按合同约定的条款履行义务,双方的交易盈亏由价格变动的情况决定。因此,金融期货交易双方的盈利和亏损潜力都是无限的。金融期权交易中的买卖双方在权利和义务上具有不对称性,金融期权买方的损失仅限于所支付的期权费,而可能取得的盈利是无限的;相反,期权卖方在交易中所取得的盈利是期权费,是有限的,但可能面临的损失则是无限的。

6. 套期保值的作用与效果不同

利用金融期权进行套期保值,若价格发生不利变动,套期保值者可通过执行期权来避免损失;若价格发生有利变动,套期保值者又可通过放弃期权来保护利益。而利用金融期货进行套期保值,在避免价格不利变动造成的损失的同时,必须放弃若价格发生有利变动可能获得的利益。

但这并不是说金融期权比金融期货更为有利。如从保值角度来说,金融期货通常比金融期权更有效、更便宜,而且要在金融期权交易中真正做到既保值又获利,事实上并非易事。

二、金融期权的分类

(一) 按选择权的性质分类

1. 看涨期权

看涨期权也称"认购权",是指期权买方有权利在约定期限内或到期日按协定价格买入一定数量的标的金融产品。协定价格也被称为"行权价格"或"敲定价格"。交易者预测标的金融资产的价格会在未来上涨,因此购买看涨期权,如果判断正确,则市场价格与行权价格之间的价差是获得的收益;如果判断失误,则放弃行权,损失已缴纳的期权费。

做中学 5-3

1月1日,铜期货的期权执行价格为1850美元/吨。A买入这个权利,付出期权费5美元/吨;B卖出这个权利,收入期权费5美元/吨。2月1日,铜期货价上涨至1905美元/吨,看涨期权的价格涨至55美元/吨。A可采取三个策略:

行使权利——A有权按1850美元/吨的价格从B手中买入铜期货;B在A提出这个行使权的要求后,必须予以满足,即便B手中没有铜,也只能以1905美元/吨的市价在期货市场上买入铜,而后以1850美元/吨的执行价卖给A,而A可以以1905美元/吨的市价在期货市场上抛出,获利50美元/吨(1905-1850-5),B则损失50美元/吨。

售出权利——A可以以55美元/吨的价格售出看涨期权,A获利50美元/吨(55-5)。

如果铜价下跌,即铜期货市价低于敲定价格1850美元/吨,A就会放弃这个权利,只损失期权费5美元/吨,B则净赚5美元/吨。

2. 看跌期权

看跌期权也称"认沽权",是指期权的买方有权利在约定期限内按行权价格卖出一定数量的标的金融产品。交易者预测标的金融资产的价格会在未来下跌,因此购买看跌期权,如果判断正确,从市场上以较低的价格买入该项金融工具,再按协定价格卖给期权的卖方,从而获得价差收益;如果判断失误,则放弃行权,损失期权费。

做中学 5-4

1月1日,铜期货的执行价格为1750美元/吨,A买入这个权利,付出期权费5美元/吨;B卖出这个权利,收入期权费5美元/吨。2月1日,铜价跌至1695美元/吨,看跌期权的价格涨至55美元/吨。此时,A可采取三个策略:

行使权利——A可以按1 695美元/吨的市价从市场上买入铜,而以1 750美元/吨的价格卖给B,B必须接受,A从中获利50美元/吨(1 750－1 695－5),B损失50美元/吨。

售出权利——A可以以55美元/吨的价格售出看跌期权,A获利50美元/吨(55－5)。

如果铜期货价格上涨,A就会放弃这个权利而损失期权费5美元/吨,B则净赚5美元/吨。

(二) 按合约所规定的履约时间分类

按照合约所规定的履约时间的不同,金融期权可以分为欧式期权、美式期权和修正的美式期权。

欧式期权只能在期权到期日执行。美式期权则可在到期日之前的任何一个交易日执行。修正的美式期权又称"百慕大期权"或"大西洋期权",可以在期权到期日之前的一系列规定日期执行。

(三) 按金融期权基础资产的性质分类

1. 股权类期权

股权类期权是指买方通过支付期权费,有权在合约有效期内或到期时以一定的价格买入或者卖出一定数量相关股票。股权类期权包括单只股票期权、股票组合期权和股票指数期权。

单只股票期权的合约标的物是某只特定的股票。

股票组合期权的合约标的物是一揽子股票,代表品种是交易所交易基金的期权。

股票指数期权的合约标的物是股票指数,期权买方通过支付期权费,有权利在合约有效期内或到期时以协定指数与市场实际指数进行盈亏结算。股票指数期权只以现金方式结算。

2. 利率期权

利率期权是指期权买方通过支付期权费,有权在合约有效期内或到期时以一定的利率(价格)买入或卖出一定面额的利率工具。利率期权合约通常以政府债券、欧洲美元债券和大面额可转让存单等利率工具为基础资产。

3. 货币期权

货币期权又称"外币期权"或"外汇期权",是指期权买方通过支付期权费,有权利在合约有效期内或到期时以约定的汇率购买或出售一定数额的某种外汇资产。货币期权合约主要以美元、欧元、日元、英镑、瑞士法郎、加拿大元及澳大利亚元等为基础资产。

4. 金融期货合约期权

金融期货合约期权是一种以金融期货合约为交易对象的选择权,期权买方有权利在规定时间内以行权价格买卖特定金融期货合约。

5. 互换期权

金融互换期权是一种以金融互换合约为交易对象的选择权,期权买方有权利在规定时间内以规定条件与交易对手进行互换交易。

三、金融期权的基本功能

金融期权与金融期货有着类似的功能。从一定意义上说,金融期权是金融期货功能的延伸和发展,具有与金融期货相同的套期保值和价格发现功能,是一种行之有效的控制风险的工具。

(一)套期保值功能

套期保值是指企业为规避外汇风险、利率风险、商品价格风险、股票价格风险以及信用风险等,选择对应的金融期权工具,构建资产组合方案,若价格产生不利变动,套期保值者可以通过舍弃期权费来保护自身权益;若价格产生有利变动,套期保值者可以通过行权维护自身利益。

(二)价格发现功能

价格发现功能是指在一个公开、公平、高效、竞争的市场中,通过集中竞价形成期权价格的功能。

(三)盈利功能

期权的盈利主要是期权的协定价和市价的不一致而带来的收益。这种独特的盈利功能是其吸引众多投资者的一大原因。

(四)投机功能

金融期权市场上的投机商运用对价格行情的预估进行投机交易,预估价格增长的投机商会买进看涨期权,预估价格下跌的投机商会买进看跌期权。

此外,投机者还会通过买入期权组合的方式获取投机收益,如骑墙套利策略。所谓骑墙套利,是指同时买入协定价、金额和到期日都相同的看涨期权和看跌期权。在这种策略下,投资成本是有限的(即两倍的权利金),无论资产价格朝哪个方向变动,期权买方的净收益一定是某种倾向资产价格的差价减去两倍的权利金,也就是说,只要资产价格波动较大,即资产价格差价大于投资成本,无论资产价格波动的方向如何,期权买方均可受益。

四、期权价格

期权交易会涉及期权的价格,期权的价格通常被称为"权利金"或者"期权费"。期权合约上的其他要素,如执行价格、合约到期日、交易品种、交易金额、交易时间和交易地点等都是在合约中事先规定好的,是标准化的,只有期权价格是期权合约中的唯一变量,是由交易者在交易所里竞价得出的。

期权价格主要包括内涵价值和时间价值两部分。

（一）内涵价值

内涵价值指的是合约立即履行时可获取的利润。根据内涵价值不同，可以将期权分为实值期权、虚值期权和两平期权。

1. 实值期权

当前立即行权可以获得利润的期权被称为"实值期权"，即看涨期权的执行价格低于当前的标的资产价格，或者看跌期权的执行价格高于当前的标的资产价格。

2. 虚值期权

当前立即行权会面临亏损的期权被称为"虚值期权"，即看涨期权的执行价格高于当前的标的资产价格，或者看跌期权的执行价格低于当前的标的资产价格。当期权为虚值期权时，其内涵价值小于零。

3. 两平期权

当看涨期权或看跌期权的执行价格等于当前的标的资产价格时，该期权为两平期权。当期权为两平期权时，其内涵价值为零。

（二）时间价值

期权距到期日时间越长，价格大幅度变动的可能性越大，期权买方执行期权获利的机会也越大。与较短期的期权相比，期权买方购买较长时间的期权，应付出更高的权利金。

值得注意的是，权利金与到期时间的关系不是简单的倍数关系，而是一种非线性的关系。

期权的时间价值随着到期日的临近而减少，期权到期日的时间价值为零。

期权的时间价值反映了期权交易期间时间风险和价格波动风险，当合约0%或100%履约时，期权的时间价值为零。

期权的时间价值＝期权价格－内涵价值。

一、金融互换的定义和特征

（一）金融互换的定义

金融互换是合约双方（一般是两个或两个以上当事人）通过签订互换协议，约定在未来一段时期内交换不同内容或不同性质的现金流的金融交易合约。金融互换交易是通过金融中介将相同货币的债务和不同货币的债务进行互换的一种金融交易行为。金融互换交易主要通过场外交易市场进行。

金融互换交易是继20世纪70年代初金融期货出现后,出现的又一典型的金融市场创新业务。1982年金融互换交易被初次创造出来,之后被众多国际银行和投资银行机构接纳,经过多年的发展,金融互换交易已经从量变转向质变,甚至形成了金融互换市场的同业交易市场。在这个市场上,金融互换交易的一方当事人提出一定的互换条件,另一方就能立即以相应的条件承接下来。利用金融互换交易,当事人就可依据不同时期的不同利率、外汇或资本市场的限制动向筹措到理想的资金。

(二) 金融互换的特征

金融互换从诞生之日起就一直处在发展过程中,其特点也在动态地发展。概括而言,金融互换的特点主要表现在以下方面:

1. 品种多样化

金融互换产品的基本品种包括货币互换、利率互换和商品互换等。在原有的互换品种基础上可以进行组合配置,使互换交易呈现品种多样化的特点。

2. 结构标准化

1987年,国际互换交易协会拟定了标准文本《利率和货币互换协议》。该协议的目的在于制定标准化合同格式,统一交易用语和利息计算方式。在标准化合同格式下,交易双方只需要确认每笔金融互换的交易日、生效日、到期日、利率、名义本金额和结算账户等。

3. 机构多元化

互换市场参与机构包括最终用户和中介机构。

最终用户主要包括各国政府,尤其是发展中国家的政府及其代理机构、银行、保险公司、证券公司、跨国公司等。其参与金融互换的基本目的是实现低成本融资、获得高收益的资产、有效管理资产与负债、规避利率风险或汇率风险以及进行套利、套汇等。

中介机构主要包括美国、英国、日本、德国、加拿大等国的投资银行和商业银行、证券交易中心等。它们参与金融互换的目的是获取手续费收入和获取盈利。

4. 监管国际化

金融互换是表外业务,而且在场外交易市场进行交易,其合约又可以通过协商进行修改,因而金融互换业务的透明度较低,各国监管机构目前尚未对金融互换形成有效监管机制。同时一项互换交易往往涉及两个或两个以上国家的不同机构,这就要求金融互换监管必须国际化。

5. 定价复杂化

互换的价格主要表现为互换时协商的利率、汇率水平。在国际金融市场上,影响互换价格的因素主要有:①互换时市场总体利率水平、汇率水平及其波动幅度与变化趋势;②互换时协定的本金数量、期限等;③交易双方自身的资金状况与资产负债结构;④交易双方的信用状况;⑤互换合约对冲的可能性。由于影响互换价格的因素较多,其定价过程较为复杂。

二、金融互换的种类

(一)利率互换

利率互换是交易双方结合自身对未来利率的预期,互换同一种货币具有不同性质的利率支付,支付日期和利率会提前商定。最基础的利率互换形式是固定利率对浮动利率的互换,即一方用固定利率债务换取浮动利率债务,支付浮动利率;另一方用浮动利率债务换取固定利率债务,支付固定利率。

(二)货币互换

货币互换是交易双方结合自身对未来汇率的预期,同意交换不同货币本金与利息的协议。其要点包括:交易双方以约定的协议汇价交换本金;每半年或每年互换利息,该利息基于互换的本金金额和约定的利率水平进行计算;到期时,以约定的协议汇价换回已交换的本金等。

(三)商品互换

商品互换是一种特殊类型的金融交易,交易双方为了管理商品价格风险,同意交换与商品价格有关的现金流。它包括固定价格及浮动价格的商品价格互换和商品价格与利率的互换。

(四)其他互换

除了传统的金融互换品种以外,创新的金融互换品种也在不断涌现,如股权互换、信用互换、气候互换和互换期权等。

三、金融互换的主要作用

(一)利率互换功能

1. 降低融资成本

不同的投资者在不同的金融市场所拥有的资信等级不同,因此融资的利率水平也不同,会产生相对的比较优势。通过利率互换,这种相对的比较优势就可以被利用起来,从而降低融资成本。

2. 资产负债管理

通过利率互换,以固定利率计息的债权或债务可以转换成以浮动利率计息的债权或债务。

3. 对利率风险保值

不论是固定利率还是浮动利率的持有者,都需要面临利率变化的影响。对于固定利率的债务人来说,如果利率的走势上升,其之后借债的债务负担相对较高;对于浮动利率的债务人来说,如果利率的走势上升,其借债成本会增大。

(二)货币互换功能

1. 套利

通过货币互换,投资者能够得到以直接投资途径无法获取的所需级别、收益率的资产,或是得到比直接融资的资金成本更低的资金。

2. 资产负债管理

与利率互换不同,货币互换主要是对资产和负债的币种进行搭配。

3. 对货币风险保值

伴随着经济全球化,经济活动开始向全世界扩展。企业的资产和负债出现以多种货币计价的情况,企业从而面临汇率风险。通过货币互换,企业可以让这些与货币相关的汇率风险降低,对现存资产或负债的汇率风险保值,从而提前锁定收益或成本。

4. 规避外币管制

现有许多国家实行外汇管制,使得从这些国家汇回或向这些国家公司内部贷款的成本很高,甚至很难实现。通过货币互换可解决此问题。

 技能综合实训

实训任务一

一家螺纹钢生产企业预计于2023年4月底销售1 000吨螺纹钢,螺纹钢现货价格4 105元/吨,2023年5月到期的螺纹钢期货价格为4 084元/吨。请为该企业构建套期保值方案,并评估在不同的价位情况下套期保值方案的价值。

实训任务二

2022年12月6日购买1手沪深300股指期货,当前指数为3 954.23,下图为2023年6月到期的不同行权价格下看涨及看跌期权的报价,请选择合适的期权构建套期保值方案,并评估在不同的价位情况下该方案的资产价值。

涨跌	最新价	行权价	最新价	涨跌
看涨		IO2306	看跌	
↓10.60	884.80	3100	15.40	↓0.20
↓5.20	792.80	3200	20.20	↓0.40
↑0.00	--	3300	27.60	↓1.80
↑0.40	619.60	3400	39.00	↓1.40
↑3.00	538.80	3500	52.40	↓2.60
↑1.80	458.00	3600	74.60	↓2.40
↓4.60	379.40	3700	99.00	↓4.00
↓6.00	313.00	3800	135.60	↓1.80
↓4.20	257.00	3900	172.20	↓6.00
↓1.60	209.00	4000	225.80	↓0.20
↓2.40	168.40	4100	284.60	↑1.60
↓2.20	130.20	4200	339.60	↓7.60
↓0.80	105.60	4300	419.00	↑3.20
↓2.80	81.60	4400	498.00	↑5.80
↑0.00	67.80	4500	589.00	↑18.40
↓1.00	51.40	4600	647.20	↓9.60

即测即评

一、单项选择题

1. 根据产品形态,金融衍生工具可分为( )和嵌入式衍生工具两类。

A. 独立衍生工具 B. 交易所交易的衍生工具

C. OTC 交易的衍生工具 D. 股权类产品的衍生工具

2. 金融衍生工具交易一般只需要支付少量的保证金或权利金就可签订远期大额合约或互换不同的金融工具,这是金融衍生工具的( )特征。

A. 跨期性 B. 联动性

C. 杠杆性 D. 不确定性或高风险性

3. 股权类产品的衍生工具是指以( )为基础工具的金融衍生工具。

A. 各种货币 B. 股票或股票指数

C. 利率或利率的载体 D. 基础产品所蕴含的信用风险或违约风险

4. 金融衍生工具依照( )分类可以划分为股权类产品的衍生工具、货币衍生工具、利率衍生工具、信用衍生工具以及其他衍生工具。

A. 基础工具种类 B. 金融衍生工具自身交易的方法及特点

C. 交易场所 D. 产品形态

5. 金融衍生工具产生的最基础原因是( )。
A. 新技术革命 B. 金融自由化
C. 利润驱动 D. 避险

6. 下列关于股票价格指数期货的论述,不正确的是( )。
A. 股票价格指数期货是以股票价格指数为基础资产的期货交易
B. 股价指数期货的交易单位等于基础指数的数值与交易所规定的每点价值的乘积
C. 股价指数期货是以实物结算方式来结束交易的
D. 股票价格指数期货是为适应人们控制股市风险,尤其是系统性风险的需要而产生的

7. 金融期货通过在现货市场与期货市场建立相反的头寸,从而锁定未来现金流的功能称为( )。
A. 套期保值功能 B. 价格发现功能
C. 投机功能 D. 套利功能

8. 当套期保值者没能找到现货头寸在品种、期限和数量上均恰好匹配的期货合约,选用替代合约进行套期保值操作时,由于不能完全锁定未来现金流,就产生了( )。
A. 信用风险 B. 流动性风险
C. 法律风险 D. 基差风险

9. 目前我国股票市场实行T+1清算制度,而期货市场实行( )清算制度。
A. T+0 B. T+2 C. T+3 D. T+7

二、多项选择题

1. 与金融衍生产品相对应的基础金融产品可以是( )。
A. 债券 B. 股票 C. 银行定期存款单 D. 金融衍生工具

2. 金融衍生工具的基础特征包括( )。
A. 跨期性 B. 杠杆性
C. 联动性 D. 不确定性或高风险性

3. 金融衍生工具伴随的风险主要有( )。
A. 汇率风险、利率风险 B. 信用风险、法律风险
C. 市场风险、运作风险 D. 流动性风险、结算风险

4. 按照基础工具种类分类,金融衍生工具可以划分为( )。
A. 股权类产品的衍生工具 B. 债券类产品的衍生工具
C. 货币衍生工具 D. 利率衍生工具

5. 金融互换是指两个或两个以上的当事人按共同商定的条件,在约定的时间内定期交换现金流的金融交易,可分为( )。
A. 货币互换 B. 利率互换 C. 股权互换 D. 远期债券合约

6. 金融远期合约主要包括( )。

A. 远期利率协议　　B. 远期外汇合约　　C. 远期股票合约　　D. 远期债券合约

7. 比较金融现货交易和金融期货交易,下列说法正确的是( )。

A. 金融现货交易的对象是某一具体形态的金融工具,而金融期货交易的对象是金融期货合约

B. 金融现货交易和金融期货交易的主要目的都是套期保值

C. 金融现货的交易价格是实时的成交价,而金融期货交易价格是对金融现货未来价格的预期

D. 金融现货交易和金融期货交易在交易方式和结算方式上相似

8. 下列关于期货交易结算所的论述正确的是( )。

A. 结算所是期货交易的专门清算机构,通常附属于交易所,但又以独立的公司形式组建

B. 结算所实行逐日盯市制度,以1个交易日为最长的结算周期,对所有账户的交易头寸按不同到期日分别计算,并要求所有的交易盈亏都及时结算,从而能及时调整保证金账户,控制市场风险

C. 以每种期货合约在交易日收盘前最后1分钟或几分钟的平均成交价作为当日结算价

D. 结算所实行无负债的每日结算制度,又称"逐日盯市制度"

9. 套期保值的基础做法是( )。

A. 持有现货空头,卖出期货合约

B. 持有现货空头,买入期货合约

C. 持有现货多头,卖出期货合约

D. 持有现货多头,买入期货合约

10. 股权类期权通常包括( )。

A. 单只股票期权　　　　　　　　　　B. 股票组合期权

C. 股价指数期权　　　　　　　　　　D. 百慕大期权

三、业务分析题

2023年1月4日,某投资者手中的股票投资组合价值为21 000万元,IF2306合约点位为3 500点,合约乘数为每点300元。合约的保证金为合约价值的8%。投资者认为股票市场可能会在今后一段时间出现大幅下跌,决定采取措施进行套期保值,通过卖出沪深300指数IF2306合约以达到锁定利润的目的。

请回答:

(1) 计算投资者开展套期保值所需的合约个数。

(2) 2023年5月股票市场的价格下跌了14%,沪深300指数IF2306期货合约在2023年5月底为3 000点,请分析此时该投资者的盈亏情况。

项目六
证券投资基本分析

 思维导图

```
                              ┌─ 任务一 认知基本分析法 ─┬─ 基本分析的主要内容
                              │                          └─ 基本分析的框架
                              │
                              ├─ 任务二 宏观经济分析 ───┬─ 宏观经济分析指标
                              │                          └─ 宏观经济分析方法
                              │
证券投资基本分析 ─────────────┼─ 任务三 行业分析 ───────┬─ 行业分析流程
                              │                          └─ 行业分析方法
                              │
                              ├─ 任务四 公司分析 ───────┬─ 公司财务分析方法
                              │                          └─ 公司财务分析指标
                              │
                              └─ 任务五 量化投资 ───────┬─ 量化投资的概念
                                                         ├─ 量化投资的流程
                                                         └─ 量化投资的投资策略
```

 项目描述

投资分析是指投资者通过分析影响投资工具价值或价格的各类信息,以判断投资工具价值或价格的变动,进而正确地预测未来趋势甚至判断出投资交易的对象与时机。对投资者来讲,投资分析能够提高交易决策的科学性并降低投资的风险,对投资者有着重要和积极的意义。投资分析最早源于西方,至今已有超过 100 年的发展历史。

进行投资分析的方法主要有两种:基本分析与技术分析。基本分析又称"基本面分析",是指根据经济、金融、财务以及投资学等基本原理与方法,对决定投资工具价值及价格的基本要素,如宏观经济指标、经济政策趋势、行业发展状况、产品市场状况、公司财务与经营管理状况等进行分析,评估投资工具的投资价值,判断证券的合理价位,做出相应投资策略选择的一种分析方法。

学习目标

▶ 知识目标

1. 了解基本分析的总体框架与方法体系;
2. 了解宏观经济分析的基本指标及意义;
3. 掌握公司财务分析的目的与方法。

▶ 技能目标

1. 能熟练解读宏观经济指标,理解宏观经济政策;
2. 能判断行业所处的周期,选定朝阳产业;
3. 能熟练运用公司分析指标,选择适宜投资的企业。

情境导入

达势股份是知名比萨品牌达美乐在中国内地、中国香港特别行政区和中国澳门特别行政区的独家总特许经营商。公司的基本情况如下:

一、财务数据,扩张与亏损并存

营收方面:公司从 2020 年至 2022 年实现总收入分别为 11.04 亿元、16.11 亿元、20.21 亿元,复合年增长率 35.30%。

集团层级的盈利能力:达势股份的门店网络在快速扩大中,2020 年、2021 年及 2022 年分别净亏损人民币 2.74 亿元、4.71 亿元及 2.23 亿元。

门店数量:根据招股书显示,旗下门店数量由 2020 年的 363 家增长 62% 至 2022 年的 588 家。

二、行业地位,排名第三

(一)按照 2022 年营收计,公司排名第三

按照 2022 年营收计,比萨市场的前 5 大参与者占据 49.9% 的市场份额,其中达势股份以 20.21 亿元成为中国比萨市场第三大比萨餐厅公司,市场份额为 5.3%,市场排名第一和第二分别为必胜客和尊宝比萨,其市场份额分别为 35.2%、5.6%。而在此之前的 2018 年、

2019年、2020年以及2021年,达势股份的市场份额分别为2.0%、2.4%、3.6%及4.4%,实现了稳步增长。

(二)按2022年外卖销售额计,公司排名第三

达美乐比萨最重要的特色就是拥有独立的外送系统,承诺30分钟必达,这也是达美乐最引以为傲的竞争优势。按照2022年外卖销售额计,达势股份依然是中国的第三大比萨餐饮公司,市场份额为6.9%。市场排名第一和第二的分别是必胜客和尊宝比萨,市场份额分别为26.1%和6.9%。

值得一提的是,排名第一的必胜客门店数量大约为2 900家,排名第二的尊宝比萨门店数量大约为2 200家,而达势股份所拥有的门店数量仅为588家,必胜客门店数量是其4.93倍,尊宝比萨是其3.74倍,但是必胜客的外卖份额是其3.8倍,尊宝比萨外卖份额与达势股份基本持平。从这些数字上可以看出,达美乐比萨在外卖上的优势确实明显,制约公司发展的主要是门店数量,因此,如果达美乐比萨门店数量增加,市场份额将会进一步扩大。

三、门店扩张,是未来制胜法宝

对于餐饮连锁企业来说,门店的数量就是公司能否成为行业霸主的重要凭证。2019年、2020年、2021年、2022年达势股份门店数量分别为268家、363家、468家、588家,复合年增长率为29.94%。作为一家全球连锁的快餐品牌,达势股份并没有采取快速扩张模式,如果单从门店扩张速度来看,达势股份还是比较克制的。

达势股份目前的战略布局主要集中在新增长市场,根据以往记录,公司超过一大半新店都在新增长市场开设,2020年、2021年及2022年,新增长市场门店数量分别占门店总数的39.1%、42.9%及46.9%。新增长市场营收总额分别占这三年总营收的21.3%、28.8%及36.7%。新增长市场对公司的营收贡献步步攀升,这也与公司目前的战略布局息息相关。

思考与讨论

你认为达势股份未来的发展前景如何?

任务一 认知基本分析法

基本分析又称"基本面分析",是在经济、金融、财务以及投资学等基本原理与方法的基础上,通过分析决定投资工具价值或价格的基本要素,如宏观经济指标、产品市场状况、经济政策趋势、行业发展状况、公司财务与经营管理状况等,对投资标的未来发展趋势进行预测,对投资工具的投资价值进行合理评估,判断证券的合理价位,做出相应投资策略选择的一种分析方法。

一、基本分析的主要内容

基本分析是围绕宏观经济、行业和公司这三个层面进行的分析。

宏观经济分析是对经济发展形势的分析,研究国民生产总值和国民收入的变动情况、失业率、通货膨胀率、经济周期波动以及经济增长等内容,探讨经济指标和经济政策对投资工具价值的影响。经济指标包括先行性指标、同步性指标和滞后性指标;经济政策主要包括财政政策、货币政策和汇率政策等。

行业分析聚焦于行业经济的运行情况、产品生产、销售、消费、技术、行业竞争力、市场竞争格局和行业政策等因素,分析这些因素对投资工具价格的影响并预测行业未来发展趋势。

公司分析是基本分析的重点,主要分析公司的生产经营管理状况和财务状况,进而评估和预测公司的投资价值、市场价格以及未来变化的趋势。

二、基本分析的框架

证券市场素有"经济晴雨表"之称,这是因为证券市场是宏观经济的先行指标,宏观经济的发展决定了证券市场的长期趋势。其他因素对证券市场趋势的影响是中短期的,只有宏观经济因素是影响证券市场长期走势的唯一因素。一国宏观经济长期繁荣,则证券市场必然长期向好;相反,一国经济长期低迷,则证券市场必然长期萎靡。

(一)宏观经济分析的框架

衡量国民生产总值与增长速度的主要经济指标是 GDP 及其增速。GDP 是指一个国家在某一段时期(通常为一年)内所生产的全部最终产品和服务的价值总和。

GDP 作为国民经济核算的核心指标,能够反映出一个国家或地区一段时间以来的经济状况和发展水平,持续上升的 GDP 表明国民经济处于良性发展阶段,制约经济的各种矛盾趋于或达到协调，人们对未来经济发展的预期比较积极；相反，如果 GDP 处于滞涨状态，表明暂时的高产出水平并不表示经济形势良好，各种矛盾激发，经济衰退风险增大。

GDP 的表现形态分为价值形态、收入形态和产品形态，其核算方法也因此分为生产法、收入法和支出法。生产法和收入法都是对各产业部门的增加值进行核算，支出法是指从总需求的角度出发，统计与核算各经济主体的支出（需求）水平，将其加总而得到 GDP 的一种核算方法，其公式如下：

$$GDP = C + I + G + (X - M)$$

其中 C 表示居民的消费支出（需求），I 表示厂商的投资支出（需求），G 表示政府的购买支出（需求），$X-M$ 表示一国净出口（国外对本国产品和劳务的净需求）。

这一公式表明，对于一国来说，总需求决定了国民收入水平与增长速度，总需求包括国内需求（C、I、G）和国外需求（$X-M$）。其中，政府购买的支出最终会转化为投资和消费，因此，总需求也可划分为投资需求、消费需求和净出口需求，即通常所说的拉动国民经济增长的"三驾马车"。

2005 年以来，我国投资与消费需求均保持在 40% 左右，对于我国 GDP 增速的贡献率稳中有增，净出口需求的贡献率则一直在 20% 左右徘徊。2008 年，受发源于美国的"次贷危机"的巨大冲击，净出口需求对 GDP 增长率的贡献率下降到 10% 左右，进而导致当年我国 GDP 的增长率从 2007 年的 13% 突降至约 9%。因此，净出口需求对我国经济增长是十分重要的。2019 年，在我国 GDP 的构成中，消费需求、投资需求、净出口需求的贡献率为分别为 57.8%、31.2%、11%。投资者进行宏观经济分析的核心是理解 GDP 的构成及决定因素。在此基础上，投资者可以从三个角度来进行宏观经济分析，如图 6-1 所示。

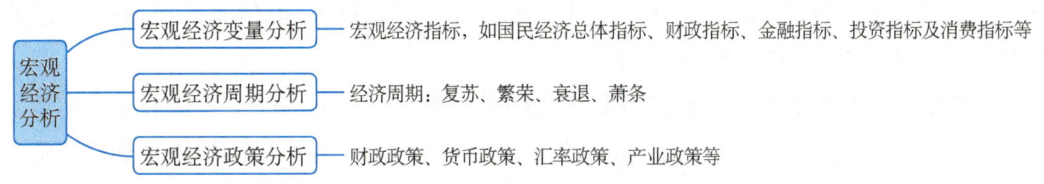

图 6-1　宏观经济分析框架

经济周期一般是指经济活动沿着经济发展的总体趋势所经历的有规律的扩张和收缩，是国民总产出、总收入和总就业的波动，是国民收入或总体经济活动扩张与紧缩的交替或周期性波动变化。而实践中通常会将经济周期划分为复苏（扩张）、繁荣（过热）、衰退（收缩）与萧条（过冷）四个阶段，这四个阶段的循环往复便是一个又一个周期的延续，如图 6-2 所示。

1. 复苏阶段

扶持的财政政策和货币政策发挥作用，经济增长开始加速；复苏初期通货膨胀率仍继续下降，因为空置的生产能力还未耗尽，周期性的生产能力扩充也变得强劲；企业盈利大幅上升，央行保持宽松政策；股票是最佳投资选择。

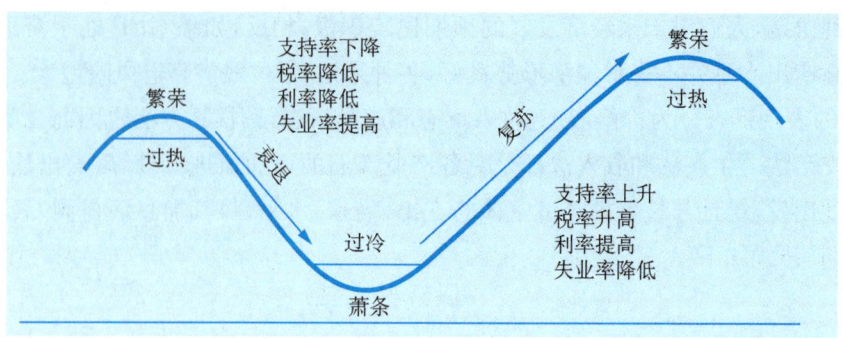

图 6-2 经济周期

2. 繁荣阶段

空置产能消耗殆尽,企业生产能力增长减慢,开始面临产能约束,通胀抬头;央行加息以求将经济拉回到可持续的增长路径上来,此时大宗商品期货是最佳投资选择。

3. 衰退阶段

经济增长停滞,超额的生产能力和下跌的大宗商品价格使通货膨胀率更低;企业盈利微弱,导致收益率曲线急剧下行;债券是最佳投资选择。

4. 萧条阶段

经济增长开始下滑,但通胀却继续上升,企业为了保持盈利提高产品价格,导致价格螺旋上涨;企业的盈利恶化,股票表现非常糟糕,现金是最佳选择。

(二) 行业分析的框架

行业是由许多同类企业构成的群体,中证指数公司将一级行业划分为 10 大类:能源、原材料、工业、可选消费、主要消费、医药卫生、金融地产、信息技术、电信业务和公用事业,在这 10 大类行业下可再进行细分行业划分。

行业分析是宏观经济分析和公司分析之间的桥梁。行业分析的主要任务是界定行业所处的发展阶段及其在国民经济中的地位。通过对不同行业的横向及纵向比较,分析行业发展的影响因素,预测行业的未来发展趋势,判断行业投资的收益与风险,进而选取出具备投资潜力的行业。在投资过程中,行业研究的关键有两个方面:一是研究投资介入的时间;二是寻找投资介入的切入点。行业分析的重点就是研究行业过去的发展历史、行业发展的现状和行业未来的发展趋势,发现与挖掘行业发展阶段、主要影响因素及行业关键成功因素等,为企业发展方向提供指导并为投资者决策提供依据。行业分析框架如图 6-3 所示。

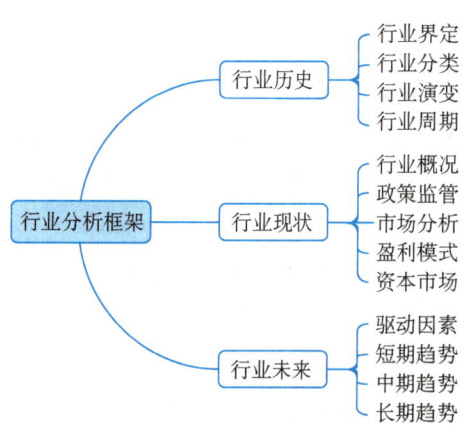

图 6-3 行业分析框架

行业生命周期是由行业规模的变化和竞争强度的变化来决定的,是一种对行业规模、行业竞争强度的发展状况的综合描述。根据市场增长率、需求增长潜力、产品品种数量、竞争者数量、市场集中度、进入壁垒、技术革新及用户购买行为等主要指标,可以将行业发展过程划分为初创阶段、成长阶段、成熟阶段和衰退阶段。

1. 初创阶段

初创阶段是一个行业的萌芽与发展阶段。在这一阶段,行业发展水平很低,市场容量非常小,参与企业数量也很少。由于消费者对产品的认知度较低,单一企业的销售金额有限,难以弥补早期的产品研发和市场开拓的费用,因此企业亏损的可能性很大,市场风险较高。

2. 成长阶段

随着产品在消费者中的认可度逐渐提升,市场规模得到迅速扩张,单一企业的销售金额得到提高,平均生产成本降低,会有相当多的企业在此时进入该行业。此时企业的利润增长速度较快,但面临的竞争风险也随之提高,在未来有相当高的概率会破产与被兼并。经过市场竞争,优胜劣汰,行业内厂商的数量会在一个阶段后大幅度减少,之后逐渐趋于稳定。

3. 成熟阶段

在成长阶段的后期,市场需求趋于饱和,产品销售增长率放慢,整体利润率下降,市场竞争非常激烈。中小规模的企业被逐渐淘汰,通过兼并重组,市场集中度逐渐走高,行业市场被少数大厂商控制,且各厂商分别有自己固定的市场份额,在相当长的时期内,整个市场的生产布局和份额处于稳定状态。在此阶段,厂商之间的竞争逐渐从价格手段转向各种非价格手段,行业整体利润由于一定程度的垄断达到了较高的水平,但风险却因市场结构比较稳定、新企业难以进入而处于较低水平。

4. 衰退阶段

衰退阶段出现在较长的成熟阶段之后,产品和技术逐渐老化,新产品和新技术替代原有产品,原有产品的市场需求开始萎缩,产品的销售量下降,部分厂商开始向其他利润率更高的行业转移资本。因此,原行业出现了厂商数量减少、利润水平停滞甚至下降的萧条现象。至此,整个行业便进入了衰退阶段。

综上,一个行业发展的不同阶段的有关情况可以用表6-1形象地说明。

表6-1 行业周期各阶段"价格-利润-风险"情况

行业生命周期	特征	企业数量	产品价格	利润	风险	代表行业
初创阶段	投资公司少,研发费用高,技术门槛高,大众对产品了解少	少	高	亏损	高	基因检测、新能源
成长阶段	产品销量迅速增长,市场需求扩大,研发投入增加,产品已被广大消费者接受	增加	下降	增加	降低	通信、生物医药

续　表

行业生命周期	特征	企业数量	产品价格	利润	风险	代表行业
成熟阶段	技术和产品已经成熟，行业生产能力接近饱和，市场需求趋于饱和	减少	稳定	高	降低	汽车、手机制造
衰退阶段	市场需求开始减少，产品销量开始下降，行业中企业数目减少，利润开始下降	减少	下降	减少甚至亏损	增大	煤炭、纺织

（三）公司分析的框架

公司分析主要包括两方面内容：一是公司基本面分析，主要包括公司行业地位分析、公司经济区域分析和公司产品分析等；二是公司财务分析，主要包括公司财务报表分析、财务比率分析等。宏观经济分析与行业分析的难度大且工作量大，因此，对个人投资者而言，公司分析相对简单、直接且行之有效。

1. 公司基本面分析

公司行业地位分析的目的是判断公司在所处行业中的竞争地位，主要分析公司在行业中是领军企业还是追随者，公司对于本行业产品是否具有定价权，公司是否具有独特的竞争优势等。衡量公司行业地位的主要指标是产品的市场占有率和行业综合排名。

公司处于何种经济区域对于公司的经营业绩与发展前景有着至关重要的影响。一般来讲，主要从以下角度分析公司所处的经济区域：

（1）区域内的自然条件与基础设施。主要包括矿产资源、水资源、能源和交通、通信设施等，这些条件对于区域经济发展至关重要，也对区域内公司的发展起着重要的限制或促进作用。

（2）地方政府的产业政策。地方政府为促进区域经济的发展，一般都会制定相应的经济发展规划，提出相应的产业政策，确定区域内优先发展与扶持的产业，并在税收、信贷和技术等方面提供优惠政策支持。优秀公司的销售领域往往与地方政府的产业政策导向一致，从而会获得优惠政策支持，对公司的进一步发展非常有利。

（3）区域经济特色。区域经济特色是本区域与其他区域相比存在的优势或有利条件，这也会对公司的经营业绩产生直接影响。

公司产品分析主要包括三个方面的内容：一是产品的竞争能力，主要分析公司产品的技术优势、成本优势和质量优势；二是产品的市场占有情况，主要分析公司产品在同类产品市场上的占有率和公司产品销售市场的地域分布；三是品牌战略，主要分析公司的品牌战略及其实施情况，间接评价公司品牌的行业地位。

2. 公司财务分析

证券市场的公开、公平与公正原则要求上市公司定期公开自己的财务状况，提供有关财务资料，便于投资者查询。上市公司公开的财务资料主要是财务报表，包括资产负债表、现金流量表和利润表等。

资产负债表是反映企业在某一特定日期所拥有的资产、负债和所有者权益情况的会计报表，是企业经营状况的静态展现，它表明股东在某一特定日期所拥有或控制的经济资源、所承担的现有义务和所有者对净资产的要求权。资产负债表利用会计平衡原则，在表左边列示资产各科目，在表右边列示负债和所有者权益各科目，满足"资产＝负债＋所有者权益"。资产主要包括流动资产、长期投资、固定资产、无形资产及其他资产等项目，负债包括流动负债、长期负债等项目，所有者（股东）权益则包括实收资本（或股本）、资本公积及盈余公积等项目。

现金流量表是反映企业在一定期间内由于企业的经营活动、投资活动和筹资活动导致的企业现金及现金等价物的增减变动情况的报表。现金流量表对企业实现利润、财务状况及财务管理提供了补充信息，弥补了资产负债表信息量的不足。现金流量表可以单独反映生产经营活动产生的现金流量，报表使用者对其进行分析可以了解企业在不动用企业外部资金的情况下，凭借经营活动产生的现金流量是否足以偿还负债、支付股利和对外投资；现金流量表还可以单独反映投资活动产生的现金流量，报表使用者对其进行分析可以了解为获得未来收益和现金流量而导致资源转出的程度，以及以前资源转出带来的现金流入的信息，现金流量表中的投资活动范围比通常所指的短期投资和长期投资要广；现金流量表通过单独反映筹资活动的现金流量，可以帮助投资者和债权人预计对企业未来现金流量的要求权以及获得前期现金流入所需付出的代价。

利润表是反映企业在一定期间内生产经营成果及企业经营资金动态表现的报表。利润表揭示了企业在一定时期内的各种收入、费用、成本或支出，从而计算出一定时期的净利润或净亏损。

任务二 宏观经济分析

一、宏观经济分析指标

（一）国内生产总值

国内生产总值（GDP）是指一个国家在一定时期内所生产的全部最终产品和服务的价值总和，是衡量一个国家所有常住单位生产活动最终成果的重要指标。国内生产总值根据其表现形态划分为价格形态、收入形态和产品形态,根据形态不同,其计算方法依次为生产法、收入法和支出法三种,理论上,三种方法计算结果应一致,但由于实际统计口径的不同,其计算结果会有差距。

作为衡量国家或地区经济发展水平的重要指标,国内生产总值是最受关注的宏观经济统计指标。国内生产总值的增长速率较快,说明经济蓬勃发展,收入水平增加;增长速率较低甚至负增长,说明经济萎靡不振,收入水平下降。

(二) 通货膨胀与通货紧缩

通货膨胀是指物价水平普遍、持续、明显地上涨。一般来说,通货膨胀表现为货币购买力下降,即货币贬值。消费者物价指数(CPI)一般为反映通货膨胀水平的指标。消费者物价指数又被称为"居民消费价格指数",是反映一定时期内城乡居民所购买的生活消费品价格和服务项目价格变动趋势和程度的相对数,与居民生活密切相关。

通货膨胀的影响力非常广泛,不仅影响居民的收入、消费和储蓄等日常生活,还会影响到个人投资。

通货紧缩与通货膨胀相对应,是指商品和劳务的价格水平持续性地普遍下跌,货币购买力提升。但通货紧缩通常与经济衰退相伴,表现为投资机会减少、投资收益下降、信贷增长乏力、企业开工不足、消费需求减少以及居民收入增加速度缓慢等迹象。

(三) 国际收支

国际收支是指一个国家在一定时期内由于和其他国家的经济往来活动和债权债务清算而导致的所有货币收支。国际收支状况通常反映在国际收支平衡表中,收支相等称为"国际收支平衡",收入大于支出称为"国际收支顺差",支出大于收入称为"国际收支逆差"。持续性的、大规模的国际收支顺差和逆差均不利于经济平稳健康发展。

(四) 投资指标

投资指标是指固定资产投资额,是以货币表示的建造和购置固定资产活动的工作量。它是反映一定时期内固定资产投资规模、速度、比例关系和投资方向的综合性指标。按照管理渠道,全社会固定资产投资可分为基础建设投资、更新改造投资、房地产开发投资和其他固定资产投资四个部分。

(五) 社会消费品零售总额

社会消费品零售总额计量的是个人、机关、团体、部队、学校、企业和事业单位从各种经济类型的企业获得的非生产、非经营用的实物商品总额。社会消费品零售总额包括实物商品网上零售额,但网上销售的非实物商品不包含在内。作为反映国内消费需求最直接的数据,社会消费品零售总额能反映国内零售市场变动情况,是分析社会消费品购买力、居民生活水平和货币流通的重要参考数据,也是对经济现状和未来前景进行判断的重要标志。社会消费品零售总额提升,表明消费支出增加,经济情况较好;社会消费品零售总额下降,表明经济发展趋缓或经济情况不佳。

(六) 金融指标

金融指标包括利率、汇率、货币供应量、金融机构存贷款余额和金融资产总量等。

(七) 财政指标

财政指标包括财政收入和财政支出。财政收入是政府一定时期内通过税收、国债、国有资产和收费等其他形式获得的货币收入。财政支出是政府为提供公共产品和服务,满足社会共同需要而进行的财政资金的支付。一定时期内的财政收支大致相抵,略有盈余,就是财政收支平衡。如果财政收入大于财政支出,称为"财政结余";如果国家财政收入小于财政支出,则为"财政赤字"。财政赤字可以通过发行国债、增加税收、减少财政开支以及调控货币供应量等形式来解决。

> **做中学 6-1**

利用各种媒体,收集近三年来主要宏观经济变量值,完成表 6-2,并对其进行分析与研判。

表 6-2 各年宏观经济指标值

指标类别	具体指标	年份		
国民经济总体指标	国内生产总值			
	通货膨胀率			
	进出口总额			
投资指标	全社会固定资产投资总额			
	实际利用外资总额			
消费指标	社会消费品零售总额			
金融指标	货币供应量			
	利率			
	汇率			
财政指标	财政收入			
	财政支出			
	赤字或结余			

证券投资实务

二、宏观经济分析方法

宏观经济分析方法可以用来评估经济发展的增长速度与增长质量，大致把控国民经济运行的主要情况，综合判断国民经济状况，但在分析经济周期转变，尤其是转折点的判断方面有所欠缺。因此，为研究经济周期变化的过程，预测其转变的方向与时机，需要使用景气分析方法。

宏观经济景气分析是建立在经济周期基础上的分析方法，它主要是通过分析主要的宏观经济指标的变动情况，归纳并总结经济周期变化的客观规律性，进而预测经济波动的趋势和影响，为宏观经济调控和企业经营提供决策依据。如前所述，经济周期分为复苏、繁荣、衰退和萧条四个阶段，它们的变化是有一定规律性的，而此规律主要通过一定的经济指标的变化体现出来。这些指标称为"敏感性指标"，按周期循环的时间性，通常区分为三类：领先指标、一致同步指标与滞后指标。

领先指标是指在指标的时间上领先于国民经济周期波动的指标。比如，某指标达到高峰或跌入低谷的时间比国民经济周期早若干个月，则称这个指标为"领先指标"。这类指标可以为未来一段时期的经济情况变化提供预测。我国一般将以下指标作为领先指标：轻工业总产值、狭义货币M1、基建贷款、新开工项目数、海关出口额、商务部出口成交额、工业贷款、工资和对个人的其他支出、现金支出、商品销售收入、一次能源生产总量、钢产量、铁矿石产量、10种有色金属产量、国内工业品纯购进、国内钢材库存、国内水泥库存及农产品采购支出。

一致同步指标是指在指标的时间上同步于国民经济周期波动的指标。它代表国民经济周期波动特征，表示国民经济当前的情况，但并不预示将来的变迁。我国常将以下指标作为一致同步指标：工业总产值、广义货币M2、全民工业总产值、预算内工业企业销售收入、社会商品零售额、海关进口额、国内商品纯购进、国内商品纯销售、货币流通量及银行现金收入。

滞后指标是指在指标的时间上落后于国民经济周期波动的指标。比如，某指标达到高峰或跌入低谷的时间均比国民经济周期的高峰或低谷落后若干个月，则称该指标为滞后指标。我国主要将以下指标作为滞后指标：商业贷款、财政收支、零售物价总指数、全民固定资产投资、消费品价格指数及集市贸易价格指数。

任务三　行　业　分　析

一、行业分析流程

行业分析一般包括以下四个步骤：

(一)界定行业、明确目标

投资者首先需要知道研究的内容和任务,选择与界定行业非常关键,尤其要了解目标行业大致的定义和范畴,最好通过收集资料了解该行业在国民经济链条中的地位,以及该行业的大致分类和细分领域。

(二)收集资料、分类整理

信息资料主要分为一手资料和二手资料。

一手资料主要是通过调查等方式获得的原始资料,一手资料的获取需要花费较长时间和较高成本。

二手资料主要是通过网络、期刊和报告等公开渠道获得的信息资料,这些资料经过加工,有很多他人主观思想,且信息的可靠性偏低。相比于一手资料,二手资料获取相对较容易,但是需要投资者花费更多的时间去筛选,找出质量高的信息。通过网络收集二手资料进行整合,研究的内容质量和深度往往不够。应当首先进行二手资料的分析和整合,再通过一手调查去验证相关信息的真伪,将二手资料和一手资料有机融合,才能充分获取有质量的信息。

(三)研究分析、深入浅出

在资料收集整理到位后,就可进入最为核心的一个步骤——研究分析。研究分析过程也可以细分为五个小步骤:一是通读所有信息资料,对所研究的行业有初步了解;二是建立整个研究的基本框架;三是针对框架内容进行分条逐步的研究分析,在此过程中,可根据具体情况调整框架内容;四是撰写研究报告,总结出整个研究报告的观点及依据;五是通读研究报告,进行最终修改。

(四)持续跟踪、与时俱进

行业分析不是一个一蹴而就的事情,只有持续、长期跟踪观察所研究的行业,才能真正理解这个行业的来龙去脉。因此,投资者需要持续关注这个行业所发生的要闻,并积极与业内人士沟通,做到与时俱进。

二、行业分析方法

(一)历史资料研究法

历史资料研究法是指通过对已有资料的深入研究,寻找事实和客观规律,然后根据这些规律去描述、分析和解释过去的事件,同时揭示当前所处的状态,并依照这种客观规律对未来进行预测的一种研究方法。只要是追溯事物发展轨迹、探究发展轨迹中某些具有规律的东西,就不可避免地需要采用历史资料研究法。这种方法的优点是省时、省力和省钱;缺点是受限于现有资料,不能主动地去提出问题并解决问题。各个行业都在不断地发展,了解一个行业的发展历程有助于较为全面深刻地认识和理解该行业,并把握它的发展"脉搏"。

(二)调查研究法

调查研究法是一项非常古老且传统的研究方法,也是科学研究中一种常用的手段,在描述性、解释性和探索性的研究中都可以运用调查研究法。它一般通过抽样调查、实地调研、深度访谈等形式,对调查对象进行问卷调查、调研、访谈,从而获得资料并对资料进行研究。

调查研究可以收集第一手资料,进而有效地描述一个难以直接观察的群体。此外,也可以利用他人收集的调查数据进行分析,即采用二手资料分析方法,此法可以节约费用。调查研究法的优点是可以获得最新的资料和信息,并且研究者可以主动提出问题并获得解释,适合在对一些相对复杂的问题进行研究时使用;缺点是这种方法的成功与否与研究者和访问者的技巧及经验多寡密切相关。

(三)归纳法与演绎法

归纳法是指从个别出发以达到一般性,从一系列特定的观察中发现一种模式,这种模式在一定程度上代表所有给定事件的秩序。值得注意的是,这种模式的发现并不能解释为什么这个模式会存在。演绎法则是指从一般到个别,从逻辑或者理论上预期的模式到观察检验预期的模式是否确实存在。二者的区别是,归纳法是从观察开始,再进行推论;而演绎法是先推论后观察。

归纳法研究的角度是通过经验和观察试图得到某种模式或理论;而演绎法研究的角度是用经验去检验每一个推论,看看哪一个在现实(研究)中言之有理,从而获得理论的验证。由此可见,二者均需要逻辑完整性和经验实证性。一方面,只有逻辑并不够全面;另一方面,只有经验观察和资料收集也不能提供理论或解释。

(四)比较研究法

比较研究法是在进行行业分析时一种较为常用的分析方法。比较研究又可以分为横向比较和纵向比较。横向比较一般是选取某一时点的状态或者某一固定时段(如1年)的指标,在这个节点上对研究对象进行比较研究。比如,将行业的增长速率与国民经济的增长速率进行比较,从中发现行业增长快于还是慢于国民经济的增长;或者将不同的行业进行比较,研究本行业的成长性高低;或者将不同国家或者地区的同一行业进行比较,研究行业的发展潜力和发展方向等等。纵向比较主要是分析行业的历史数据,如企业规模、收入、利润等,分析过去的增长情况,并据此预测行业未来的发展趋势。利用比较研究法可以直观和方便地观察行业的发展状态和比较优势。

除以上四种方法外,还有其他行业分析的方法,如数理统计法等。在实际研究中应根据研究对象的实际情况,有选择地使用研究方法,实践中可能会结合多种研究方法进行研究。

任务四 公司分析

一、公司财务分析方法

从投资者的角度来看,公司分析的主要目的在于通过对公司财务信息进行分析、加工,计算投资收益率,评价风险,比较该公司和其他公司的风险和收益,得到反映公司发展趋势、竞争能力等方面的信息,并以此决定自己的投资策略。公司分析中的财务分析主要使用传统的财务分析方法,一般来说,主要有比较分析法和比率分析法两种。

(一) 比较分析法

比较分析法是指通过对两个及两个以上的关联指标进行对比,分析它们的差异,从而揭示事物发展变化情况和规律的分析方法。比较分析法是公司财务分析最基本的方法。比较分析的具体方法可按不同的标准进行划分。按比较对象分类,可以分为与本公司历史比和与同类公司比;按比较内容分类,可以分为比较会计要素的总量(如总资产、净资产、净利润)、比较结构百分比和比较财务比率等。

(二) 比率分析法

比率分析法是指通过计算财务报表相关比率,反映公司财务报表不同项目之间的相互关系,进而评价企业财务状况和经营成果,判断企业发展前景的分析方法。财务比率分析涉及公司经营管理的各个方面。比率分析指标很多,按照分析内容侧重点不同,可分为变现能力分析、营运能力分析、长期偿债能力分析、盈利能力分析、投资收益分析和现金流量分析等。

二、公司财务分析指标

(一) 变现能力分析

变现能力是指公司产生现金的能力,它取决于可在近期转变为现金的流动资产的多少，是考查公司短期偿债能力的关键。反映变现能力的财务比率主要有流动比率和速动比率。

1. 流动比率

流动比率是指流动资产与流动负债的比值。其计算公式如下：

$$流动比率＝流动资产÷流动负债$$

流动比率用于分析企业是否有足够的流动资产偿还短期债务，是衡量公司提供流动资金、偿付短期债务和维持正常经营活动能力的主要指标。流动资产指的是企业在一个营业周期内可以变现或运用的资产，包括货币资金、应收账款、应收票据和存货等。流动负债指的是企业在一个营业周期内需要偿还的债务，包括短期借款、应付账款和应付票据等。一般认为，对工业企业而言，流动比率达到2比较合理；对公共事业单位而言，合理的流动比率水平要低得多。

流动比率较低，说明公司的短期变现能力较差，短期偿债能力欠缺，短期财务状况不佳；流动比率较高，则说明企业的流动资产比较充足，短期偿债能力较强；但过高的流动比率则表明公司的管理可能过于保守，流动资产占比过高，会影响到企业经营资金运转效率和获利能力，因此流动比率需要保持在一个恰当的水平范围内。

2. 速动比率

速动比率是指公司速动资产与流动负债的比值，又称"酸性测试比率"。速动资产是指流动资产减去存货和预付账款后的资产余额。速动比率是一个比流动比率更严格的用以衡量企业资产流动性状况的指标，反映的是企业可以立即变现偿还短期债务的能力。其计算公式如下：

$$速动比率＝速动资产÷流动负债$$

速动资产之所以排除存货，是因为公司的存货在不受损失的条件下迅速变成现金以偿还债务的能力存在一定的不确定性。预付账款被排除出速动资产的原因是预付账款是企业已经支付并由以后各期分别负担的各项费用，其流动性实际上是很低的。由此可见，速动比率比流动比率更能可靠地反映出企业短期偿债能力。

通常认为，速动比率的理想标准是达到1，因为这意味着公司不需要动用存货就可以偿付流动负债，表明公司有较强的偿债能力。速动比率过低，表明公司有无力清偿短期债务的风险；速动比率过高，则表明低收益资产过多，或是应收账款中坏账较多，将影响公司的盈利能力。

鉴于行业差别的存在，计算速动比率时还可以从流动资产中去掉与当期现金流量无关的项目，这样可以更准确地计算变现能力，即采用保守速动比率（或称超速动比率）。其计算公式如下：

$$保守速动比率＝（现金＋短期证券＋应收账款净额）÷流动负债$$

做中学 6-2　　　　　　　　　　**计算变现能力相关指标**

表 6-3　资产负债表

单位：爱德股份有限公司　　　　　　　　　2022 年 12 月 31 日　　　　　　　　　　单位：万元

资产	年末余额	年初余额	负债和所有者权益	年末余额	年初余额
流动资产：			**流动负债：**		
货币资金	520	270	短期借款	640	470
交易性金融资产	80	140	交易性金融负债	0	0
应收票据	100	130	应付票据	70	60
应收账款	4 000	2 010	应付账款	1 020	1 110
预付账款	140	60	预收款项	120	60
应收利息	0	0	应付职工薪酬	180	210
应收股利	0	0	应交税费	110	158
其他应收款	240	240	应付股利	0	0
存货	1 210	3 280	应付利息	110	70
一年内到期的非流动资产	470	0	其他应付款	480	290
其他流动资产	420	130	一年内到期的非流动负债	520	0
**　流动资产合计**	7 180	6 260	其他流动负债	50	70
非流动资产：			**　流动负债合计**	3 280	2 480
可供出售金融资产	0	0	**非流动负债：**		
持有至到期投资	0	0	长期借款	4 520	2 470
长期应收款	0	0	应付债券	2 420	2 620
长期股权投资	320	470	其他非流动负债	720	770
固定资产	12 380	9 550	**　非流动负债合计**	7 660	5 860
在建工程	200	370	**　负债合计**	10 940	8 340
固定资产清理	0	140	**所有者权益：**		
无形资产	200	240	实收资本	6 000	6 000
递延所得税资产	70	170	资本公积	180	120
其他非流动资产	50	0	盈余公积	760	420
**　非流动资产合计**	13 220	10 940	未分配利润	2 520	2 320
			**　所有者权益合计**	9 460	8 860
**　资产总计**	20 400	17 200	**　负债和所有者权益总计**	20 400	17 200

表 6-4　利润表

单位:爱德股份有限公司　　　　　　　　　　2022 年度　　　　　　　　　　　　单位:万元

项目	本年金额	上年金额
一、营业收入	30 020	28 520
减:营业成本	26 460	25 050
营业税金及附加	300	300
销售费用	240	220
管理费用	480	420
财务费用	1 120	980
加:公允价值变动收益	220	380
投资收益	420	260
二、营业利润	2 060	2 190
加:营业外收入	120	190
减:营业外支出	220	70
三、利润总额	1 960	2 310
减:所得税费用	660	770
四、净利润	1 300	1 540

根据表中数据,计算该公司的流动比率和保守速动比率。

(1) 年初流动比率＝6 260÷2 480＝2.524

年初保守速动比率＝(270＋140＋130＋2 010＋240)÷2 480

＝2 790÷2 480＝1.125

(2) 年末流动比率＝7 180÷3 280＝2.189

年末保守速动比率＝(520＋80＋100＋4 000＋240)÷3 280

＝4 940÷3 280＝1.506

(二) 营运能力分析

营运能力指的是公司运营和管理资金的能力,一般通过公司资产管理比率来衡量,主要表现为资产管理及资产利用效率,因此又称"运营效率比率"。反映营运能力的财务比率主要包括存货周转率及周转天数、应收账款周转率及周转天数、流动资产周转率及周转天数和总资产周转率及周转天数等。

1. 存货周转率和存货周转天数

存货周转率又称"存货周转次数",是衡量和评价公司购入存货、投入生产和销售收回等环节管理状况的综合性指标。存货周转率是对企业存货管理水平的反映,是企业经营管理的重要内容,会对企业的短期偿债能力造成影响。一般地,存货周转率越高,表明企业存货周转速度越快,企业占用的存货水平越低,流动性越强,存货转为现金或流动资产的速度就越快,变现能力就越强;反之,存货周转率越低,则流动性越差,变现能力越差。

存货周转率是一定时期内销货成本与平均存货余额的比值,用时间表示的存货周转速度就是存货周转天数,它表示公司从取得存货开始,至消耗、销售为止所经历的天数。其计算公式如下:

$$存货周转率 = 销售成本 \div 平均存货余额$$

$$存货周转天数 = 360 \div 存货周转率$$

$$平均存货余额 = (期初存货余额 + 期末存货余额) \div 2$$

其中销售成本为利润表中的"营业成本"项目数值。存货周转分析的目的是发现存货管理中的问题,在保证企业生产经营连续性的同时,减少企业存货对经营资金的占用,提高资金的使用效率,增强公司短期偿债能力,提高企业经营管理水平。

2. **应收账款周转率和应收账款周转天数**

应收账款周转率衡量的是一定时期内应收账款转换为现金的次数,是衡量企业应收账款周转速度及管理效率的重要指标。企业的应收账款如果能够及时收回,则企业的资金使用效率会得到大幅提高。一般地,应收账款周转率越高,说明企业的应收账款回收速度越快,应收账款回收天数越短;应收账款周转率越低,应收账款占用的企业资金就越多,企业的资金周转和短期偿债能力都会受到影响。

应收账款周转率是销售收入与平均应收账款余额的比值。用时间表示的应收账款周转速度就是应收账款周转天数,也称"应收账款回收期"或"平均收现期",它表示公司从取得应收账款的权利到收回款项、转换为现金所需要的时间。其计算公式如下:

$$应收账款周转率 = 销售收入 \div 平均应收账款余额$$

$$应收账款周转天数 = 360 \div 应收账款周转率$$

$$平均应收账款余额 = (期初应收账款余额 + 期末应收账款余额) \div 2$$

其中销售收入是利润表中的"营业收入"项目数值,是扣除折扣和折让后的销售收入净额;应收账款余额是指未扣除坏账准备的应收账款金额。

3. **流动资产周转率和流动资产周转天数**

流动资产周转率是衡量企业流动资产周转速度和运营效率的重要指标。流动资产周转率越高,则企业流动资产运用效率越高,会起到相对节约流动资产、扩大资产投入的效果,提高企业的盈利能力;反之,流动资产周转率越低,则企业流动资产运用效率较差,为了补足周转资金,企业需要追加流动资产,盈利能力下降。

流动资产周转率是销售收入与平均流动资产余额的比值。用时间表示的流动资产周转速度就是流动资产周转天数,它表示公司的流动资产每周转一次所需要的时间。其计算公式如下：

$$流动资产周转率＝销售收入÷平均流动资产余额$$
$$流动资产周转天数＝360÷流动资产周转率$$
$$平均流动资产余额＝（期初流动资产余额＋期末流动资产余额）÷2$$

4. 总资产周转率和总资产周转天数

总资产周转率反映的是总资产的周转速度。总资产周转率越高，说明资产周转速度越快，企业销售能力越强。

总资产周转率是销售收入与平均资产总额的比值。用时间表示的总资产周转速度就是总资产周转天数。其计算公式如下：

$$总资产周转率＝销售收入÷平均资产总额$$
$$总资产周转天数＝360÷总资产周转率$$
$$平均资产总额＝（期初资产总额＋期末资产总额）÷2$$

公司可以通过薄利多销的方法，加速资产的周转，带来利润绝对额的增加。

做中学 6-3　　计算营运能力相关指标

根据做中学 6-2 数据，计算该公司 2022 年度的营运能力相关指标。

（1）存货周转次数＝26 460÷[（3 280＋1 210）÷2]＝11.79（次）

　　存货周转天数＝360÷11.79＝30.53（天）

（2）应收账款周转次数＝30 020÷[（4 100＋2 140）÷2]＝9.62（次）

　　应收账款周转天数＝360÷9.62＝37.42（天）

（3）流动资产周转次数＝30 020÷[（6 260＋7 180）÷2]＝4.47（次）

　　流动资产周转天数＝360÷4.47＝80.54（天）

（4）总资产周转率＝30 020÷[（17 200＋20 400）÷2]＝1.60（次）

　　总资产周转天数＝360÷1.60＝225（天）

（三）长期偿债能力分析

长期偿债能力指的是企业支付到期长期债务的能力，通常以反映债务与资产、净资产关系的负债比率来衡量。负债比率主要包括资产负债率、产权比率、有形资产净值债务率和已获得利息倍数等。

1. 资产负债率

资产负债率又称"举债经营比率"，是用来衡量企业利用债务资金进行经营活动的能力，以及债权人出借资金的安全性的指标。它通过计算负债总额占资产总额的百分比得出。其计算公式如下：

$$资产负债率 = 负债总额 \div 资产总额 \times 100\%$$

该指标反映债权人所提供的资本占全部资本的比例,需要根据使用者的立场来解读该指标,即债权人、投资者和企业经营者。

对于债权人而言,贷给公司款项的安全程度及企业能否按时还本付息是他们关注的重点。如果股东出资占企业总资产比重过低,企业经营风险绝大多数由债权人承担,这是债权人不愿意接受的。因此,债权人偏好较低的资产负债率,这样公司的偿债能力有保证,贷款风险较小。

对于投资者而言,资本利润率和借入资金利率之间的关系是他们关注的重点。如果资本利润率高于借款利率,则投资者所获得的收益会增加,投资者就会期望增加负债比例;反之,如果资本利润率小于借款利率,则投资者需要从自己的利润中弥补借款利息,投资者就不希望承担高额负债比例。

对于企业经营者而言,借入资金能够帮助企业扩大生产规模,增加企业经营活力,赚取更高利润;但较高的负债率也会导致企业面临融资困难及融资成本高的情况。因此,企业经营者应当审时度势,全面考虑,必须充分估计可能增加的风险,在二者之间权衡利害得失,做出正确决策。

2. 产权比率

产权比率也称"债务股权比率",是衡量企业长期偿债能力的指标之一,通过计算负债总额占股东权益总额的百分比得出。其计算公式如下:

$$产权比率 = 负债总额 \div 股东权益总额 \times 100\%$$

该指标反映由债权人提供的资本与股东提供的资本的相对关系,反映公司基本财务结构是否稳定。一般来说,产权比率越低,表明股东提供的资本所占比重越高,企业的长期偿债能力越强,企业的财务结构是一种低风险、低报酬的财务结构;产权比率越高,负债资金占总资产的比重越高,企业的长期偿债能力存在一定风险,企业的财务结构是一种高风险、高报酬的财务结构。

在通货膨胀加剧时期,公司多借债可以把损失和风险转嫁给债权人;在经济繁荣时期,公司多借债可以获得额外的利润;在经济萎缩时期,公司少借债可以减少利息负担和财务风险。

3. 有形资产净值债务率

有形资产净值债务率是公司负债总额占有形资产净值的比率。有形资产净值是股东权益减去无形资产净值后的净额,即股东具有所有权的有形资产的净值。其计算公式如下:

$$有形资产净值债务率 = 负债总额 \div (股东权益 - 无形资产净值) \times 100\%$$

该指标最大的特点是计算的是扣除掉无形资产(商誉、商标、专利权以及非专利技术

等)的价值,这是由于无形资产的计量缺乏可靠的基础,不一定能用来还债。作为产权比率指标的延伸,有形资产净值债务率能够更为谨慎、保守地反映公司在面临清算时债务人的资金得到的保障程度。该指标越大,则表明企业长期偿债风险越大;反之,则越小。

4. 已获得利息倍数

已获得利息倍数又称"利息保障倍数",是指企业息税前利润和所需支付的债务利息的比值,用以衡量企业偿付债务利息的能力。其计算公式如下:

$$已获得利息倍数 = 息税前利润 \div 利息费用$$

$$息税前利润 = 利润总额 + 利息费用 = 净利润 + 所得税费用 + 利息费用$$

其中利息费用是指本期发生的全部应付利息费用,包括财务费用中的利息费用和计入固定资产成本中的资本化利息费用。

已获得利息倍数衡量的是企业经营收益支付利息的能力,该数值越高,说明企业的偿债能力越强。国际上通常认为,该指标达到 3 较为合理,从长期角度看,该指标至少需要大于 1。投资者在计算出该指标后,不仅需要与其他公司,特别是本行业平均水平进行比较,还要分析、比较本公司连续几年的该项指标水平,并选择最低指标年度的数据作为标准,这样可保证最低的偿债能力。

做中学 6-4   **计算长期偿债能力指标**

根据做中学 6-2 数据,计算该公司的资产负债率和产权比率。

(1) 年初资产负债率 = 8 340 ÷ 17 200 × 100% = 48.49%

    年末资产负债率 = 10 940 ÷ 20 400 × 100% = 53.63%

(2) 年初产权比率 = 8 340 ÷ 8 860 × 100% = 94.13%

    年末产权比率 = 10 940 ÷ 9 460 × 100% = 115.64%

(四) 盈利能力分析

盈利能力就是公司赚取利润的能力,主要是指正常营业状况下公司的收益水平,不包括证券买卖等非正常业务、已经或将要停止的业务、重大事故或法律更改等特别项目以及会计准则和财务制度变更带来的累计影响等。反映公司盈利能力的指标有很多,主要有销售净利率、销售毛利率、资产净利率和净资产收益率等。

1. 销售净利率

销售净利率指的是净利润占销售收入的比重。其计算公式如下:

$$销售净利率 = 净利润 \div 销售收入 \times 100\%$$

其中净利润是指利润表中扣除利息和所得税后的净利润。

该指标反映的是销售收入的收益水平,即销售收入所产生的净利润。在收入不变的情况下,净利润越高,销售净利率越高;在一定的净利润水平下,销售收入越高,销售净利率水平越低。因此,公司在增加销售收入额的同时,必须相应获得更多的净利润,才能使销售净利率保持不变或有所提高。

2. 销售毛利率

销售毛利率指的是毛利占销售收入的比重。该指标衡量的是销售收入扣除销售成本后可用于弥补期间费用并形成盈利的金额。其计算公式如下:

$$销售毛利率 = (销售收入 - 销售成本) \div 销售收入 \times 100\%$$

其中毛利是销售收入与销售成本的差。销售毛利率是公司销售净利率的基础,没有足够大的销售毛利率便不能盈利。

3. 资产净利率

资产净利率是公司净利润除以平均资产总额所得到的百分比。其计算公式如下:

$$资产净利率 = 净利润 \div 平均资产总额 \times 100\%$$

该指标是衡量公司资产利用综合效果的重要指标。资产净利率越高,表明企业对资产的利用水平越高,说明公司在增加收入和节约资金使用等方面取得了良好的效果;反之,则效果越差。

4. 净资产收益率

净资产收益率是公司净利润占年末净资产的百分比。其计算公式如下:

$$净资产收益率 = 净利润 \div 年末净资产 \times 100\%$$

其中年末净资产可以使用期末数值,也可以使用平均净资产数值。该指标反映的是公司所有者权益的投资报酬率,具有很强的综合性。

> **做中学 6-5**　　　　　**计算盈利能力指标**
>
> 根据做中学 6-2 数据,计算该公司的盈利能力相关指标。
> (1) 上年销售毛利率 = (28 520 − 25 050) ÷ 28 520 × 100% = 12.17%
>   本年销售毛利率 = (30 020 − 26 460) ÷ 30 020 × 100% = 11.86%
> (2) 上年销售净利率 = 1 540 ÷ 28 520 × 100% = 5.40%
>   本年销售净利率 = 1 300 ÷ 30 020 × 100% = 4.33%
> (3) 本年资产净利率 = 1 300 ÷ [(20 400 + 17 200) ÷ 2] × 100% = 6.91%
> (4) 本年净资产收益率 = 1 300 ÷ [(8 860 + 9 460) ÷ 2] × 100% = 14.19%

(五) 投资收益分析

1. 每股收益

每股收益是衡量上市公司盈利能力的重要指标,该指标可以将普通股的获利水平更好地展现出来。每股收益通过本年净利润除以发行在外的年末普通股总数计算得出。其计算公式如下：

$$每股收益 = 本年净利润 \div 发行在外的年末普通股总数$$

可以通过横向的公司间比较和纵向的不同时期比较对该指标进行解读分析,从而得出公司的盈利能力水平及其变化趋势。

2. 市盈率

市盈率又称"本益比",是每股市价与每股收益的比率。其计算公式如下：

$$市盈率 = 每股市价 \div 每股收益$$

该指标通常被用来作为评估股价是否存在被高估或低估情况的重要指标。一般来说,市盈率较高,表明市场对公司的发展前景持乐观态度,但过高的市盈率又存在价格泡沫的风险。

3. 股利支付率

股利支付率是普通股每股股利占每股收益的百分比。其计算公式如下：

$$股利支付率 = 普通股每股股利 \div 每股收益 \times 100\%$$

该指标反映的是公司股利分配政策和支付股利的能力。

4. 每股净资产

每股净资产又称"每股账面价值"或"每股权益",通过年末净资产除以发行在外的年末普通股总数计算得出。其计算公式如下：

$$每股净资产 = 年末净资产 \div 发行在外的年末普通股总数$$

该指标反映的是发行在外的每股普通股所代表的净资产成本,即账面权益,它在理论上表示股票的最低价值。

5. 市净率

市净率是每股市价与每股净资产的比值。其计算公式如下：

$$市净率 = 每股市价 \div 每股净资产$$

市净率表明股价以每股净资产的若干倍在流通转让,用于评价股价相对于每股净资产而言是否被高估。市净率越小,说明股票的投资价值越高,股价的支付越有保证;反之,则投资价值越低。

(六) 现金流量分析

1. 现金流动性分析

现金流量分析的首要内容就是流动性分析,流动比率虽然能反映资产的流动性,但其自身的局限性也不容忽视。一般来说,现金流才是真正能用于偿还债务的,所以现金流量和债务的比较可以更好地反映公司偿还债务的能力。现金流量分析指标主要包括现金到期债务比、现金流动负债比和现金债务总额比。其计算公式如下：

$$现金到期债务比 = 经营活动现金净流量 \div 本期到期的债务$$
$$现金流动负债比 = 经营活动现金净流量 \div 流动负债$$
$$现金债务总额比 = 经营活动现金净流量 \div 债务总额$$

其中经营活动现金净流量是现金流量表中的"经营活动产生的现金流量净额"科目数值,本期到期的债务包含本期到期的长期债务和本期的应付票据。

上述指标数值越大,该上市公司的偿债能力越强;通过与行业其他公司或行业平均水平的横向比较,可以更好地判断该上市公司偿债能力在行业中的水平。

2. 获取现金能力分析

获取现金能力是指经营活动现金净流量与投入资源的比值,投入资源可以是销售收入、总资产、营运资金、净资产或普通股股数等。获取现金能力分析指标主要包括销售现金比率、每股营业现金净流量和全部资产现金回收率。其计算公式如下:

$$销售现金比率 = 经营活动现金净流量 \div 销售收入$$
$$每股营业现金净流量 = 经营活动现金净流量 \div 普通股股数$$
$$全部资产现金回收率 = 经营活动现金净流量 \div 资产总额$$

销售现金比率反映的是单位销售收入能够产生的净现金流量,该指标越大,说明销售带来的现金量越大。每股营业现金净流量衡量的是公司分派股利的最大能力,超过此限度的分红需要通过负债来完成。全部资产现金回收率反映企业产生现金的能力强弱,该指标越大,说明企业通过运营资产产生现金的能力越强。

3. 财务弹性分析

财务弹性是指公司适应经济环境变化和利用投资机会的能力,这种能力需要考虑现金流量和支付现金需要之间的关系,如果现金流量超过现金需要,说明存在剩余现金,则企业适应能力就强。财务弹性将经营活动现金流量与支付要求的现金进行比较,支付要求的现金包含投资需求或承诺支付等。财务弹性分析指标主要包括现金满足投资比率和现金股利保障倍数等。其计算公式如下:

$$现金满足投资比率 = 近5年经营活动现金净流量 \div (近5年资本支出 + 存货增加 + 现金股利)$$
$$现金股利保障倍数 = 每股营业现金净流量 \div 每股现金股利$$

现金满足投资比率越大,企业的资金自给率越高。如果该指标超过1,说明公司通过经营活动就能够获取足够的现金以满足自身扩张需要;如果小于1,则企业需要外部融资以弥补资金空缺。现金股利保障倍数越大,说明支付现金股利的能力越强;反之,则越弱。

4. 收益质量分析

收益质量是指报告收益与公司业绩之间的关系。如果收益能真实反映公司业绩,则认为收益的质量高;如果收益不能很好地反映公司业绩,则认为收益的质量不高。从现金流的角度来看,收益质量分析指标主要是营运指数。其计算公式如下:

$$营运指数 = 经营活动现金净流量 \div 经营所得现金$$
$$经营所得现金 = 经营净收益 + 非付现费用 = 净利润 - 非经营收益 + 非付现费用$$

做中学 6-6

利用所学知识,分析宁德时代(300750)的财务指标。

表 6-5 宁德时代财务指标

报告日期	2021-12-31	2020-12-31	2019-12-31
盈利能力			
总资产利润率/%	5.81	3.90	4.95
总资产净利润率/%	7.69	4.73	5.72
销售净利率/%	13.70	12.13	10.95
净资产收益率/%	18.85	8.70	11.96
营运能力			
应收账款周转率/次	7.44	5.13	6.29
应收账款周转天数/天	48.39	70.18	57.23
存货周转率/次	3.60	2.94	3.50
存货周转天数/天	100.00	122.45	102.86
流动资产周转率/次	0.90	0.55	0.73
总资产周转率/次	0.56	0.39	0.52
偿债及资本结构			
流动比率	1.19	2.05	1.57
速动比率	0.92	1.81	1.32
资产负债率/%	69.90	55.82	58.37
产权比率/%	185.12	88.22	119.91
每股指标			
每股收益/元	6.88	2.49	2.09
每股净资产/元	36.26	27.56	17.27

分析提示: 财务指标分析可以纵向分析不同时间点的指标变动,也可以横向分析比较同类竞争企业的财务指标。

任务五 量化投资

一、量化投资的概念

量化投资是一种以数量化方式和计算机程序来进行交易的投资方式,其目的是获取稳定的投资收益。量化投资已经发展多年,由于历史业绩表现不错,其市场规模和份额也不断得到扩大。互联网科技的发展和机器学习的进步都促进了量化投资的进一步发展。

二、量化投资的流程

量化投资是一个系统的过程,由若干环节依次构成,如图 6-4 所示。

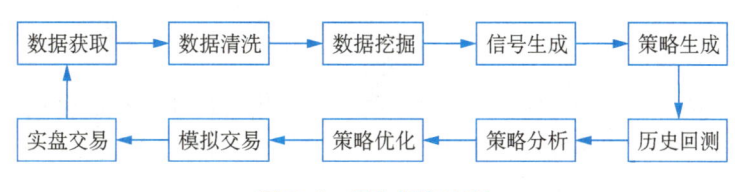

图 6-4 量化投资流程

(一) 数据获取

数据获取就是通过数据爬虫等手段,获取所需要的原始数据,如产业数据、公司财务数据和股票行情数据等。

(二) 数据清洗

数据清洗就是通过数据处理,将原始数据的格式进行统一,剔除无效数据,为后续的数据挖掘做准备。

(三) 数据挖掘

数据挖掘就是通过统计、机器学习等各种方式,分析、提取和统计已经清洗好的数据。

(四) 信号生成

信号生成就是对数据挖掘生成的数据进行标准化、去极值、中性化等处理,然后再依据基础信号,通过分组回测获得统计特征。但有时也会根据多个基础信号复合形成复杂信号。

(五)策略生成

策略生成就是根据前面的步骤确定交易策略,包含选定投资市场和投资标的、确定调仓周期、调仓频率、仓位确定方法、订单类型和止盈止损方案等。

(六)历史回测

历史回测就是通过过去的数据监测已生成的交易策略的历史表现,在历史周期的选择上应尽量选取较长的历史周期。在历史回测过程中,有些交易细节需要额外注意,如股票的分红送转、涨跌停、停复牌、交易滑点和手续费,以及期货的保证金等。

(七)策略分析

策略分析就是分析交易策略是否具备长期稳定的收益,若不具备则该策略无效。在策略分析过程中,需要考虑该交易策略适用的市场情形、是否存在明显短板,同时,还需要注意交易策略的风险水平和收益来源。

(八)策略优化

策略优化就是在策略分析的基础上,对策略短板进行优化。在优化过程中,需要避免过度优化而导致的交易策略失效。优化后,需要再度进行策略分析以检验优化成果。

(九)模拟交易

模拟交易就是借助实时行情,检查交易策略是否能有效运转获取收益、是否存在漏洞。

(十)实盘交易

实盘交易就是在模拟交易完成后,接入真实券商账户的实时交易。

三、量化投资的投资策略

随着金融工具的增加及金融市场的发展,量化投资的方式与类别也在不断增加。目前主流的量化投资策略主要有以下几种:

(一)Alpha 策略

Alpha 策略是一种市场中性交易策略。选取具有超额收益的股票构建投资组合,同时通过反向交易股指期货、股指期权或指数 ETF 等金融工具来对冲掉系统性风险,最终赚取超额收益。

Alpha 策略能够有效地对冲市场风险,其投资收益更多地与投资者的选股能力相关,风险相对可控,是市场上比较普遍的一种投资策略。

(二) Smart Beta 策略

指数基金赚取的是 beta 收益,Smart Beta 策略就是在被动投资的基础上,综合一些因子分析,获取 beta 之上的超额收益的一种交易策略。

(三) 套利策略

套利策略是在金融市场利用某些金融产品价格与收益率暂时不一致的机会获得收益的策略。当这种价格的变动产生无风险收益时,这种策略也称无风险套利策略。这种套利机会很少,一旦出现就会立即消失。有些金融产品价格与收益率不一致的时间不是很短暂,此时通过这种机会去获取收益的风险在于价格或者收益率可能不会朝预期的方向变化。对于对冲基金的管理者来说,这种获取收益的策略可能并非低风险的交易策略,而是风险套利策略,这种策略可能使价格或收益率的偏差回到或收敛到历史的平均水平上。

(四) CTA 策略

CTA 策略又称"管理期货策略",是在期货 T+0 以及做空交易机制上,对期货合约在当日进行买入和卖出的策略。其通常通过对历史数据进行统计或者训练机器学习模型来决定买卖点,在日内进行频繁的买入卖出来赚取收益。通过量化的方式,CTA 策略会同时操作多只标的,从而有效地控制风险。同时,由于该类策略会在当日进行平仓,且可以双向操作,所以此类策略不怕市场风格的变化,在各类行情中都有机会赚取收益。

 技能综合实训

实训任务一

收集相关信息,对当前宏观经济的运行周期进行分析与研判。结合分析结果,撰写大盘日评(200~300 字)、周评(500~800 字)。

实训任务二

选定某一行业,收集相关信息,对其市场竞争结构与行业生命周期进行分析与研判。结合选定的行业,撰写行业走势日评(200~300 字)、周评(500~800 字)。

实训任务三

选定某只个股,收集相关信息,对其基本面与财务情况进行分析与研判。结合分析结果,撰写股票走势日评(200~300 字)、周评(500~800 字)。

即测即评

一、单项选择题

1. 已知一个经济体中的消费为7亿,投资为2亿,间接税为1亿,政府购买为1.5亿,进口为1.8亿,出口2亿,则(　　)。

　　A. NDP＝5亿　　　B. GDP＝10.2亿　　C. GDP＝10.7亿　　D. NDP＝8.7亿

2. 用出售最终商品和劳务获得的收入来测算GDP的方法是(　　)。

　　A. 部门加总法　　B. 增值法　　　C. 支出法　　　D. 收入法

3. 面对经济萧条,政府最可能采取的宏观政策是(　　)。

　　A. 扩大支出、减税,以及实施紧缩的货币政策
　　B. 扩大支出、减税,以及实施宽松的货币政策
　　C. 削减支出、增税,以及实施宽松的货币政策
　　D. 削减支出、增税,以及实施紧缩的货币政策

4. 经济周期的四个阶段依次是(　　)。

　　A. 复苏、繁荣、衰退、萧条　　　　B. 衰退、复苏、繁荣、萧条
　　C. 萧条、衰退、复苏、繁荣　　　　D. 繁荣、萧条、衰退、复苏

5. 关于行业分析,下列论述不正确的是(　　)。

　　A. 行业分析是对上市公司进行分析的前提
　　B. 行业分析是连接宏观分析和上市公司分析的桥梁
　　C. 行业分析是基本分析的重要环节
　　D. 行业分析是投资成果的保障

二、多项选择题

1. 下列关于行业的说法,正确的有(　　)。

　　A. 行业又称"部门"　　　　　　B. 一般情况下可与产业视为同义语
　　C. 行业内的企业生产同类商品　　D. 行业内的企业提供同类劳动服务

2. 下列关于行业生命周期的描述,正确的有(　　)。

　　A. 处于衰退期的行业可能也有机会重新进入较高增长阶段
　　B. 行业的衰退期往往比其他三个阶段的总和还要长
　　C. 对行业生命周期四个阶段的分析适用于所有的行业
　　D. 行业注定都要走完一个完整的生命周期,直至衰亡

3. 处于初创阶段的行业的特征是(　　)。

　　A. 行业的市场容量小　　　　　B. 行业的资产总规模小
　　C. 行业的利润率水平低　　　　D. 行业的创新能力强

4. 下列属于营运能力分析指标的是（　　　）。
A. 存货周转率　　　　　　　　　B. 应收账款周转天数
C. 流动资产周转率　　　　　　　D. 总资产周转率
5. 下列属于长期偿债能力分析指标的是（　　　）。
A. 速动比率　　B. 资产负债率　　C. 产权比率　　D. 已获得利息倍数

三、业务分析题

请根据贵州茅台（股票代码：600519）、五粮液（股票代码：000858）2022年财务报告，填写下表：

指标	贵州茅台（股票代码：600519）	五粮液（股票代码：000858）
营业收入		
毛利润		
净利润		
销售毛利率		
销售净利率		
资产利润率		
股东权益利润率		

请回答：

（1）请根据上一交易日贵州茅台和五粮液的收盘价，计算贵州茅台和五粮液的市盈率，并比较哪家公司的估值水平更高，说明原因。

（2）请根据行业生命周期理论，分析贵州茅台和五粮液所在的白酒行业目前属于哪个阶段，并说明该阶段行业具有怎样的特点。

项目七
投资技术分析方法

 思维导图

投资技术分析方法
- 任务一 认知技术分析法
  - 技术分析的理论假设
  - 技术分析的主要理论
- 任务二 K线分析
  - K线图的画法
  - K线的主要形状
  - K线分析与应用
- 任务三 趋势分析
  - 趋势的分类
  - 趋势线
  - 轨道线
- 任务四 均线分析
  - 均线的内涵
  - 均线分析与应用
- 任务五 形态分析
  - 形态分析的内涵
  - 形态分析与应用
- 任务六 指标分析
  - 周期震荡类指标
  - 多空力量对比类指标
  - 波动趋势类指标
  - 量价关系类指标
  - 加权指数成交值

投资技术分析方法　　项目七

 项目描述

技术分析是相对于基本分析而言的,是透过图表或技术指标的记录,研究市场过去及现在的行为反应,以推测未来价格的变动趋势。其依据的技术指标的主要内容是由股价、成交量或涨跌指数等数据计算得到的。技术分析是以证券市场过去和现在的市场行为(价、量、时、空)为分析对象,应用数学和逻辑的方法,探索出一些典型变化规律,并据此预测证券市场未来变化趋势的技术方法。

技术分析以证券价格为中心,以市场供求关系为基础。技术分析者认为,当股票的供大于求时,股票价格会下跌;反之,当股票的供小于求时,股票价格会上升。投资者可以通过研判证券市场价格的变动情况,从中观测到市场供求关系的转变,选择正确的交易方向与时机。由此可知,技术分析只关心证券市场本身的变化,而不考虑会对其产生某种影响的经济、政治等方面的各种外部因素。

 学习目标

▶ 知识目标

1. 掌握技术分析的基本假设;
2. 了解常用的形态分析方法;
3. 掌握典型技术指标分析方法;
4. 掌握K线的画法,理解单根K线的意义和K线组合的理论;
5. 掌握趋势线的基本画法。

▶ 能力目标

1. 能运用切线分析方法判断重要支撑、压力位;
2. 能运用常用形态分析方法判断行情反转、持续走势;
3. 能运用典型技术指标判断买卖信号;
4. 能综合运用技术分析方法判断股票合理的买卖点及趋势。

情境导入

人工智能领域一直在不断挑战自我以达到某一单方面能力超越人工的目的。利用人工智能技术进行金融数据的分析以期获得更好的投资回报,让金融投资者也更加注重人工智能技术的应用。但是,研究表明人工智能并不能很快取代人工的投资分析,它能做的是改进现有的战略。

人工智能是一组相互关联的技术的总称,包括机器学习、神经网络和深度学习工具,这些工具可以理解庞大且不断增长的数据。实验表明,人工智能是一个可以让一个好的投资组合变得更好的工具,特别是在投资组合构建方面。在一项海外的实验中,研究人员分析了740家公司在2004年至2018年间发表的7万篇新闻文章,利用对新闻数据的分析来预测市场发展的规律,取得了很好的效果。

但是,人工智能目前只能对市场进行趋势性分析,并不能进行量化分析。

为什么人工智能能够改进和增强现有的投资方法,却难以创造全新的战略?首先,金融市场没有产生足够的数据来供人工智能和机器学习。人工智能在数十亿个数据点上才能发挥最大作用,而股票市场几十年来只能产生不到400万个数据点。此外,人类比任何机器学习工具都更擅长在非常小的数据集合中发现模式。这是因为人类更擅长迁移学习,利用现实生活中的直觉、经验和背景将知识从一种情况应用到另一种情况。二十多年的人工智能发展经验告诉我们,人工智能在资产管理中的最佳用途是逐步改进现有的投资流程和方法。

思考与讨论

你认为在投资领域,计算机能取代人类吗?

任务一　认知技术分析法

技术分析是以证券市场过去和现在的市场行为（价、量、时、空）为分析对象,应用数学和逻辑的方法,探索出一些典型变化规律,并据此预测证券市场未来变化趋势的技术方法。技术分析以证券价格为中心,以市场供求关系为基础。技术分析者认为,当股票的供大于求时,股票价格会下跌；反之,当股票的供小于求时,股票价格会上升。投资者可以通过研判证券市场价格的变动情况,从中观测到市场供求关系的转变,选择正确的交易方向与时机。

一、技术分析的理论假设

（一）市场行为涵盖一切

该假设是技术分析的基础,该假设认为影响证券价格变动的所有信息都会被反映在证券的市场行为（价、量、时、空）中,因此可以直接分析证券的市场行为而不用去分析影响证券价格的所有因素,从而节省时间与精力。

（二）价格沿趋势移动

这条假设是技术分析最根本、最核心的理论基础,该假设认为股价是按一定规律运动的,这个规律就是价格沿趋势运动,如果没有外力影响,股价将保持其原有运动方向。

（三）历史会重演

"历史会重演"是从证券交易者的心理因素方面考虑的。证券市场中进行具体买卖的是人,人决定了最终的操作行为。历史市场行为或价格形态会在交易者头脑中留下深刻的印象。在进行技术分析时,一旦遇到与过去某一时期相同或相似的情况,投资者就会认为现在的情况极有可能是过去的翻版,也就是说历史会在这里重演一次,因而投资者极有可能采用相同的操作策略,从而使得证券的某些市场行为（如趋势、形态等）重复出现。可见,这一假设也有一定合理成分,它坚信的是"让历史告诉未来"。

技术分析主要分析证券的市场行为,即通常所说的价格、成交量、时间和空间。价格是指证券价格的涨跌（幅）,成交量是指运动过程中伴随着的交易量,时间是指价格完成其运动过程的时间跨度,空间是价格运动的最高和最低的界限。技术分析的方法多种多样,主要包括K线类、趋势类、均线类、形态类和指标类等方法。

二、技术分析的主要理论

(一) 空中楼阁理论

空中楼阁理论是英国著名经济学家约翰·梅纳德·凯恩斯(John Maynard Keynes)于1936年提出的,该理论完全抛开股票的内在价值,强调心理构造出来的空中楼阁。投资者之所以要以一定的价格购买某种股票,是因为他相信有人将以更高的价格向他购买这种股票。至于股价的高低,这并不重要,重要的是存在更大的"笨蛋"愿以更高的价格购买。精明的投资者无须计算股票的内在价值,他要做的只是抢在最大"笨蛋"之前成交,即在股价达到最高点之前买进股票,而在股价达到最高点之后将其卖出。

(二) 道氏理论

道氏理论认为股票价格运动有三种趋势,其中最主要的是股票的基本趋势,即股价广泛或全面性上升或下降的变动情形。这种变动持续的时间通常为一年或一年以上,股价总升(降)的幅度超过20%。对投资者来说,基本趋势持续上升就形成了多头市场,持续下降就形成了空头市场。股价运动的第二种趋势称为"股价的次级趋势"。因为次级趋势经常与基本趋势的运动方向相反,并对其产生一定的牵制作用,因而也称为"股价的修正趋势"。这种趋势持续的时间从三周至数月不等,其股价上升或下降的幅度一般为股价基本趋势的三分之一至三分之二。股价运动的第三种趋势称为"短期趋势",反映了股价在几天之内的变动情况。

在三种趋势中,长期投资者最关心的是股价的基本趋势,其目的是尽可能地在多头市场上买入股票,而在空头市场形成前及时地卖出股票。投机者则对股价的修正趋势比较感兴趣。他们的目的是从中获取短期的利润。短期趋势的重要性较小,且易受人为操纵,因而不便作为趋势分析的对象。人们一般无法操纵股价的基本趋势和修正趋势,只有国家的财政部门才有可能对其进行有限的调节。

(三) 波浪理论

波浪理论是技术分析大师R. N. 艾略特(R. N. Elliot)所发明的一种价格趋势分析工具,它是一套完全靠观察得来的规律,可用以分析股市指数、价格的走势,它也是世界股市分析上运用最多而又最难于了解和精通的分析工具。

艾略特认为,不管是股票还是商品价格的波动,都与大自然的潮汐、波浪一样,一浪跟着一波,周而复始,具有相当程度的规律性,展现出周期循环的特点,任何波动均有迹可循。因此,投资者可以根据这些规律性的波动预测价格未来的走势,在买卖策略上实施适用。波浪理论有四个基本特点:①股价指数的上升和下跌将会交替进行;②推动浪和调整浪是价格波动两个最基本形态,而推动浪(即与大市走向一致的波浪)可以再分割成五个小浪,一般用第1浪、第2浪、第3浪、第4浪、第5浪来表示,调整浪也可以划分成三个小浪,通常用A浪、B浪、C浪表示;③在上述八个波浪(五上三落)完毕之后,一个循环即告完成,走势将进入下一个八波浪循环;④时间的长短不会改变波浪的形态,因为市场仍会依照其基本形态发展,波浪可以拉长,也可以缩细,但其基本形态永恒不变。

任务二  K 线 分 析

K线又称"阴阳线"或"阴阳烛",它将每个交易期间开盘与收盘的涨跌以实体的阴阳表示出来,并将交易中曾出现的最高价及最低价用上影线和下影线形式直观地反映出来,从而使人们对变化多端的市场行情一目了然。

一根日K线记录的是交易在一天内价格的变动情况,将每天的K线按时间顺序排列在一起,就组成了交易价格的历史变动情况,叫作"日K线图"。

一、K线图的画法

K线是一条柱状的线条,由实体和影线组成,中间的方块是实体,影线在实体上方的部分叫上影线,下方的部分叫下影线。实体表示开盘价和收盘价,上影线的上端顶点表示最高价,下影线的下端顶点表示最低价。根据开盘价和收盘价的关系,K线分阴线和阳线两种,收盘价高于开盘价的称为"阳线",收盘价低于开盘价的称为"阴线"。最常见的K线是日K线,也有周K线、月K线,还有60分钟K线、30分钟K线等不同种类,下面以日K线为例来说明其画法。

画日K线时需要四个价格,即交易日的开盘价、收盘价、最高价和最低价。开盘价是每个交易日的第一笔成交价格,收盘价是每个交易日的最后一笔成交价格,道氏理论认为收盘价是一天当中最重要的价格。最高价和最低价是每个交易日的最高和最低成交价格,二者之间的区域即为当天股价波动的范围。

画K线的步骤如下:
(1) 收集一天的开盘价、收盘价、最高价与最低价;
(2) 在开盘价、收盘价处用"—"标记,在最高价、最低价处用". "标记;
(3) 将开盘价、收盘价横杠的两端用竖线连接起来,形成方格状;
(4) 将最高价、最低价与收盘价或开盘价用竖线相连;
(5) 若开盘价低于收盘价,则K线保持原状,为阳线;若收盘价低于开盘价,则K线方格就需涂黑,为阴线。如图7-1所示。

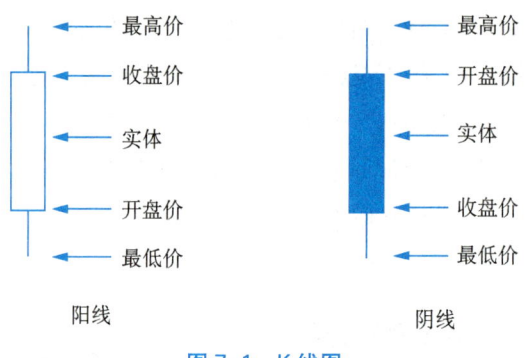

图 7-1 K 线图

二、K 线的主要形状

除图 7-1 所画 K 线图形外,由于四个价格的不同取值,还会产生别的形状的 K 线,具体可概括为以下 10 种,如图 7-2 所示。

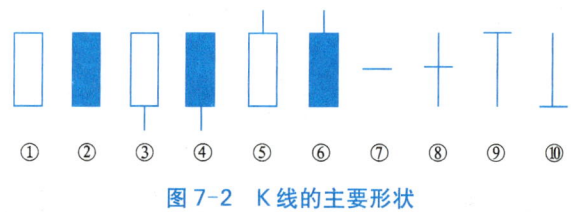

图 7-2 K 线的主要形状

(一)光头光脚阳线和光头光脚阴线

这是没有上、下影线的 K 线。开盘价、收盘价分别与最低价和最高价相等形成阳线实体(图①);开盘价、收盘价分别与最高价和最低价相等形成阴线实体(图②)。

(二)光头阳线和光头阴线

这是没有上影线的 K 线。当收盘价或开盘价与最高价相等时形成图③和图④。

(三)光脚阳线和光脚阴线

这是没有下影线的 K 线。当开盘价或收盘价与最低价相等时形成图⑤和图⑥。

(四)一字型

这是四个价格重合时形成的 K 线(图⑦)。

(五)十字型

这是开盘价与收盘价相等,同时带有上、下影线的 K 线(图⑧)。

(六) T 字型和倒 T 字型

在十字型的基础上,再加上光头和光脚的条件,就形成这两种 K 线(图⑨和图⑩)。

三、K 线分析与应用

K 线是多、空双方争斗结果的图形表现方法。投资者通过对单根 K 线及多根 K 线的分析,可以研判多、空双方力量对比及未来一定时期的股价走势。

K 线是阴线还是阳线代表了一日(或一段时间)的总体趋势方向;K 线及其实体是长还是短代表了一日的股价振荡幅度,是市场内在动力大小的表现。阳线实体越长,越有利于上涨;阴线实体越长,越有利于下跌。上下影线则代表了趋势是否受阻以及阻力的大小,是一种转折的信号。指向一个方向的影线越长,越不利于股价今后向这个方向变动。K 线正是由这三种要素综合而成的,具体可概括为:第一,阴阳代表总体趋势;第二,长短代表内在动力和趋势强弱;第三,影线代表转折信号。

三个要素综合作用,变化无穷,其中每一种细小的变化(包括实体和影线长短)均会打破暂时的多空力量平衡,从而形成无数种 K 线的具体形式。因此,进行 K 线分析不能死记硬背某一种 K 线图形,而要从三要素的原理上去理解 K 线的丰富含义,这样才能举一反三,提高预测的准确性。

(一) 单根 K 线分析

单根 K 线可以分为 12 种有意义的基本形状。

从单独一根 K 线对多、空双方优势进行衡量,主要依靠实体的阴阳、长短和上下影线的长短。一般来说,上影线越长,下影线越短,阳线实体越短或阴线实体越长,越有利于空方占优,而不利于多方占优;上影线越短,下影线越长,阴线实体越短或阳线实体越长,越有利于多方占优,而不利于空方占优。上影线和下影线相比的结果,也影响多方和空方取得优势。上影线长于下影线,利于空方;反之,下影线长于上影线,利于多方。

1. 长实体

长实体是占主要地位的 K 线,分为大阳线实体和大阴线实体,如图 7-3 所示。"长"描述了实体的长度,或者说是开盘价和收盘价之间的差距。长实体表示当天的开盘价与收盘价之间差距很大。

图 7-3　长实体

要确定实体是否算作"长",必须考虑前后的情况,最好只同最靠近的价格移动相比。K线分析所依赖的是短期的价格移动,所以"长短"用短期的方式来比较和判断。

2. 短实体

短实体表示价格所覆盖的区域小,一般发生在交易不活跃的时候,如图 7-4 所示。判断实体是否算作"短",可以用同长实体一样的方法考虑。

图 7-4　短实体

3. 光头光脚阴线

光头光脚阴线是两头都没有影线的长实体阴线,如图 7-5 所示。它被认为是极度脆弱的 K 线,通常是熊市持续或牛市反转组合形态的一部分。

4. 光头光脚阳线

光头光脚阳线是两头都没有影线的长实体阳线,如图 7-6 所示。它被认为是极度强壮的 K 线,与光头光脚阴线相反,它通常是牛市继续或熊市反转形态的一部分。

图 7-5　光头光脚阴线　　　图 7-6　光头光脚阳线

5. 收盘无影线

收盘无影线的 K 线没有从收盘方向向外伸出的影线,如图 7-7 所示。如果是阳线,则没有上影线,此时,该 K 线也称为"光头阳线",表示上涨主力强势;如果是阴线,则没有下影线,该 K 线也称为"光脚阴线"。

6. 开盘无影线

开盘无影线的 K 线没有从开盘方向向外伸出的影线,如图 7-8 所示。如果是阳线,则没有下影线,也称为"光脚阳线";如果是阴线,则没有上影线,又称"光头阴线"。

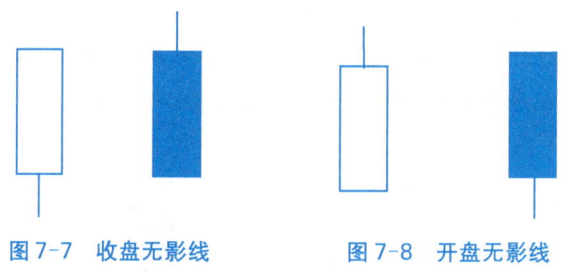

图 7-7　收盘无影线　　　图 7-8　开盘无影线

7. 纺轴线

纺轴线是有上影线和下影线的小实体 K 线,如图 7-9 所示。在长度方面,影线比实体长,这表示多、空双方的不可靠性。纺轴线实体的颜色和影线的实际长度是不重要的。同影线相关的小实体是构成纺轴线的主体。

8. 无实体线

当K线的实体小到开盘价和收盘价相同或几乎相同时,就称为"无实体线",如图7-10所示。无实体线的影线长度是可以变化的。完美的无实体线有相同的开盘和收盘价格。如果要求开盘价和收盘价严格相等,将对数据限制过多,在实际中只出现很少的无实体线。开盘价和收盘价之间的差距在一个小的范围内,就可以认为是无实体线。

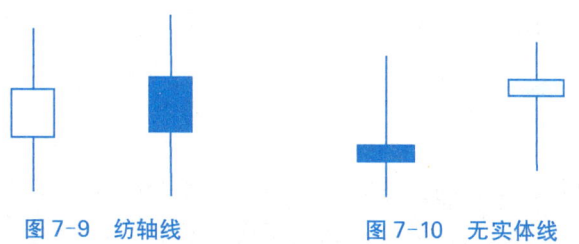

图 7-9　纺轴线　　　　　图 7-10　无实体线

判断一根无实体线同判断一根长实体线的方法类似,没有严格的规则。同长实体线一样,需要参考前面的价格的高低。如果前面的K线多数是无实体线,那么无实体线就不重要。如果无实体线单独出现,那么它是一个不能被忽视的有关"不确定因素出现"的信号。仅靠无实体线不足以预测价格趋势改变,它仅仅是趋势即将改变的警告。

9. 大无实体线

大无实体线有很长的上下影线,如图7-11所示。当天的交易区域在居中的部分,清楚地反映了买卖双方力量对比的不确定性。在全天的交易中,市场大起大落。如果开盘价或收盘价正好在交易区域的正中,这时候的大无实体线就是"十字"。

10. 墓碑线

墓碑线是无实体线的一种。当没有下影线或下影线很短的时候,就会出现这种K线,如图7-12所示。如果上影线很长,墓碑线有很强烈的下降含义。开盘后全天在高位进行交易,但收盘又回到了开盘位置,这也是当天最低的价格,这只能解释为反弹失败。

图 7-11　大无实体线　　　　　图 7-12　墓碑线

11. 蜻蜓线

蜻蜓线出现在开盘和收盘处在全天的最高点的时候,如图7-13所示。同其他无实体线一样,这种 K 线通常出现在市场的转折点,蜻蜓线是上吊线和锤形线的特殊情况。

12. 一字线

当开盘价、最高价、最低价和收盘价都相同时,就会出现一字线,如图 7-14 所示。对于一开盘就涨停或跌停的股票,若一天中都持续以这个价格交易,则日 K 线图就是一条直线,称为"一字线"。

图 7-13　蜻蜓线　　　　图 7-14　一字线

(二) K 线组合的分析与应用

单根 K 线只反映股票单日的交易情况,不能说明市场趋势的持续和转折等信息。实践中,投资者还需要研究 K 线组合形态,即通过观察几根 K 线组成的复合图形,来分析市场多、空双方力量的强弱,判断股价的后期走向。

1. 两根 K 线组合

以两根 K 线组合推测行情,主要从两方面着手:一方面,要通过前后两根 K 线的相对位置来判定。这种相对位置关系一共有七种,见表 7-1。

表 7-1　两根 K 线组合位置关系表

种类	第二根 K 线处于前一根 K 线的位置	后市判断
1	上影线以上	多方绝对优势
2	上影线	多方相对优势
3	实体上半部	多方略强
4	中点附近	不明
5	实体下半部	空方略强
6	下影线	空方相对优势
7	下影线以下	空方绝对优势

由上表可知,两根 K 线组合中第二根 K 线是判断行情的关键。第二根 K 线的位置越高,越有利于上涨;位置越低,越有利于下降。上表中从 1 至 7 是多方力量减弱、空方力量增强的过程。

另一方面,分析两根 K 线组合时不能仅考虑位置关系,还需要考虑它们各自的 K 线要素,比如是阴线还是阳线、实体及影线的长度等。K 线组合分析是位置关系和 K 线要素两方面的综合,只强调一方面,难免会得出错误的结论。

两根 K 线的组合情况非常多,但是在 K 线组合中,有些组合的含义是可以通过别的组合含义推测出来的。只需掌握几种特定的组合形态,然后举一反三,就可得知别的组合的含义。

画出前一天的 K 线,然后将这根 K 线划分为五个区域,如图 7-15 所示。

同表 7-1 中的位置情况相似,第二天多、空双方争斗的区域越高,越有利于上涨;区域越低,越有利于下降,也就是从区域 1 到区域 5,是多方力量减少、空方力量增强的过程。

以下是几种具有代表性的两根 K 线的组合情况。

图 7-16 是多、空双方的一方已经取得决定性胜利,牢牢地掌握了主动权的组合情况,今后将以取胜的一方为主要运动方向。左图是多方获胜,右图是空方获胜。第二根 K 线实体越长,且超出前一根 K 线越多,则取胜一方的优势就越大。

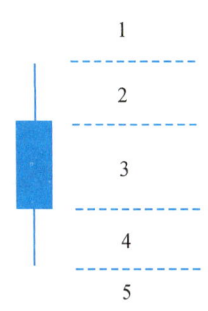

图 7-15　K 线的五个区域

图 7-16　两根 K 线组合情况一

图 7-17 左图中一根阳线加上一根跳空的阴线,说明空方力量正在增强。若出现在高价位,说明空方有能力阻止股价继续上升。若出现在上涨途中,说明空方的力量还是不够,多方将进一步创新高。

图 7-17 右图与左图完全相反。多、空双方中多方在低价位取得了一定优势,改变了前一天空方优势的局面。今后的发展趋势还要由以下因素判断:这种组合是发生在下跌行情的途中还是在历史的低价位中。

图 7-17　两根 K 线组合情况二

图 7-18 右图中一根阴线被一根阳线吞没,说明多方已经取得决定性胜利,空方将节节败退,寻找新的抵抗区域。阳线的下影线越长,多方优势越明显。左图与右图正好相反,是

空方掌握主动权,多方已经完全瓦解。

图 7-18　两根 K 线组合情况三

2. 三根 K 线组合

两根 K 线的各种组合较多,三根 K 线的各种组合就更多、更复杂了。但是,二者分析问题的方式是相同的,都是由最后一根 K 线对于前面 K 线的相对位置来判断多、空双方的实力大小。由于三根 K 线组合比两根 K 线组合多了一根 K 线,获得的信息就更多,得到的结论相对于两根 K 线组合来说更准确、可信性更大。

图 7-19 左图中一根阳线比两根阴线长,多方充分刺激股价上涨,空方已经失败。右图与左图正好相反,是空方一举改变局面的形势,多方因此而势头大减。

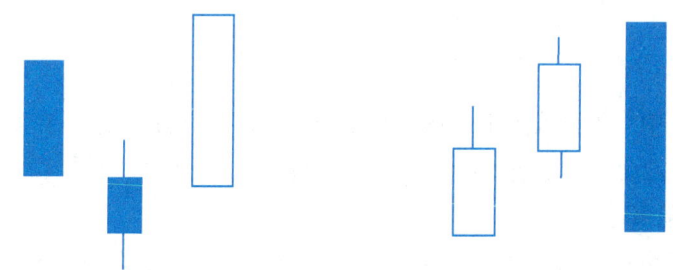

图 7-19　三根 K 线组合情况

3. 反转组合形态

K 线反转形态是指经过这样一种 K 线形态后,多、空双方完成了优势的互换,股价向与原有方向相反的方向前进。典型的 K 线反转形态包括早晨之星和黄昏之星两种。

早晨之星是出现在行情底部的一种常见 K 线组合,一般由三根 K 线组成,如图 7-20 左图所示。第一天是一根大阴线,空方的能量继续显现;第二天是一个十字星(或者是小阳线、小阴线),多、空双方的能量相当;第三天是一根大阳线,多方的能量显现。通过这三根 K 线,空、多双方实现了优势转化,是一种典型的 K 线反转形态。

黄昏之星与早晨之星刚好相反,是在行情顶部的一种常见 K 线组合,也由三根 K 线组成,如图 7-20 右图所示。第一天是一根大阳线,多方的能量继续显现;第二天是一个十字星(或者是小阳线、小阴线),多、空双方的能量相当;第三天是一根大阴线,空方的能量显现。通过这三根 K 线,多、空双方实现了优势转化,也是一种典型的 K 线反转形态。

投资技术分析方法　项目七

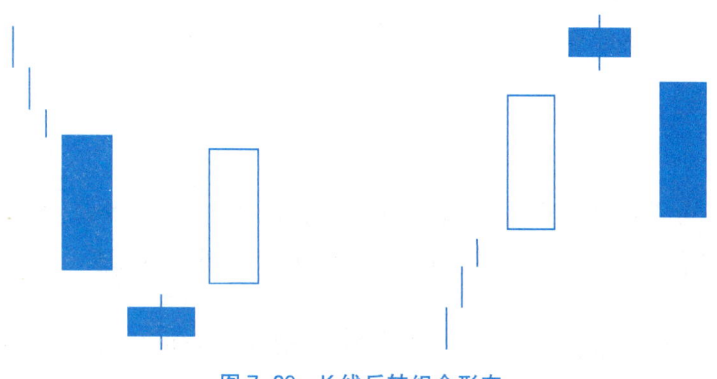

图 7-20　K 线反转组合形态

做中学 7-1　　　　　　K 线图的应用

根据所学知识,分析 K 线图,说出标记 1 和标记 2 的 K 线意义。

图 7-21　K 线分析

任务三　趋势分析

简单来说,趋势就是证券价格运动的方向。技术分析三大假设中的第二条明确说明价格的变化是有趋势的,没有外力影响,价格将沿着这个趋势继续运动。这一点就说明趋势在技术分析中占有很重要的地位,是投资者应该注意的核心问题。

一、趋势的分类

按道氏理论分类,趋势包括主要趋势、次要趋势和短暂趋势三种。

主要趋势也称"长期趋势",是股价在一个较长时间内的运动趋势,一旦确立,便不太容易更改,其持续时间一般在三个月以上。

次要趋势也称"中期趋势",是对主要趋势的修正与调整运动,表现为上升过程中的回落和下跌过程中的回升,持续时间一般为三周至三个月,幅度一般在主要趋势幅度的三分之一至三分之二。

短暂趋势也称"短期趋势",只反映股票价格的短期变化,由于股价日常波动的偶然性较大,所以短暂趋势对次要趋势和主要趋势的影响不大。

二、趋势线

所谓趋势线,就是根据股价上下变动的趋势所画出的直线,画趋势线的目的是依其脉络寻找出恰当的卖点与买点。趋势线分为上升趋势线和下降趋势线两种,如图7-22所示。

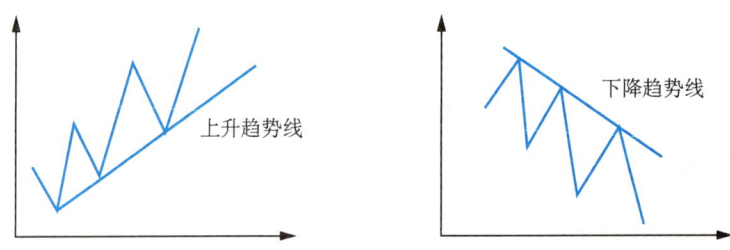

图7-22 上升趋势线与下降趋势线

由图7-22可以看出,上升趋势线起支撑作用,下降趋势线起压力作用,也就是说,上升趋势线是支撑线的一种,下降趋势线是压力线的一种。当然,一旦其被有效突破,其支撑或压力作用将互换。

正确地画出趋势线是投资者必须掌握的技能。画出的趋势线要经得起时间的检验,要具有使用价值。为了画出符合逻辑的趋势线,投资者最好以不同的点位画多条趋势线,然后进行挑选评判,最终保留一条确实有效的趋势线。

要想得到一条真正反映股市运行趋势的直线,必须注意以下三点:

(1) 确定股价的运行趋势。也就是必须找出股价运行过程中相继出现的波峰和谷底。

(2) 如果是上升趋势,要找到两个依次上升的低点(谷底);如果是下降趋势,要找到两个依次下降的高点(波峰)。然后将找到的两个高点或低点连接成线。

(3) 得到的直线是不是有效,还要用第三个点来验证。所画出的直线被后市的波峰和谷底触及的次数越多,延续时间越长,该趋势线越有效、越重要。

趋势线有两个作用:一是对今后股价的变动起约束作用,使得价格总是保持在这条趋势线的上方(上升趋势线)或下方(下降趋势线),实际上就是起支撑作用或压力作用。二是趋势线被突破后,说明股价下一步的趋势将要反转,越重要、越有效的趋势线被突破,其转换的信号越强烈。被突破的趋势线原来所起的支撑或压力作用将相互交换,如图7-23所示。

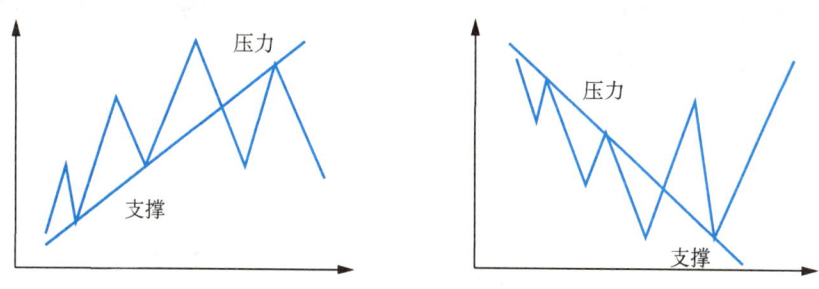

图7-23 支撑线与压力线的相互转化

三、轨道线

轨道线又称"通道线"和"管道线",是基于趋势线的一种直线。在已经得到了趋势线后,通过第一个峰和谷可以作出这条趋势线的平行线,这条平行线就是轨道线。两条平行线组成一个轨道,即上升轨道和下降轨道,如图7-24所示。在随后的发展中,如果价格在抵达该条轨道线时受阻而回落或获支撑而反弹,说明轨道线在起作用。

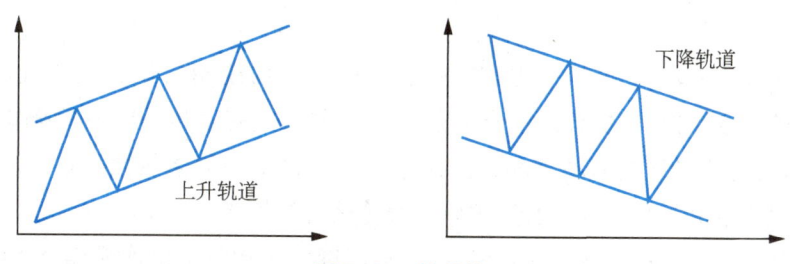

图7-24 轨道线

轨道线的第一个作用是限制股价的变动范围,让它不能变动得太离谱。一个轨道一旦得到确认,那么价格将在这个轨道里变动。对上面的或下面的直线的突破意味着行情将有一个大的变化。与突破趋势线不同,对轨道线的突破并不是趋势反转的开始,而是趋势加速的开始,即原来的趋势线的斜率将会增加,趋势线将会更加陡峭。

轨道线的另一个作用是发出趋势转向警报。如果在一次波动中股价离轨道线很远就开始掉头,这往往是趋势改变的信号,这说明市场已经没有力量继续维持原有的上升或下降趋势了。

轨道线和趋势线是相互配合的,很显然,先有趋势线,后有轨道线,趋势线比轨道线重要得多。趋势线可以独立存在,轨道线则不能。

做中学 7-2　　　　　　　　**趋势线的画法**

上升趋势线画法:连接某一时间段最低点(或相对低点)与最高点之前的任意低点,中间不穿越任何价位的直线,就是上升趋势线。下降趋势线画法:连接某一时间段最高点(或相对高点)与最低点之前的任意高点,中间不穿越任何价位的直线,就是下降趋势线。

在图 7-25 中画出对应的趋势线。

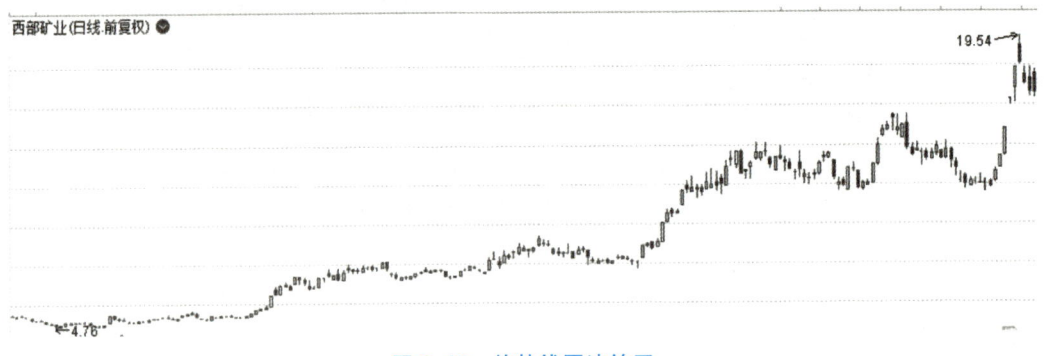

图 7-25　趋势线画法练习

任务四　均线分析

均线(Moving Average,MA)也称"移动平均线",均线理论作为投资大师葛兰维尔(Granville)的得意杰作,是现有技术分析方法中最重要、最有效和最具有可操作性的分析工具之一,其核心思想是通过移动平均的方法来消除股价变动的偶然性因素,以发现股价变动的必然性因素,即股价运行的规律,也就是股价运行的趋势。

均线是指根据一定的计算方法,将连续一段时间内平均收盘价连成连续的线。均线的计算方法有三种:算数移动平均法、加权移动平均法和指数平滑移动平均法。一般采用第一种计算方法,简单实用且方便快捷。其计算公式为:

$$MA_n = (C_1 + C_2 + C_3 + \cdots + C_n)/n$$

其中 MA_n 是移动平均值,n 是计算周期,C_n 是第 n 天的收盘价。

均线按其计算周期的不同可以分为短期均线、中期均线和长期均线。短期、中期和长期均线并没有一个相对固定的规定。计算周期为 5 天的均线通常称为"5 日均线",以此类推,有 10 日均线、20 日均线和 30 日均线等概念,这些都是常用的均线,有时也会用到半年线和年线等概念。

一、均线的内涵

（一）均线方向代表了计算期内股票价格的运动趋势

平均的基本作用在于消除偶然性因素而留下必然性因素,移动平均线通过移动平均的方法将股价变动中的偶然性因素去掉后,剩下的即是股价运动的必然性因素。从这个角度来讲,均线的运动方向即为股价的运动趋势。

（二）均线代表了计算期内市场投资者的平均成本

以 10 日均线为例,其第 10 日的移动平均值是这 10 个交易日收盘的平均价,假定一个交易日内所有投资者都按照收盘价来买入和卖出股票,这样,第 10 日的移动平均值即为 10 天内投资者的平均成本。理解这一点对于把握短期买卖时机非常重要。

（三）均线代表了计算期内多、空双方力量的均衡点

道氏理论认为,收盘价是一个交易日内多、空双方的均衡点,均线值是收盘价的平均值,自然就代表了多、空双方在计算期内的均衡点。这可以帮助投资者理解为什么通常股价在均线上方时会上涨,股价在均线下方时会下跌。

二、均线分析与应用

（一）葛兰维尔八大法则

第一买入点:均线从下降转为盘局或上升,股价从均线下方向上突破均线,买入。理由是均线向上说明股价有上升的趋势,股价也向上运动并突破均线,二者相互"确认"。

第二买入点:股价跌破均线,但立刻回升到均线上,而均线仍持续上升,买入。理由是均线持续上升说明股价的趋势依然向上。

第三买入点:股价跌至均线附近立即回升,均线依然向上,买入。理由是均线产生了支撑作用且股价运动趋势依然向上。

第四买入点:股价急跌,远离均线,买入。理由是被套牢的投资者有买入股票降低加权成本的要求,抢反弹的投资者也有买入要求,但总的来说,此时对于股价上升的推动力不大,此处仅是一个短期买入点。

第一卖出点:均线从上升转为盘局或下跌,股价向下跌破均线,卖出。理由是股价趋势向下,且股价也向下跌破均线,二者相互"确认"。

第二卖出点:股价向上突破均线,但立即回跌至均线以下,均线仍然保持下跌,卖出。理由是股价运动趋势向下。

第三卖出点:股价在均线下方,股价上升至均线附近时立即下跌,卖出。理由是均线对股价产生压力作用,同时股价趋势依然向下。

第四卖出点:股价急涨,突破均线且远离均线,卖出。理由是短期获利盘对股价造成向下压力,因而短期获利了结。

相应位置如图 7-26 所示。

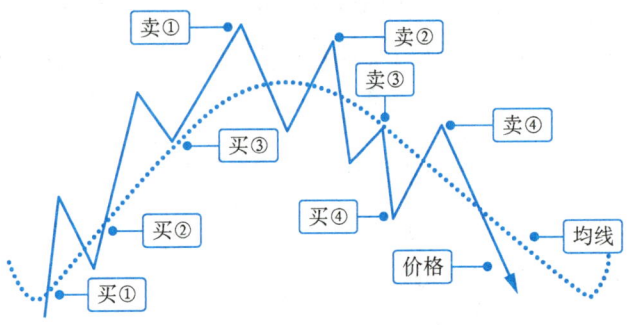

图 7-26 葛兰维尔八大法则

(二) 均线的组合运用

尽管均线通过平均计算可以消除股价变动的偶然性因素,但是为了保险起见,通常还需要将不同时期的均线结合起来,如将 10 日、20 日和 30 日三条均线(短、中、长组合)放在一起使用,这样做的目的是降低均线分析时出错的概率。

黄金交叉是指短期均线上穿中、长期均线,上穿的位置即为黄金交叉点,这一点是重要的买入信号。在此之后,如果短、中、长三条均线依次从上到下排列,就称之为"多头排列"。这种组合的操作策略是在黄金交叉点买入,一直持有直到股价向下突破长期均线为止。黄金交叉与多头排列如图 7-27 所示。

死亡交叉是指短期均线下穿中、长期均线,下穿的位置即为死亡交叉点,这一点是重要的卖出信号。在此之后,如果长、中、短三条均线依次从上到下排列,就称之为"空头排列"。这种组合的操作策略是在死亡交叉点卖出,一直至股价从下方上穿长期均线时可回补。死亡交叉与空头排列如图 7-28 所示。

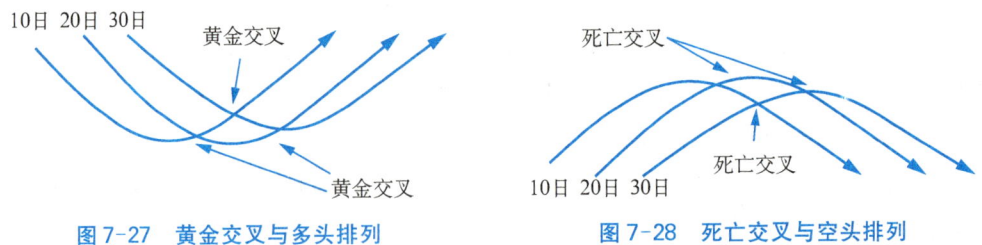

图 7-27 黄金交叉与多头排列　　　图 7-28 死亡交叉与空头排列

做中学 7-3　　　　移动平均线的应用

根据移动平均线的用法,分析图 7-29 中股票走势。

图 7-29　均线分析

分析提示:每当股价回落到均线附近时会重新上涨,表明均线成为重要支撑。

一、形态分析的内涵

股价运动的实质是多、空双方优势转化的过程,在这一过程中,股价的运动轨迹会形成一些规律性的形状,这种规律性的形状有两类:一类是当这些形状出现后,股价运动方向发生逆转;另一类是当这些形状出现后,股价仍然保持原有的运动方向。这种规律性的形状称为"形态",前者称为"反转形态",后者称为"持续形态",是投资者选择操作策略、把握买卖方向和时机的重要工具之一。

价格移动方向是由市场中多、空双方力量大小决定的。在一个时期内,如果多方处于优势,占据上风,则价格将向上移动;如果空方占优势,则价格将向下移动。证券价格曲线的形态可以分为两类:反转突破形态和持续整理形态。反转突破形态主要有头肩形、三重顶、三重底、圆弧形态和 V 形。持续整理形态主要有三角形、矩形、旗形、楔形、喇叭形和菱形。

二、形态分析与应用

(一)反转形态

头肩顶和头肩底是股价反转形态中出现得较多的形态,是最著名和最可靠的形态。图

7-30、图 7-31 是这两种形态的简单形式。

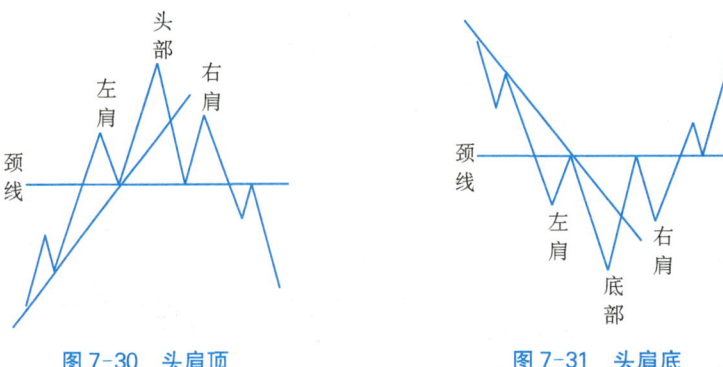

图 7-30　头肩顶　　　　　　　　图 7-31　头肩底

从图中可以看出,这种形态一共出现三个顶(底),也就是要出现三个局部的高点(低点)。中间的高点(低点)比另外两个都高(低),称为"头(底)",左右两个相对较低(高)的高点(低点)称为"肩",这就是头肩形态名称的由来。以下以头肩顶为例对头肩形态进行介绍。

从图 7-30 中可以看出,股价沿着上涨趋势向上运动,至左肩处形成第一高点,股价回落至趋势线处受到支撑继续上升,一鼓作气超越左肩而形成了另一高点,即头部,此时多方力量消耗殆尽而致使股价下跌,跌到前期低点时受到支撑而反弹,但由于多方力量下降、空方力量增加,反弹空间有限,形成一个与左肩高度相近的右肩,当股价回落跌破图中水平直线的时候,头肩顶正式确立。

头肩底的形成过程刚好与之相反。另外值得注意的是,对于头肩顶来讲,左肩、头部和右肩所对应的成交量依次减少。而对于头肩底来讲,其左肩、底部和右肩所对应的成交量没有明显的规律,但是其向上突破颈线时需要大量成交量的配合。

1. 颈线的作用

头肩顶的颈线是连接左肩与右肩对应的两个低点而形成的一条直线,头肩底的颈线是连接左肩与右肩对应的两个高点而形成的一条直线。颈线的作用与意义体现在三个方面:

(1)对于头肩顶来讲,在股价没有跌破颈线前,颈线起的是支撑作用,跌破后颈线起的是压力作用。对于头肩底来讲,在股价没有上升突破颈线前,颈线起的是压力作用,突破后颈线起的是支撑作用。

(2)对于头肩顶来讲,颈线被股价向下突破是头肩顶成立的最终标志。对于头肩底来讲,颈线被股价向上突破是头肩底成立的最终标志。

(3)对于头肩顶来讲,颈线被向下突破是坚决卖出的机会。对于头肩底来讲,颈线被向上突破是坚决买入的机会。

2. 反扑的作用与意义

反扑也称"回档",在头肩顶中,股价向下突破颈线后有一个回升的过程,当股价回升至颈线附近后受到其压力又继续掉头向下运行,从而形成反扑(参见图 7-30)。在头肩底中则刚好与之相反。对于反扑,投资者应该注意两方面问题:

(1) 在头肩顶中,反扑为多方提供了最后一次卖出的机会。在头肩底中,反扑为空方提供了补买机会。

(2) 反扑不是这两个形态的必然组成部分,也就是说反扑可能会出现,也可能不出现,所以对于投资者来讲,不能一定要等到反扑出现后才采取行动,而应该在颈线被突破后坚决采取行动。

3. 预测价值

对于头肩顶来讲,当颈线被向下突破之后,股价向下跌落的幅度等于头部和颈线之间的垂直距离,也就是股价至少下跌了这个幅度后才有可能获得较强大的支撑,同样,对于头肩底来讲,股价向上突破颈线之后,其上涨的幅度等于底部与颈线之间的垂直距离,此时,股价上升才有可能遇到较强的压力。

4. 操作策略

对于头肩顶来说,有四个卖出点,分别是:

(1) 头部是第一卖出点,但大部分投资者认为先前的上升趋势仍然会持续,故而不太能把握住这一点。

(2) 右肩是第二卖出点。这一点是整个头肩顶形态的较佳卖出点,此时股价上升至右肩位置,由于买方动能不足而回落,头肩形态基本形成,因此投资者在此位置要主动卖出。

(3) 颈线被突破是第三卖出点。这一点是头肩顶最重要的卖出点,当颈线被突破后,头肩顶宣告成立,股价运动趋势逆转无疑,投资者应坚决卖出。

(4) 股价突破后反弹至颈线附近是第四卖出点。这一点也是头肩顶最后一个卖出点,但正如前面提到的,这一点有时不会出现,所以面对头肩顶,一定要把握住前面的三个卖出机会,不要把希望都寄托在反扑上面。

对于头肩底来说,底部是第一买入点,右肩是第二买入点,股价向上突破颈线是第三买入点,股价从颈线上方回落至颈线附近是第四买入点。

(二) 持续形态

三角形是一种典型的持续形态,根据其形态的不同,可以分为对称三角形、上升三角形和下降三角形三种形态。

1. 对称三角形

对称三角形的情况大多发生在一个大趋势进行的途中,它表示原有的趋势暂时处于休整阶段,之后还要沿着原趋势的方向继续行动。由此可见,见到对称三角形后,股价今后走向最大的可能是沿原有的趋势方向运动。

从图 7-32 中可以看出,对称三角形有两条聚拢的直线,上面的向下倾斜,起压力作用;下面的向上倾斜,起支撑作用。两直线的交点称为"顶点"。由此可见,对称三角形至少应有四个转折点,图 7-32 中的 A、B、C、D、E、F 都是转折点。不仅如此,正如趋势线的确认要求第三点验证一样,对称三角形一般应有六个转折点,这样上下两条直线的压力或支撑作用才能得到验证。

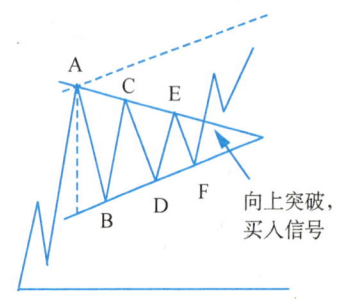 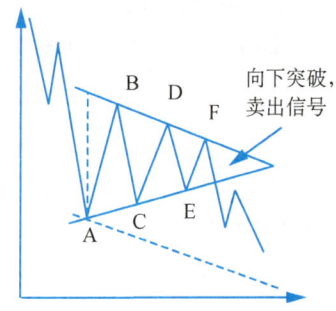

图 7-32　对称三角形

对称三角形只是原有趋势运动途中的休整阶段,所以持续的时间不应太长,如果持续时间太长,则股价保持原有趋势的能力就会下降。一般来说,突破上下两条直线的包围,继续沿原有的方向运动的时间要尽量早些,越靠近三角形的顶点,保持原有趋势的能力就越弱,对投资者进行买卖操作的指导意义就越小。

一般来说,对称三角形突破的位置应在三角形横向宽度的二分之一至四分之三的某个点,这样投资者可以大致测算出其要突破的时间范围。三角形被有效突破后,可以通过如下方法来测算其未来涨跌幅度:如图 7-32 所示,过 A 点作平行于下方(上方)直线的平行线,图中的斜虚线是股价今后至少要达到的位置。需要说明的是,对称三角形本身并没有方向,其方向是由其所处的股价趋势所决定的,即上升趋势中的对称三角形在突破后仍将向上运行,而下降趋势中的对称三角形在突破后仍将向下运行。

2. 上升三角形

从图 7-33 中可以看到,如果将对称三角形上面的斜线变成水平方向,对称三角形就会变成上升三角形。上面的直线起压力作用,下面的(斜)直线起支撑作用。在对称三角形中,压力和支撑都是逐步加强的。一方越压越低,另一方越撑越高,看不出谁强谁弱。在上升三角形中,压力是水平的,始终一样,而支撑是越撑越高。由此可见,上升三角形比对称三角形有更强烈的上升意识,多方比空方更为积极。通常以三角形的向上突破作为这个持续过程终止的标志。

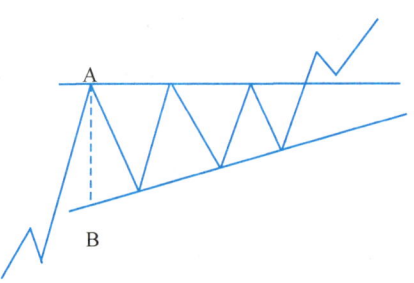

图 7-33　上升三角形

上升三角形突破的时间、位置以及其有效性的判断都与对称三角形类似,这里不再多做说明。

3. 下降三角形

下降三角形同上升三角形正好相反,是看跌的形态。它的基本内容同上升三角形相似,只是方向相反。从图 7-34 中可以很明白地看出下降三角形所包含的内容。

(三) 应用形态理论应注意的问题

形态理论是技术分析理论中较早得到应用的方法,相对来说比较成熟,提供了很多价格运动轨迹的形态。但是,在应用形态理论的时候,还必须考虑以下问题:

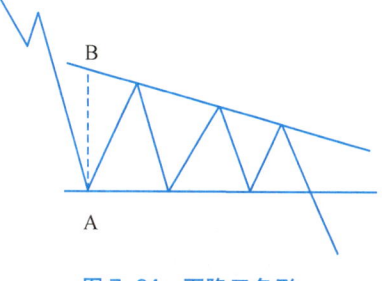

图 7-34 下降三角形

1. 形态的多样性

站在不同的角度,面对不同时间区间的价格形态图形,对同一位置的某个形态可能有不同的解释。比如,一个头肩形可能是某个局部的顶部或底部的反转形态,但是如果从更大的范围来看,它有可能仅仅是一个更大的波动过程中的中途持续形态,比如,它可能是三角形或楔形。对这种波动形态的判断是对波动趋势"层次"的判断。应该用尽可能宽的时间区间来分析,因为时间区间宽的形态所包含的信息更多。

2. 形态真假突破的判断

在进行实际操作的时候,形态理论要等到形态已经完全明朗后才能行动。形态的明朗必然涉及支撑压力线的突破问题,这个问题在支撑压力理论中已经详细阐述了,这里不再重复。

3. 信号"慢半拍"导致获利不充分

形态理论需要等到形态明朗后才行动,这就面临获利不充分的问题。从某种意义上讲,会错失获利机会。甚至可以说,此时利用形态分析已经失去意义。

4. 形态规模的大小影响预测结果

形态的规模是指价格波动所留下的轨迹在时间和空间上的覆盖范围。形态规模大,表明在形态完成的过程中,价格的上下波动所覆盖的区域大,在技术图形上表现出来的就是价格起伏大,从开始到结束所经过的时间跨度长。相反,小规模的形态所覆盖的价格区间小,时间长度也短。对形态规模的大小,可以用几何学中"相似"的概念来解释,规模大的形态是规模小的形态的"放大"。当然,对大小的判断会涉及主观的因素。

从实际应用的角度讲,规模大的形态和规模小的形态都会对行情判断起作用,不能用简单的一句话说清二者的区别。一般来说,规模越大的形态所引出的结论越具有战略的性质,规模越小的形态所引出的结论越具有战术的性质。从形态的度量功能看,规模大的形态高度大,对今后走向预测的深度就必然大。

> **做中学 7-4**
>
> 利用所学知识,分析判断图 7-35 中股票走势。

图 7-35 形态分析

任务六 指标分析

指标分析是指考虑市场行为的各个方面,建立一个数学模型,给出数学上的计算公式,得到一个体现证券市场的某个方面内在实质的数字,这个数字叫指标值。指标值的具体数值和相互关系直接反映证券市场所处的状态,为投资者的操作行为提供指导方向。指标反映的东西有很多是无法从行情报表中直接看到的。目前,证券市场上的各种技术指标数不胜数,如相对强弱指标(RSI)、随机指标(KD)、趋向指标(DMI)、平滑异同移动平均线(MACD)、能量潮(OBV)、心理线(PSY)和乖离率(BIAS)等,这些都是很著名的技术指标,在证券市场中长盛不衰。而且,随着时间的推移,新的技术指标还在不断涌现。

一、周期震荡类指标

周期震荡类指标是反映市场价格波动节律与转折的指标,主要有相对强弱指标、威廉指数和随机指标等。

(一)相对强弱指标

相对强弱指标可以用 RSI 表示,是利用一定时期内平均收盘涨数与平均收盘跌数的比值来反映股市走势的指标。"一定时期"可以选定 5 天、9 天或 14 天等。一般来说,天数选择短,投资者易对起伏的股市更加敏感,做空做多的短期行为增多;天数选择长,投资者对短期的投资机会不易把握。因此,参考 5 天、14 天的 RSI 是比较理智的,当然也可以自己选择更适合自己操作的天数。其计算公式为:

$$相对强度 RS = \frac{n\ 日内上涨幅度的平均数}{n\ 日内下跌幅度的平均数}$$

$$RSI = 100 - \frac{100}{1+RS}$$

一般而言,RSI 的数值在 80 以上和 20 以下为超买超卖区的分界线。

1. 当 RSI 值超过 80 时,表示整个市场力度过强,多方力量远大于空方力量,双方力量对比悬殊,多方大胜,市场处于超买状态,后续行情有可能出现回调或转势,此时,投资者可卖出股票。

2. 当 RSI 值低于 20 时,表示市场上卖盘多于买盘,空方力量强于多方力量,空方大举进攻后,市场下跌的幅度过大,已处于超卖状态,股价可能出现反弹或转势,投资者可适量建仓、买入股票。

3. 当 RSI 值处于 50 左右时,说明市场处于整理状态,投资者可观望。

4. 对于超买超卖区的界定,投资者应根据市场的具体情况而定。通常情况下,RSI 数值在 80 以上就可以称为"超买区",20 以下就可以称为"超卖区"。但有时在特殊的涨跌行情中,RSI 的超卖超买区的划分要视具体情况而定。比如,在牛市中或对于牛股,超买区可定为 90 以上;而在熊市中或对于熊股,超卖区可定为 10 以下(这点是相对于参数设置小的 RSI 而言的,如果参数设置大,则 RSI 很难到达 90 以上和 10 以下)。

(二) 威廉指数

威廉指数又称"威廉超买超卖指数",可以用 WR 表示,主要用于研究股价的波动,通过分析股价波动变化中的峰与谷决定买卖时机。它利用振荡点来反映市场的超买超卖现象,可以预测循期内的高点与低点,从而显示出有效的买卖信号,是用来分析市场短期行情走势的技术指标。其计算公式为:

$$WR = \frac{H_n - C}{H_n - L_n} \times 100$$

其中 C 为当日收市价,L_n 为 n 日内最低价,H_n 为 n 日内最高价,n 一般取 14 日或 20 日。

威廉指数取值在 0~100 变化。由上面的公式可知,当目前收市价接近 n 日内最高价时,WR 变小,超买严重,应当卖出;而当目前收市价接近 n 日内最低价时,WR 变大,应考虑买入。一般的判断规则有:

1. WR 值为 20 的线为卖出线,WR 值为 80 的线为买入线,当 WR 值突破买入线或跌穿卖出线时为买入、卖出信号。

2. WR 值为 50 的线为中值线。当 WR 值由大到小通过中值线时,买入力量开始增强,可加入买入一方;当 WR 值由小到大通过中值线时,卖出力量开始增强,可加入卖出一方。

威廉超买超卖指数是短线操作的有力工具,反应敏感是其优点,但捕捉不到大行情亦是此类工具的通病,所以配合其他指标使用非常重要。

(三) 随机指标

随机指标在图表上由 K 和 D 两条线表示,因此也简称"KD 线"。它是通过计算当日或近数日的最高价、最低价及收盘价等价格波动的真实波幅来反映价格走势的强弱和超买超卖现象,并在价格尚未上升或下降之前发出买卖信号的一种短期测市工具。随机指标的计算比较复杂,首先要选择周期(n 日、n 周等),再计算当天的未成熟随机值(RSV 值),然后再计算 K 值、D 值、J 值等。

$$未成熟随机值(RSV) = \frac{C - L_n}{H_n - L_n} \times 100$$

其中 C 为今日收盘价;L_n 为 n 日内最低价;H_n 为 n 日内最高价;n 为可选择的参数,通常为 9。

$$当日 K 值 = 当日 RSV \times \frac{1}{3} + 前一日 K 值 \times \frac{2}{3}$$

$$当日 D 值 = 当日 RSV \times \frac{1}{3} + 前一日 D 值 \times \frac{2}{3}$$

计算初期,可以设 K、D 的初值为 50,代替前一日 K、D 值。K、D 值于 50% 左右徘徊或交叉时无意义;D 值<20% 超卖,D 值>80% 超买;K 值由右边向下交叉 D 值做卖,K 值由右边向上交叉 D 值做买;高档连续二次向下交叉确认跌势,低档连续二次向上交叉确认涨势。投机性太强的个股不宜使用 KD 线做判断。

二、多空力量对比类指标

(一) 心理线指标

心理线指标可以用 PSY 表示,是对投资者买卖心理进行分析,研判市场上多、空双方力量强弱,从而为买卖决策提供依据的指标。其计算公式为:

$$PSY = \frac{A}{N} \times 100$$

其中 N 为天数;A 为 N 日内股价上涨的天数;N 的取值视投资者的需要而定,通常可选 10 天、12 天或 24 天。

根据 PSY 的计算公式可以看出,它直接反映的是一段时间以来股价上涨天数所占的比例。如果上涨比例较高,表明投资者心理上倾向于买入,多方力量较强;反之则倾向于卖出,空方力量较强。在应用 PSY 研判行情时,应把握以下几个要点:

1. PSY 的正常波动范围是 25~75。只要在此范围内,可认为市场处于多、空力量相对均衡状态。而超出这一范围,就意味着超买或超卖,行情转化的可能性就会增加。

2. 当 PSY 高于 90 或低于 10 时,是严重的超买或超卖。此时意味着行情即使不反转,至少也会发生回档或反弹,短线可采取行动,实施卖出或买入。

3. 超买的高点或超卖的低点如果连续出现两次,是相当可靠的行情反转信号,可果断卖出或买入。

此外,在使用心理线指标时,最好与股价波动曲线及成交量等指标结合分析,以提高其可靠性。

(二) 趋向指标

趋向指标可用 DMI 表示,主要通过比较股价创新高及创新低的动能来判断买卖双方力量及价格的变动趋势。趋向指标由三条线构成:上升方向线($+DI$)、下降方向线($-DI$)和动向平均线(ADX)。由于该指标的计算过程较为复杂,故计算公式不再列出。在此主要介绍其运用原理。

1. 当 $+DI$ 在低位向上,或 $+DI$ 由下向上穿过 $-DI$ 时,表明买方愿以新高价买入,预示涨势将开始或延续,这是买入信号;反之,当 $+DI$ 在高位向下,或 $+DI$ 由上向下穿过 $-DI$ 时,表明卖方愿以新低价卖出,预示跌势将开始或延续,这是卖出信号。当出现上述两种情况时,ADX 也会转折,所出现的涨跌势加剧。

2. 只要 ADX 持续上升,特别是从 20~30 开始向上,无论行情涨或跌,既定的走势将持续。

3. 当市场涨跌反复循环时,ADX 会逐步下降,跌至 $+DI$、$-DI$ 下方及 20 以下时,市场进入牛皮盘整状态。

4. 当 ADX 由上升转为下降时,也是涨势或跌势将逆转的信号。若同时出现第(1)种情况,结论更可靠。

5. 当 $+DI$ 与 $-DI$ 相交时,ADX 会随后与 $ADXR$ 也相交,这时可能是最后一次买卖机会。

在使用趋向指标时,应注意该指标在行情盘整时往往失效,而在市场涨跌时明朗,即价格持续往某一方面变动时,该指标功效较显著。此外,该指标具有长期性特征,发出的买卖信号不多,一旦把握,赢面较大,不出现信号时,几乎无实用价值。

三、波动趋势类指标

该类指标主要反映股价波动趋势,在市场呈现强烈单边市场时有较高使用价值,一旦市场进入整理,其有效性就大大减弱。这类指标主要包括股价平均线、平滑异同平均线指标、乖离率及抛物线指标等。在这里仅介绍平滑异同平均线指标。

平滑异同平均线指标全称为"指数平滑异同移动平均线指标",可以用 MACD 表示,是通过计算两条不同速度的指数平滑移动平均线之间的离差值来研判股市行情的一种技术分析方法。其基本原理是利用快速与慢速移动平均线聚合与分离的征兆功能,加以双重的平滑计算,从而研判买卖时机。

(一) MACD 的计算原理

MACD 的计算公式比较复杂,所需要的指标也很多,包括快、慢速移动平均线(12 日 EMA、26 日 EMA),快、慢速移动平均线离差值(也称"正负差",即 DIF),离差值的平均值(DEA)。其中 DIF 是核心指标,DEA 是辅助指标。

以 EMA1 的参数为 12 日、EMA2 的参数为 26 日、DIF 的参数为 9 日为例介绍 MACD 的计算过程。

1. 计算移动平均值(EMA)

12 日 EMA 的计算公式为:

$$EMA(12) = 前一日 EMA(12) \times 11 \div 13 + 今日收盘价 \times 2 \div 13$$

26 日 EMA 的计算公式为:

$$EMA(26) = 前一日 EMA(26) \times 25 \div 27 + 今日收盘价 \times 2 \div 27$$

2. 计算离差值(DIF)

$$DIF = 今日 EMA(12) - 今日 EMA(26)$$

3. 计算 DIF 的 9 日 EMA

根据离差值计算其 9 日的 EMA,即离差平均值,该值是所求的 MACD 值。为了不与指标原名相混淆,此值又名 DEA 或 DEM。

$$今日 DEA(MACD) = 前一日 DEA \times 8 \div 10 + 今日 DIF \times 2 \div 10$$

计算出的 DIF 和 DEA 的数值均为正值或负值。

理论上,在持续的涨势中,12 日 EMA 线在 26 日 EMA 线之上,其间的正离差值(+DIF)会越来越大;反之,在跌势中离差值可能变为负数(-DIF),绝对值也会越来越大;而在行情开始好转时,正负离差值将会缩小。MACD 指标正是利用正负离差值

($\pm DIF$)与离差值的 N 日平均线(N 日 EMA)的交叉信号作为研判买卖时机的依据,即再度以快、慢速移动线的交叉原理来分析买卖信号。另外,MACD 指标在股市软件上还有一个辅助指标——BAR 柱状线,其公式为:$BAR = 2 \times (DIF - DEA)$,可以利用 BAR 柱状线的收缩来决定买卖时机。

离差值 DIF 和离差平均值 DEA 是研判 MACD 的主要工具。其计算方法比较繁琐,由于目前这些计算值都会在股市分析软件上由计算机自动完成,因此,投资者只要了解其运算过程即可,更重要的是掌握它的研判功能。另外,和其他指标的计算一样,由于选用的计算周期的不同,MACD 指标也包括日 MACD 指标、周 MACD 指标、月 MACD 指标、年 MACD 指标以及分钟 MACD 指标等各种类型。经常被用于股市研判的是日 MACD 指标和周 MACD 指标。虽然它们计算时的取值有所不同,但基本的计算方法一样。

在实践中,将各点的 DIF 和 DEA(MACD)连接起来就会形成在零轴上下移动的两条快速(短期)和慢速(长期)线,此即为 MACD 图。

从 BAR 计算公式中可以看出,BAR 是 DIF 和 MACD 的差距,在分析软件中,将 BAR 画成柱状线,分为绿色和红色两种,BAR 的大小反映了 DIF 与移动平均值 MACD 之间的差距。红线越长意味着空方优势越大。

(二) MACD 的应用法则

1. 牛熊判断

DIF 和 MACD 值都在零线上方为牛市,反之为熊市。

2. 买入信号

DIF 上穿 MACD 为买入信号。如果上穿发生在零线上方,则是牛市发出的买入信号,为强势买入信号,可靠性高;如果上穿发生在零线下方,则是熊市发出的买入信号,为弱势买入信号,可靠性低,为空方补仓机会。

3. 卖出信号

DIF 下穿 MACD 为卖出信号。如果下穿发生在零线下方,则是熊市发出的卖出信号,可靠性高;如果下穿发生在零线上方,则是牛市发出的卖出信号,可靠性低,为多方获利了结机会。

4. 背离信号

MACD 作为最重要的市场趋势指标之一,对于市场主要趋势的预测相当标准,尤其是其与股价的背离走势更是原趋势发生逆转的主要信号。MACD 指标与股价的背离走势有两种,即顶背离与底背离。顶背离是指股价一峰比一峰高,而 MACD 却一峰比一峰低,是股价由上升转为下降的预警信号。底背离是指股价指数逐波下行,而 MACD 逐波上升,预示着股价即将上涨。

5. MACD 曲线的形态分析

MACD 的走势也同 K 线一样,会形成各种各样的形态,典型的如双头和头肩顶等,形态分析等有关分析完全适用于 MACD 曲线。

(三) MACD 指标的缺点

1. 由于 MACD 是一项中、长线指标,买进点、卖出点和最低价、最高价之间的价差较大。当行情变化幅度太小或盘整时,按照信号进场后随即又要出场,买卖之间可能没有利润,也许还要赔点价差或手续费。

2. 股价在一两天内涨跌幅度特别大时,MACD 来不及反应。因为 MACD 的移动相当缓和,比较行情的移动有一定的时间差,所以一旦行情迅速大幅涨跌,MACD 不会立即产生买卖信号。此时,MACD 无法发挥作用。

做中学 7-5　　　　运用技术指标 MACD 分析买卖信号

运用所学知识,对图 7-36 中的股票进行技术分析。

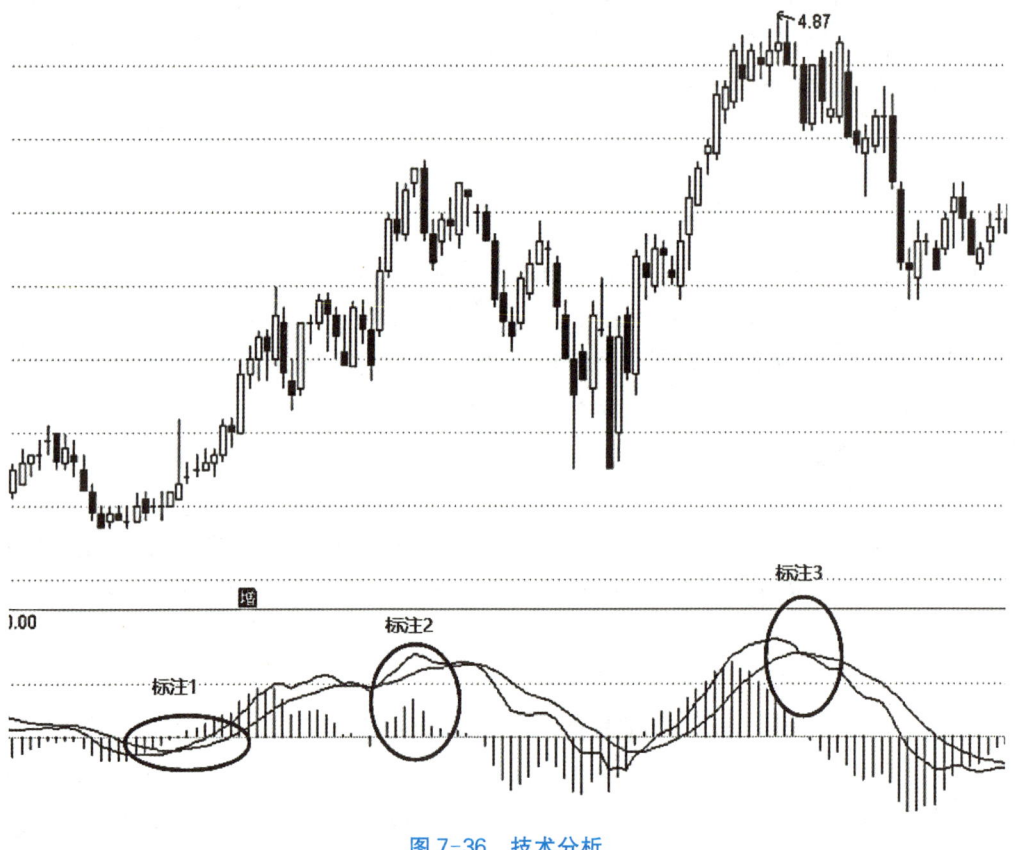

图 7-36　技术分析

分析提示: 标注 1 处 DIF 上穿 DEA,柱状线 BAR 由负值转为正值,为买入信号。标注 2 处股价创出阶段新高,但柱状线 BAR 未创新高,股价有回调风险。标注 3 处 DIF 下穿 DEA,为卖出信号。

四、量价关系类指标

这类指标包括均量线、净量线（能量潮）和量价线等指标。由于价格的变动与成交量密切相关，因此反映量价关系的指标对行情分析有很大参考价值。

（一）均量线指标

均量线是一种反映一定时期内市场平均成交情况亦即交投趋势的技术性指标。均量线参数分别设为5日、10日和40日。一般来说，如果5日、10日与40日均量线均向上运行，特别是40日均量线刚刚从止跌企稳状态中勾头向上，则说明本轮上攻行情刚刚启动。投资者可以大胆买入，买入点可以选在股价回调、成交量大幅缩小之后。在一轮主升浪当中，仅用10日均量线也可以寻找出买入信号，即在10日均量线走出圆弧底形态时可以考虑买入。

该指标的计算方法类似于股价移动平均线，只是样本由股价转为成交量，同时它们的运用原理也大致相似。当短期均量线上穿长期均量线时为买入信号；反之，为卖出信号。只要多头排列状况不变，行情持续向好；反之，出现了空头排列，行情则持续看弱。当出现成交量急剧放大或缩小的情况时，应注意转折的出现。

由于量在价先，因此这一指标和股价均线指标相比会超前发出信号，从而更有参考价值。如果均量线上升乏力或走平向下，股价却仍上涨，应注意量价顶背离的卖出信号；相反，均量线走平向上，而股价仍下行时，应注意量价底背离的买入信号。

（二）净量线指标

净量线指标是用以反映股市变动能量水平的指标，也称"能量潮指标"、人气指标，用OBV表示。净量线指标是将成交量数量化，制成趋势线，配合股价趋势线，从价格的变动及成交量的增减关系，推测市场情况。其主要理论基础是市场价格的变化必须有成交量的配合，股价的波动与成交量的扩大或萎缩有密切的关联。通常股价上升所需的成交量较大；下跌时，成交量可能放大，也可能较小。价格升降而成交量不发生相应升降，则市场价格的变动难以为继。其计算公式为：

$$今日OBV = 昨日OBY + SGN \times 今日成交量$$

其中SGN是符号函数，只有$+1$或-1两个值，如果今日收盘价高于或等于昨日收盘价，则其值为$+1$；如果今日收盘价低于昨日收盘价，则其值为-1。第一次计算OBV时，昨日OBY的值可以取0。

将逐日的OBV计算出来，在以时间为横坐标、成交量为纵坐标的坐标系上将其标出并逐点连接，形成OBV线，通过OBV线可以动态、连续地观察OBV的变化情况。

在应用OBV时，要与股价实际趋势比较，并把握以下要点：

1. 股价上升，OBV 也相应上升；股价下跌，OBV 也相应下跌。此时意味着当前的趋势仍将延续。

2. 股价上升或下降，OBV 却并未同向变化，甚至出现相反情形，则为背离现象，表明在能量意义上，当前趋势已难以维持，有可能出现趋势变化。

3. 在股价处于高位且不再有显著上升甚至开始下降，而 OBV 仍在大幅度上升甚至创出新高时，或者股价处于低位且不再有显著下跌甚至开始缓慢回升时，OBV 开始增大，通常是趋势反转的信号，可以卖出或买进。

4. 股价长期在低位区盘整，原本很低的 OBV 开始缓缓上升或突然增大，意味着股价底部形成，可以立即买入；股价长期在高位区盘整，原本很低的 OBV 突然大幅度提高，而股价则呈下落态势，意味着上升趋势已经结束，应当立即卖出。

由于 OBV 本身不能说明股价当前究竟处于相对高位还是相对低位，且只是以收盘价作为计算口径，不能反映各个时间段的成交水平，因而一般需要结合其他技术指标应用。

五、加权指数成交值

加权指数成交值可用 TAPI 表示，其含义是每变动一个指数所引起的成交值变动状况。其计算较为简单，公式为：

$$TAPI = \frac{每日成交值}{当日加权指数}$$

其应用原理如下：

第一，TAPI 随指数上涨而扩大、随指数下跌而缩小为正常现象。当股指创新高，TAPI 随之创新高，表明量价配合，涨势将持续；而股指创新低，TAPI 随之减小，亦表明跌势持续。

第二，若 TAPI 与股指走势发生背离，提示行情将发生转折。若指数创新高，而 TAPI 上升势头减弱甚至下跌，为卖出信号；反之，指数创新低，TAPI 下跌势头减弱甚至上涨，为买入信号。

由于 TAPI 无确定的高低点，参数的设置也有随机性，因此不能单独使用，应更注重形态变化特点及与其他指标的配合使用。

💡 技能综合实训

环境要求：电脑、网络、股市行情软件。

实训任务一

利用形态分析、MACD 分析对下图股票走势进行分析。

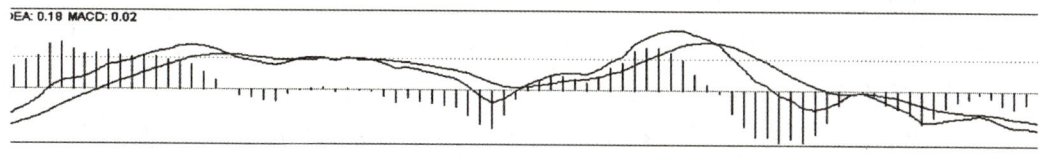

实训任务二

利用均线分析、PSY 分析对下图股票走势进行分析。

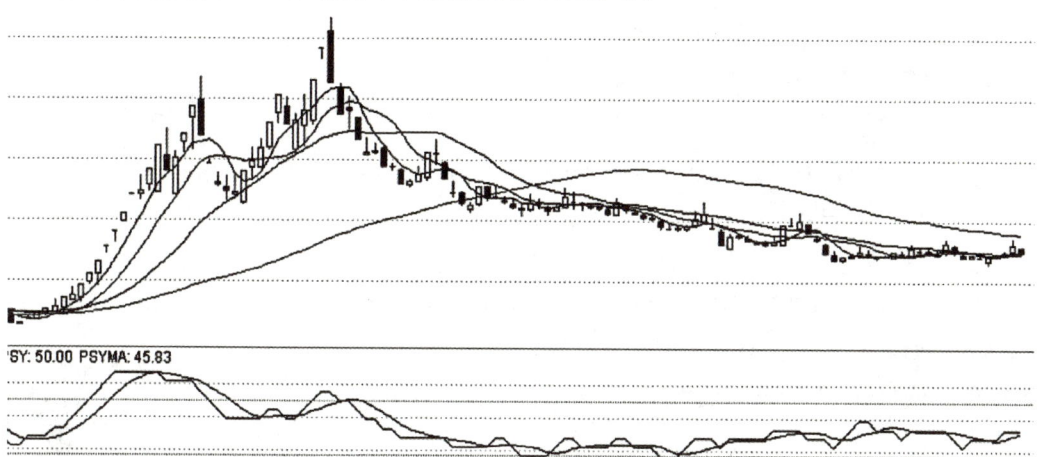

实训指导： 结合股市行情软件，分析技术指标发出的信号，提供具体操作建议。

即测即评

一、单项选择题

1. 头肩顶形态的形态高度是指（   ）。
   A. 头的高度　　　　　　　　　B. 颈线的高度
   C. 头到颈线的距离　　　　　　D. 左右肩连线的宽度

2. 在实际应用 MACD 时，常以（   ）日 EMA 为快速移动平均线，（   ）日 EMA 为慢速移动平均线。
   A. 12，26　　　B. 13，26　　　C. 26，12　　　D. 15，30

3. 技术分析主要技术指标中,( )的理论基础是市场价格的有效变动必须有成交量配合。

A. PSY B. KDJ C. OBV D. WMS

4. 趋势分析中,趋势的方向不包括( )。

A. 上升方向 B. 下降方向 C. 水平方向 D. V形反转方向

二、多项选择题

1. 下列属于趋势型技术指标的有( )。

A. MA B. MACD C. RSI D. WMS

2. 关于移动平均线,下列说法正确的有( )。

A. 当股价线仍在平均线上方,股价下跌却并未跌破平均线且立刻反转上升时,为买进信号

B. 当股价虽跌破平均线,但又立刻回升到平均线上,平均线仍持续上升时,为买进信号

C. 当股价暴跌,跌破平均线,且远离平均线,则极有可能止跌反弹,为买进时机

D. 当股价暴涨,突破平均线,且远离平均线,则极有可能回档调整,为卖出时机

3. 关于 MACD 指标,下列说法正确的有( )。

A. 如果 DIF 和 MACD 值都在零线上方,则为牛市

B. DIF 上穿 MACD 为买入信号

C. DIF 下穿 MACD 为卖出信号

D. 一两天内涨跌幅度特别大时,MACD 反应非常快速

三、业务分析题

请用多个指标分析科伦药业(002422)2022 年 7 月 4 日至 2023 年 1 月 10 日的股价走势,撰写一篇 200 字左右的分析评论。

项目八 证券投资策略与风险防范

思维导图

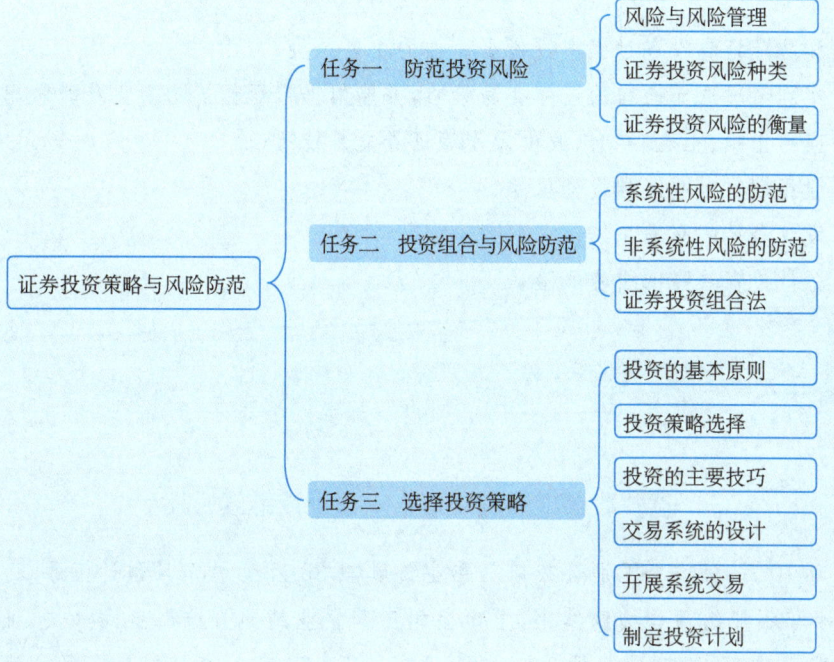

项目描述

收益与风险是投资者进行投资时最需要关心的核心要素,采取适当的交易策略、技巧和风险防范措施,对于投资者提高投资收益和控制交易风险至关重要,基于这一考虑,投资者需要掌握投资策略与风险防范的相关知识。投资必须遵循一定的原则和具体包括自有资金原则、投资分散组合原则、收益与风险的最佳结合原则、精力充沛原则和目标适度原则。投资的主要技巧有止损、止盈、波段操作、分批操作和补仓。就投资风险的来源与构成来看,投资风险可分为系统性风险和非系统性风险。系统性风险包括政策性风险、经济周期波动风险、利率风险和购买力风险。非系统性风险包括信用风险、经营风险、财务风险和流动性风险。

学习目标

▶ 知识目标

1. 理解投资的基本原则;
2. 理解系统性风险和非系统性风险的内涵;
3. 熟悉系统性风险和非系统性风险的防范策略。

▶ 能力目标

1. 能识别和防范证券投资过程中投资者面临的主要风险;
2. 能根据实际情况选择恰当的证券交易策略,并能依据市场行情的变化及时做出调整;
3. 能熟练应用止损、止盈、补仓、波段操作等证券交易技巧;
4. 能运用股指期货对冲证券投资风险;
5. 能初步设计自己的交易系统;
6. 能运用分散投资法降低投资风险。

情境导入

这些股票连亏两年后 三季报或继续亏损

2019年10月,48只ST股公布前三季业绩预告,36只预亏,7只预计扭亏。

随着半年报业绩预告披露结束,上市公司三季报业绩预告披露步伐加快,证券时报数据宝统计显示,截至2019年9月2日,沪深两市已有469家上市公司公布了今年前三季度业绩预告,部分ST股也公布了前三季度业绩预告。

1. 7只ST股三季报预计扭亏

两市共有近48只ST股公布了前三季业绩预告。业绩预告类型显示,预亏的有36只,扭亏的有7只,此外1只预增、1只预降、3只不确定。以预告净利润中值来看,前三季净利润最高的是ST冠福,预计实现净利润8亿元,其次是ST天润、ST东海洋,前三季预计净利润中值分别为1亿元、0.37亿元。

值得注意的是,预计扭亏的 7 股中,*ST 罗普、*ST 宇顺、*ST 毅昌、*ST 德奥 4 股已连续亏损两年。*ST 罗普于 2019 年 5 月 6 日遭披星戴帽,前三季度预计实现归属净利润中值约为 3 650 万元,同比扭亏为盈。业绩变动的原因为,公司于 2018 年底出售两家亏损的全资子公司(铭德、铭携),产生的投资收益于本报告期内确认,同时该两家子公司自 2019 年 1 月 1 日起不再纳入公司合并报表范围,导致报告期内净利润较去年同期大幅增长。

2. 16 只连续亏损股三季报预亏

业绩预计亏损的 ST 公司中,除未披露亏损额范围的个股外,预计亏损金额最多的是*ST 凯迪,前三季预计亏损中值为 13.5 亿元;其次是*ST 利源、ST 银亿,预计亏损金额分别为 11 亿元、8 亿元。ST 准油预计前三季度亏损的额度相对最小,预计净利润亏损中值为 35 万元。

从 7 月以来行情来看,除暂停上市股外,其余 33 股期间平均下跌 14.27%,大幅跑输沪指。仅*ST 升达、ST 准油、ST 安通、ST 慧球 4 股期间上涨。

其中*ST 信威累计跌幅最大,区间下跌 85%。该股停牌 930 天后于 7 月 12 日复牌,复牌后连续遭遇 37 个跌停板。*ST 信威此前曾是上证 50 成分股,市值曾一度突破 2 000 亿元,并一度被纳入 MSCI 中国 A 股指数。

值得注意的是,在预计前三季度净利亏损的 ST 股中,有 16 股已连续亏损 2 年。其中,前三季度净利润预计降幅最大的是*ST 索菱,该股上半年亏损 1.09 亿元,预计前三季度亏损 1.4 亿元至 1.85 亿元。由于对之前的会计差错进行更正,使得索菱股份公司 2017 年、2018 年连续两年归属于母公司所有者的净利润为负值。

思考与讨论

你认为股票投资可能存在哪些风险?应该如何防范?

任务一 防范投资风险

一、风险与风险管理

(一) 风险概述

1. 风险的定义

一般认为,风险是指在特定客观情况下,在特定期间内,某一事件预期结果与实际结果间的变动程度。变动程度越大,风险越大;变动程度越小,风险越小。资产的风险是由于资产收益率的不确定性,其大小可用资产收益率的离散程度来衡量,离散程度是指资产收益率的各种可能结果与预期收益率的偏差。

2. 风险的特征

(1) 风险是客观存在的。风险是不依赖于人们的主观愿望而客观存在的。风险是导致风险的各种因素作用的结果,这些因素是客观存在的,所以风险是客观存在的。

(2) 风险具有损害性。投资者总是从风险的不利影响或不愿看到的结果谈及风险,不确定性因素有时会带来损失,有时会带来收益,但风险主要涉及可能发生的损失,是不确定性因素消极的、造成损害的可能性。

(3) 风险具有可测定性。运用现代数理统计方法,通过计算预期收益与方差,可以表示风险的大小。因为对于某种具体的投资,实际收益与预期收益的偏差是符合一定统计规律的,可以通过概率的方法来表示,然后再通过一定的数理推导,估算出风险的大小。

(4) 风险与收益具有对立统一性。风险与收益是矛盾的两方面,既对立又统一,高风险要求的是高收益,低风险对应的必然是低收益,这是市场经济自由竞争导致的结果。如果存在某项投资,具有低风险高收益的特征,那么在完全竞争的市场条件下,会有更多的投资者投资于该领域,导致投资品价格上涨,相应地,其收益率下降,直到达到与风险相当的收益水平。投资者要在不同的风险与收益均衡点上找到使资产效用达到最大的风险与收益组合。

(二) 风险管理概述

1. 风险管理的定义

风险管理是研究风险发生规律和风险控制技术的一门新兴管理科学,指各经济单位通过风险识别、风险估测、风险评价,并在此基础上优化组合各种风险管理技术,对风险实施有效控制和妥善处理风险所致的损失的过程,期望以最小的成本获得最大的安全保障。

2. 风险管理的基本程序

(1) 风险识别。风险识别是风险管理的第一步,是指对所面临的以及潜在的风险加以判断、分类和鉴定风险性质。对风险的识别一方面可以通过感性认识和经验进行判断,另一方面,也是更重要的,是必须对各种客观的会计、统计资料进行分析、归纳和整理,来发现各种风险的损害情况。

(2) 风险估测。风险估测是指在风险识别的基础上,通过对收集的大量资料加以分析,运用概率论和数理统计方法,估计和预测风险发生的概率和损失程度。风险估测是一项极其复杂和困难的工作,但它是风险管理中不可缺少的一环。它的意义在于不仅使风险管理建立在科学的基础上,而且使风险分析定量化,为选择最佳管理技术提供较可靠的依据。

(3) 风险评价。风险评价是用某一尺度衡量风险的程度,以便确定风险是否需要处理和处理的程序。处理风险需发生一定的费用,若所发生的费用超过由于风险事故所造成的损失,这样的处理措施就不值得采取。只有通过风险评价,才能判定为处理风险所支出的费用是否有效益。风险管理者不应期望处理面临的所有风险,企图使风险降到零。这在理论上不可能实现,在实务上其花费也将是巨大的。

(4) 选择风险管理技术。风险管理技术分为两类,一类为控制型技术,另一类为财务型技术。前者是为了避免、消除和减少意外事故发生的机会,采取限制已发生损失继续扩大的一切措施,重点在于改变引起意外事故和扩大损失的各种条件;后者则是在实施控制型技术后,对无法控制的风险所做的财务安排,这类技术的核心是将消除和减少风险的成本均匀地分布在一定时期内,以便减少因随机巨大损失而引起的财务上的波动。

(5) 风险管理效果评价。风险管理效果评价是指对风险管理技术适用性及收益性情况的分析、检查、修正与评估。由于风险的性质具有可变性、人们认识水平具有阶段性以及风险管理技术处于不断完善的过程中,因此需要对风险的识别、估测、评价以及管理技术进行定期检查、修正,使选择的风险管理技术适应现实情况的需要,从而保证管理技术的效用最大化。

(6) 风险管理周期。风险管理周期是指风险管理的五个阶段,即风险识别、估测、评价、技术选择和效果评价,是一个周而复始、循环往复的过程。

二、证券投资风险种类

投资是一种风险性活动,一般而言,投资风险是指预期收益变动的可能性及变动幅度,也有人称之为收益的不确定性。就投资风险的来源与构成来看,投资风险可分为系统性风险与非系统性风险。

(一) 系统性风险

系统性风险是指由某种全局性因素引起的投资收益的可能变动,这种因素以同样的方式对所有投资行为的收益产生影响。在证券市场中,所有企业都会受到全局性因素的影响,这些因素包括社会、政治和经济等各个方面,由于其来自企业外部,是单一企业无法抗拒和回避的,因此也称"不可回避风险"。同时,这些不同因素会对不同企业产生不同程度的影响,不能通过多样化投资而分散,因此又称"不可分散风险"。根据影响证券市场的共同因素的来源不同,可将系统性风险分为政策性风险、经济周期波动风险、利率风险和购买力风险等。

1. 政策性风险

政策性风险是指政府有关证券市场的政策发生重大变化或是重要的法规、举措出台而给投资者带来的风险。

证券市场在一国经济生活中处于非常重要的地位,各国政府一般都会采取一定的手段与措施对本国证券市场进行规划与管理。政府关于证券市场的规划与政策应该是长期稳定的,在规划与政策既定的前提条件下,政府应运用法律、经济和行政手段引导证券市场健康有序地发展。但在某些特殊情况下,政府的政策会对证券市场价格产生较大的影响,从而改变证券市场的运行轨迹。

2. 经济周期波动风险

经济周期波动风险是指证券市场行情变动而引起的风险。经济周期就是国民收入及经济活动的周期波动,经济活动的周期性波动是经济发展的客观规律,这种周期性波动决定了企业的发展和效益,从而从根本上决定了投资工具,尤其是证券行情的变动趋势。这种行情变动对于证券市场而言,是行情长期趋势的改变。证券行情变动受到多种因素影响,但经济周期变动是根本性因素。证券行情随着经济周期的循环而起伏变化,总体趋势可分为看涨市场(多头市场、牛市)和看跌市场(空头市场、熊市)两大类型。在看涨市场中,绝大多数证券价格均为上升,只不过幅度不同,同样,在看跌市场中,绝大多数证券价格均为下降,幅度也有所不同。也就是说,经济周期波动对于不同证券的价格走势都会造成类似的影响,因而是一种典型的系统性风险。

一般来说,证券市场行情走势与经济周期是同方向变动的,但证券市场行情走势要领先于经济周期,也就是说,在经济活动未到低谷之前,证券价格已到最低点,在经济活动未到高峰之前,证券价格已达到最高点,对于这一点,投资者要有足够的认识和心理准备。

3. 利率风险

利率风险是指市场利率变动引起投资收益变动的风险。一般来说,利率与投资工具价格呈反方向变动,即利率上升,价格水平下降;利率下降,价格水平上涨。利率会从两个方面影响价格:一是改变资金流向,当市场利率提高时,一部分投资者会将资金从投资市场转移至银行储蓄,相反,当市场利率下降时,一部分投资者会将资金从银行储蓄转移至投资市场;二是影响公司的盈利,利率提高意味着公司融资成本的提高,会导致公司盈利水平下降,相反,利率下降意味着融资成本的下降,会促使公司盈利水平提升。

同时,利率是中央银行重要的货币政策工具,中央银行会根据经济发展的需要来调控市场利率水平,因此,当中央银行调整利率时(如调整贴现率),证券价格会对此有灵敏的反应。利率除了从上述两方面对证券价格产生影响,还会对投资者的信心产生重大影响,央行提高利率,说明管理层有意要抑制证券价格的上升趋势,反之,央行降低利率,说明管理层有意要刺激证券市场,促进证券价格上升。

4. 购买力风险

购买力风险又称"通货膨胀风险",是指由于通货膨胀、货币贬值给投资者带来的实际收益水平下降的风险。在通货膨胀严重的情况下,物价普遍上涨,社会经济运行秩序混乱,企业生产经营的外部条件恶化,证券市场也难免深受其害,所以购买力风险是难以回避的。购买力风险对不同证券的影响是不同的,最容易受其损害的是固定收益投资工具,如优先股、债券等,因为这类投资工具的名义收益率是固定的,当通货膨胀率升高时,其实际收益率(实际收益率=名义收益率-通货膨胀率)就会明显下降,所以固定利息率和股息率的证券购买力风险较大。

(二) 非系统性风险

非系统性风险是指只对某个行业或个别公司产生影响的风险,它通常由某一特殊因素引起,与整个投资市场的价格不存在系统、全面的联系,而只对个别或少数证券的收益产生影响。产生非系统性风险的原因主要是一些直接影响企业经营的因素,如公司管理能力的降低、产品产量和质量的下滑、市场份额的减少、技术装备和工艺水平的落后、原材料价格的提高以及个别上市公司发生了不可测的天灾人祸等。这些事件的发生导致上市公司经营利润下降甚至发生亏损,从而引起股价的向下调整。非系统性风险可分为信用风险、经营风险、财务风险和流动性风险等。

1. 信用风险

信用风险又称"违约风险",是指证券发行人在证券到期时无法还本付息而使投资者遭受损失的风险。证券发行人如果不能支付债券利息、优先股股息或偿还本金,哪怕仅仅是延期支付,都会影响投资者的利益,使投资者失去再投资或获利的机会,遭受损失。信用风险实际上揭示了发行人在财务状况不佳时出现违约和破产的可能,它主要受证券发行人的经营能力、盈利水平及规模大小等因素的影响。债券、优先股、普通股都可能有信用风险,但程度各有不同。对此,投资者要有清醒的认识和判断。

2. 经营风险

经营风险是指公司的决策人员和管理人员在经营管理过程中出现失误而导致公司盈利水平发生变化,从而使投资者预期收益下降的风险。

经营风险来自内部因素和外部因素。就公司内部来说,项目投资决策失误、技术发展方向错误以及公司主要领导者更替等均会导致公司面临较大的经营风险;就公司外部来说,政府的产业政策调整、竞争对手增强等因素也极有可能使公司面临较大的经营风险。公司的经营状况最终表现为盈利水平的变化和资产价值的变化,经营风险主要通过盈利的变化产生影响，对不同证券的影响程度有所不同。经营风险是普通股股票面临的主要风险，一般来说，公司盈利变化既会影响股息收入，又会影响股票价格：当公司盈利增加时，股息增加，股票价格上涨；当公司盈利减少时，股息减少，股价下降。

做中学 8-1　从钾肥之王到A股亏损王：失败的多元化之路

2020年1月10日，*ST盐湖发布公告，称公司2019年亏损额为432亿元到472亿元之间。回望2018年年报，A股亏损第一股——天神娱乐，也不过亏了72亿元。一家全年营收都不到180亿元的公司，它是怎么亏损400多亿元的？

和很多巨亏的公司不同的是，盐湖股份的核心业务非常赚钱，作为一家老牌上市公司，其核心业务是生产钾肥。公司位于格尔木，坐拥察尔汗盐湖丰富的氯化钾资源，这里的氯化钾占全国已探明氯化钾储量的一半以上，公司钾肥产能占全国产能的60%以上。2019年，公司的钾肥业务仍然能做到高达75%的毛利率，在A股上市公司中排名非常靠前。为了充分利用察尔汗盐湖宝贵的自然资源，盐湖股份选择了多元化之路，融资数百亿元进军镁钠业务。其中，盐湖镁业建设的金属镁一体化项目实际投入超过400亿元。该项目不但投资巨大，而且是在青藏高原盐湖地区的特殊环境下作业。公司严重低估了工程的建设难度，一年只有半年能施工，工期不断延长，还要增加大量环保装置。该项目原计划投资约200亿元，结果不断追加投资，实际投入超过400亿元。同时，基于对当地脆弱生态环境的保护要求，区域内的煤矿开采全部被叫停，采购不到足够的生产用煤，而天然气、铁路运输价格也上涨了许多，最终导致建好的金属镁一体化项目频繁停工，生产成本远高于行业水平，陷入"开工即亏损"的窘境。化工板块项目的命运也差不多，由于当地严格的"限煤令"，导致天然气的需求量猛增，化工项目所需的天然气供应不足，无法满负荷运行，到了供暖季节只能保证30%的运行负荷，结果生产成本远高于行业水平。

盐湖股份金属镁一体化项目的初衷是资源的物尽其用，但是项目产业链过长致使后续投资和问题过多，最终造成骑虎难下、实际投资层层加码的局面。巨额的折旧和财务费用不仅侵蚀了公司利润，还将整个公司拖入了亏损和债务的泥潭。

3. 财务风险

财务风险是指因财务结构不合理、融资不当而导致投资者预期收益下降的风险。负债经营是现代企业应有的和主要的经营策略，通过负债经营可以弥补自有资本的不足，还可以用借贷资金来实现盈利。股份公司在营运中所需要的资金一般都来自发行股票和债务两个方面，其中债务的利息负担是一定的，如果公司负债过大，或是公司的资产利润率低于利息率，就会使股东的可分配利润减少，股息下降，使股票投资的财务风险增加。发行股票筹集资金的成本虽不是确定的，但如果公司发行股票筹集资金的利润率偏低，导致公司的分红派息政策受到影响，就会影响投资者的持股信心。

4. 流动性风险

流动性风险指的是由将资产变成现金方面的潜在困难而造成的投资者收益不确定的

风险。一种股票在不做出大的价格让步的情况下卖出的困难越大,则拥有该种股票的流动性风险越大。在流通市场上交易的各种股票当中,流动性风险差异很大,有些股票极易脱手,市场可在与前一交易日相同的价格水平上吸收大批量的该种股票交易。如美国的通用汽车公司、埃克森美孚公司股票,每天成交成千上万手,表现出极大的流动性,对于这类股票,投资者可轻而易举地卖出,在价格上不引起任何波动。而另一些股票在投资者急着要将它们变现时则很难脱手,除非在价格上做出很大让步。当投资者打算在一个没有什么买主的市场上将一种股票变现时,就会掉进流动性陷阱。

三、证券投资风险的衡量

自从20世纪50年代现代证券投资组合理论创立以来,证券风险被认为是证券收益的波动,衡量这个波动的方法就是计算证券收益的方差或标准差。标准差越大,风险越大;标准差越小,风险就越小。与传统风险概念相比,现代风险概念可用数学方法精确地刻画。衡量证券投资风险的主要指标有:

(一) 风险溢价

风险溢价是指风险补偿机制,即如果一项投资面临的风险比较大,它相应地就需要较高的报酬率,风险与收益成正比。证券投资风险溢价是相对于无风险报酬而言的,一般用投资的市场收益率(r)与无风险收益率或期望市场收益率(r_f)之间的差异来表示,即 $r-r_f$。比如,某项投资1年的市场收益率(r)为10%,1年期国库券的收益率(r_f)为7%,则该项投资的风险溢价为:$r-r_f=10\%-7\%=3\%$。风险溢价与投资收益、投资风险成正比。

(二) 期望市场收益率

要衡量风险,首先必须了解期望市场收益率,因为它是测量不确定性大小的基准。期望市场收益率是未来所有可能获得的收益率的加权平均数,其权数就是每种可能获得的收益率的概率。因此,期望市场收益率也就是数学中所说的"收益的数学期望值"。其公式为:

$$E(R)=\sum_{i=1}^{n}P_iR_i$$

其中 $E(R)$ 为期望市场收益率,P_i 为第 i 种结果出现的概率,R_i 为第 i 种结果的资产收益率。

(三) 收益率方差

收益率方差用来表示资产收益率的各种可能值与其期望值之间的偏离程度。用公式表示为：

$$\delta^2 = \sum_{i=1}^{n}[R_i - E(R)]^2 \times P_i$$

(四) 收益率标准差

收益率标准差是收益率方差的平方根。用公式表示为：

$$\delta = \sqrt{\sum_{i=1}^{n}[R_i - E(R)]^2 \times P_i}$$

收益率方差和标准差之所以能衡量投资的风险，其道理是风险产生于对未来的不确定性，这种不确定性导致了预期收益的变动性。变动性越大，不确定性也越大；变动性越小，就越容易确定其价值。而方差或标准差的作用在于衡量一个数列变动性的平均大小。因此，利用证券各年收益率的资料来计算其标准差，即可表示出其各年收益率变动性的大小，从而衡量投资于该证券的风险程度，以供投资决策者参考。

(五) 标准离差率

标准离差率是收益率的标准差与期望值之比，也称为"变异系数"。其计算公式为：

$$V = \frac{\delta}{E(R)}$$

做中学 8-2

川东煤气公司和旺百玩具公司股票的收益率及其概率分布情况见表 8-1，试分别计算两个公司的期望收益率、标准差和标准离差率，并根据计算结果比较两个公司股票风险的大小。

表 8-1 川东公司和旺百公司股票收益率的概率分布

经济情况	该种经济情况发生的概率(P_i)	收益率	
		川东公司	旺百公司
繁荣	0.20	30%	90%
一般	0.60	20%	20%
衰退	0.20	10%	−50%

1. 计算两个公司的期望收益率

$E(R_{川东}) = P_1R_1 + P_2R_2 + P_3R_3 = 30\% \times 0.20 + 20\% \times 0.60 + 10\% \times 0.20 = 20\%$

$E(R_{旺百}) = P_1R_1 + P_2R_2 + P_3R_3 = 90\% \times 0.20 + 20\% \times 0.60 + (-50\%) \times 0.20$
$\qquad\qquad = 20\%$

两公司期望收益率相同。

2. 计算两个公司的标准差

$$\delta_{川东} = \sqrt{(30\% - 20\%)^2 \times 0.20 + (20\% - 20\%) \times 0.60 + (10\% - 20\%) \times 0.20}$$
$$= 6.32\%$$

$$\delta_{旺百} = \sqrt{(90\% - 20\%)^2 \times 0.20 + (20\% - 20\%) \times 0.60 + (-50\% - 20\%)^2 \times 0.20}$$
$$= 44.27\%$$

标准差越小,风险越小;标准差越大,风险越大。根据这种测量方法,旺百公司的风险大于川东公司。

3. 计算两个公司的标准离差率

$$V_{川东} = 6.32\% \div 20\% \times 100\% = 31.6\%$$

$$V_{旺百} = 44.27\% \div 20\% \times 100\% = 221.35\%$$

标准离差率越小,风险越小;标准离差率越大,风险越大。根据这种测量方法,旺百公司的风险大于川东公司。

(六) β系数

各种证券受市场影响而产生波动的程度存在差异。β分析以β系数来代表某种证券受市场影响而产生的价格波动性的大小,以测定该种证券的风险程度。β系数是衡量某种证券的收益率对于市场的平均收益率的敏感性或反应性的程度指标。β系数大的证券风险大,β系数小的证券风险小。不同β系数大小对应的经济意义见表8-2。

表8-2 β系数的经济意义

β系数	经济意义
β=1	说明该资产的收益率与市场平均收益率呈同方向、同比例变化,即如果市场平均收益率增加(或减少)1%,那么该资产的收益率相应地增加(或减少)1%,也就是说,该资产所含的系统风险与市场组合风险一致
β<1	说明该资产收益率的变动幅度小于市场组合收益率的变动幅度,因此其所含的系统风险小于市场组合的风险
β>1	说明该资产收益率的变动幅度大于市场组合收益率的变动幅度,因此其所含的系统风险大于市场组合的风险

任务二 投资组合与风险防范

风险控制大致可以分为四种:①回避风险,指事先预测风险发生的可能性,分析和判断风险产生的条件和因素,在经济活动中改变方向,设法避开风险;②减少风险,指人们在从事经济活动的过程中,不因风险的存在而放弃既定目标,而是采取各种措施和手段设法降低风险发生的概率,减轻可能承受的经济损失;③留置风险,指在风险已经发生或已经知道风险无法避免和转移的情况下,正视现实,从长远利益和总体利益出发,将风险承受下来,并设法把风险损失减小到最低程度;④分散风险,指投资者借助于各种形式的投资群体合伙参与证券投资,以共同分担投资风险。

一、系统性风险的防范

由于系统性风险会对所有的投资行为都产生影响,因此,系统性风险无法通过分散投资来进行防范与控制。实践当中,利用股指期货进行套期保值是防范与控制系统性风险的主要方法。股指期货就是以某种股票指数为基础资产的标准化的期货合约。买卖双方交易的是一定时期后的股票指数价格水平。在合约到期后,股指期货通过现金结算差价的方式进行交割。

(一) 股指期货的特点

1. 跨期性

股指期货是交易双方通过对股票指数变动趋势的预测,约定未来某一时间按照一定条件进行交易的合约。因此,股指期货的交易建立在对未来预期的基础上,预期的准确与否决定了投资者的盈亏。

2. 杠杆性

进行股指期货交易,不需要全额支付合约价值的资金,只需要支付一定比例的保证金就可以签订较大价值的合约。比如,股指期货交易的保证金为10%,投资者只需支付合约价值10%的资金就可以进行交易。这样,投资者就可以控制所投资金额10倍的合约资产。当然,在收益可能成倍放大的同时,投资者可能承担的损失也是成倍放大的。

3. 联动性

股指期货的价格与其标的资产——股票指数的变动联系极为紧密。股票指数是股指期货的基础资产,对股指期货价格的变动具有很大影响。与此同时,股指期货是对未来价格的预期,因而对股票指数也有一定的引导作用。

4. 高风险性和风险的多样性

股指期货的杠杆性决定了它具有比股票市场更高的风险性。此外,股指期货还存在着特定的市场风险、操作风险等。

(二) 股指期货的功能

1. 风险规避功能

股指期货的风险规避功能是通过套期保值来实现的,投资者可以通过在股票市场和股指期货市场反向操作达到规避风险的目的。股指期货具有做空机制,为市场提供了对冲风险的工具,担心股票市场会下跌的投资者可通过卖出股指期货合约对冲股票市场整体下跌的系统性风险,有利于减轻集体性抛售对股票市场造成的影响。

2. 价格发现功能

股指期货具有价格发现功能,通过在公开、高效的期货市场中众多投资者的竞价,可以形成更能反映股票真实价值的股票价格。期货市场之所以具有价格发现功能,一方面在于股指期货交易的参与者众多,价格形成过程中可以接收来自各方的对价格预期的信息。另一方面在于股指期货具有交易成本低、杠杆倍数高和指令执行速度快等优点,投资者更倾向于在收到市场新信息后,优先在期货市场调整持仓,也使得股指期货价格对信息的反应更快。

3. 资产配置功能

股指期货交易由于采用保证金制度,交易成本很低,因此机构投资者大多将其作为资产配置的手段。比如,一个以债券为主要投资对象的机构投资者认为近期股市可能出现大幅上涨,打算抓住这次投资机会,但由于投资于债券以外的品种有严格的比例限制,不可能将大部分资金投资于股市,此时该机构投资者只需要利用很少的资金买入股指期货,就可以获得股市上涨的平均收益,提高资金总体的配置效率。

我国股指期货交易具体运作由中国金融期货交易所负责,其合约是基于沪深300股指期货设计的,主要内容见表8-3。

表8-3 沪深300股指期货合约表

合约标的	沪深300指数
合约乘数	每点300元
报价单位	指数点
最小变动价位	0.2点
合约月份	当月、下月及随后两个季月
交易时间	9:30—11:30,13:00—15:00
每日价格最大波动限制	上一个交易日结算价的±10%
最低交易保证金	合约价值的8%
最后交易日	合约到期月份的第三个周五,遇国家法定假日顺延
交割日期	同最后交易日
交割方式	现金交割
交易代码	IF
上市交易所	中国金融期货交易所

注:沪深300指数是在上海和深圳证券市场中选取300只A股作为样本编制而成的成分股指数。沪深300指数样本覆盖了沪深市场六成左右的市值,具有良好的市场代表性。沪深300指数是沪深证券交易所第一次联合发布的反映A股市场整体走势的指数。它的推出丰富了市场的指数体系,增加了一项用于观察市场走势的指标,有利于投资者全面把握市场运行状况,也进一步为指数投资产品的创新和发展提供了基础条件。

(三) 利用股指期货规避系统性风险的主要策略

对于股票市场的投资者来说,股指期货最大的作用在于其第一大功能——风险规避功能。投资者利用股指期货进行套期保值有两种策略:买入套期保值(多头套保)、卖出套期保值(空头套保)。

1. 买入套期保值策略

买入套期保值又称"多头套保",是指投资者在某一时刻想要买入股票但资金尚未到位,投资者在预期股价上涨的情况下,为了控制买入股票的成本,而预先在期货市场买入股指期货合约的套保行为。

2. 卖出套期保值策略

卖出套期保值又称"空头套保",是指已持有股票的投资者在预测股价将会下跌时,为避免股价下跌带来的损失而卖出股指期货合约的套保行为。

做中学 8-3   股指期货套期保值案例

2022 年 11 月 29 日,某投资者所持有的股票组合(β 系数为 1)总价值为 500 万元,当时的沪深 300 指数为 3 833 点。该投资者预计未来 3 个月内股票市场会出现下跌,但是由于其股票组合在年末具有较强的分红和送股潜力,于是该投资者决定用 2023 年 3 月份到期的沪深 300 股指期货合约(假定合约乘数为 300 元/点)来对其股票组合实施空头套期保值。

假设 2022 年 11 月 29 日 IF2023 沪深 300 指数期指的价格为 3 803 点,则该投资者需要卖出约 4 张[500 万元÷(3 803 点×300 元/点)]IF2023 合约。如果 2023 年 3 月 1 日沪深 300 指数下跌至 3 483 点,则该投资者的股票组合总市值将跌至 454 万元,损失 46 万元。该投资者平仓其期货合约,将获利 38.4 万元[(3 803－3 483)点×300 元/点×4],部分弥补了在股票市场的损失,从而实现套期保值。相反,如果股票市场上涨,股票组合总市值也将增加,但是随着股指期货价格的相应上涨,该投资者在股指期货市场的空头持仓将出现损失,也将抵消其在股票市场的盈利。

对于投资者来说,系统性风险是无法消除的,投资者无法通过多样化的投资组合进行防范,但可以通过控制资金投入比例等方式,减弱系统性风险的影响。对于系统性风险的防范,需要注意以下两方面:

首先是提高对系统性风险的警惕。当整体行情出现较大升幅,成交量屡屡创出天量,股市中赚钱效应普及,市场人气鼎沸,投资者踊跃入市,股民的风险意识逐渐淡漠时,往往是系统性风险将要出现的征兆。从投资价值方面分析,当市场整体价值有被高估的趋势时,投资者切不可放松对系统性风险的警惕。

其次是注意控制资金投入比例。在股市行情的运行过程中,始终存在着不确定性因素,投资者可以根据行情发展的阶段来不断调整资金投入比例。当股市升幅较大时,从有效控制风险的角度出发,投资者不宜采用重仓操作的方式,至于全进全出的满仓操作更加不合时宜,这一时期需要将资金投入比例控制在可承受风险的范围内。

二、非系统性风险的防范

在非系统性风险还没有显现之前,重点是采取分散投资的方式对其进行防范。这时,需要注意分散投资的程度和分散投资的品种选择。

(一)分散投资的程度

分散投资并不意味着买的股票越多,风险就越低。分散投资的程度需要根据不同情况来区别对待。

1. 根据投资者的资金实力大小确定分散程度

资金实力强的投资者可以适当多地持有股票种类,资金少的投资者则应少持有股票种类。因为持有股票种类多容易分散注意力、降低操作效率,特别是对于资金少的投资者来说,持有股票种类过多时,反而会造成交易费用的上升。

2. 根据操作方式的确定分散程度

追涨型操作必须紧跟市场热点,选择主流热点的最强势股,这类股票可供选择的数量本来就不多,而且追涨操作本身具有一定风险,因此,投资者在选择股票种类时要遵循"少而精"的原则。低买型操作则是在股市低迷、个股廉价时,选择未来可能有较大上涨空间的潜力股,由于这时热点不明确,投资者需要在若干个最有可能成为未来热点的板块中分别买入,这样,将来无论哪个板块先启动,投资者都可以应对自如,因此,这种类型的操作分散程度较高。

3. 根据市场所处位置的高低确定分散程度

当大盘处于历史高位时,持股种类数量要少,一旦遭遇不利因素,可以用最快的速度止损出逃。当大盘处于较低位置时,可以采用分散投资策略,逢低买入。

4. 根据投资的方式确定分散程度

如果是立足于中长线的稳健型投资者,可以适当加大分散程度。如果是偏爱短线的激进型投资者,为了便于在实际操作中灵活机动地规避市场风险,选股的种类数不能多。

5. 根据投资者自身的情况确定分散程度

如果投资者的实际操作能力较强,投资经验较丰富,并且有较多的看盘时间,就可以适当增加持股种类数。如果投资者没有很强的投资实力,没有过多的时间和精力关注盘面变化,或者是刚刚进入股市的新手,则不能高度分散投资。

(二)分散投资的品种选择

分散投资的时候必须注意对投资品种的选择,要根据上市公司的行业、业绩、题材、概念和市场表现等方面,选择不同的品种进行多元化的投资。比如,某投资者可以买进银行股、地产股,也可以买进钢铁股或造纸股,当银行股下跌而钢铁股上涨时,该投资者就可以降低由于某一类型股票的非系统性风险而带来的收益不确定性。但是,如果该投资者买进的是同一类型或板块的股票,就达不到分散投资和防范风险的目的。比如,某投资者买进的 10 只股票全部是地产股,在地产股受到行业政策变动等因素影响而出现全面下跌的时候,该投资者则会遭遇较大损失。所以,对于分散投资的品种选择,必须在种类和特征上保持分散化。

当然,分散投资并非适用于每一个投资者,只有当投资者的资金达到一定规模时,才有可能通过分散投资(构建一个证券组合)来规避非系统性风险。投资者构建证券组合要遵循以下几个步骤:

1. 确定投资策略

投资策略是为实现投资目标而应遵循的基本方针和基本准则,包括确定投资目标、投资规模和投资对象三方面内容。

投资目标是投资者在承担一定风险的前提下,期望获得的投资收益率。由于投资是有风险的,而且风险和收益之间呈现一种正相关关系,所以,投资组合管理者如果把只能赚钱不能亏损作为投资的目标,则是不合适和不客观的,客观、合适的投资目标应该是在盈利的同时承担可能发生的亏损。因此,投资目标的确定应该包括风险和收益两项内容。投资规模是指用于投资的资金数量,这也由投资者根据自身实际情况而定。投资对象是指投资组合管理者准备投资的品种,它是根据投资目标而确定的。

确定投资策略是投资组合管理的第一步,它反映了投资组合管理者的投资风险,并最终反映在投资组合所包含的金融资产类型特征上。

2. 进行投资分析

投资分析是指对投资组合管理第一步所确定的金融资产类型中个别证券或证券组合的具体特征进行的考察分析,这种考察分析的一个目的是明确其价格形成机制和影响价格波动的诸多因素及其共同作用机制,另一个目的是发现那些价格偏离价值的证券。

3. 组建投资组合

组建投资组合主要是确定具体的投资品种和在各投资品种上的投资比例。在构建投资组合时,投资者需注意个别证券选择、投资时机选择和多元化三个问题。个别证券选择主要是预测个别证券的价格走势及波动情况,投资时机选择涉及预测和比较各种不同类型证券的价格走势与波动情况,多元化则是指在一定的现实条件下组建一个在一定收益条件下风险最小的投资组合。

4. 修正投资组合

当一个投资组合构建好了以后,随着时间的推移,过去构建的投资组合对投资者来说可能已经不是最优组合,这可能是因为投资者改变了对风险和回报的态度,或者是其预测发生了变化。作为这种变化的一种反映,投资者可能会对现有的组合进行必要的调整,以确定一个新的最佳组合。

5. 评估投资组合收益与风险

任何一个投资组合,都是投资者权衡风险与收益之后所形成的,因此,投资者在确定好一个投资组合后,要对该投资组合进行客观、中立的收益与风险评估,界定未来收益和风险的大致范围,做到心中有数。

三、证券投资组合法

(一) 现代证券组合理论

现代证券组合理论(Modern Portfolio Theory)是研究不确定条件下的证券投资行为的理论。它研究并回答:在面对证券市场上各种各样的投资机会时,理性的投资者应该怎样做出最佳的投资选择,将可供投资的资金按合适的比例分散投资于多种不同的资产上,形成最理想、最满意的证券组合,实现投资效用最大化的目标。现代证券组合理论的创始者是美国经济学家哈里·M.马科维茨(Harry M. Markowiz)。他于1952年在美国的《金融杂志》上发表具有历史意义的论文《资产组合选择——投资的有效分散化》,并于1959年出版同名专著,阐述了证券收益和风险分析的主要原理和方法,奠定了证券选择的牢固理论基础。由于马科维茨在这方面的开创性贡献,他被授予了1990年诺贝尔经济学奖。

马科维茨有关证券组合理论的中心观点可以论述为:投资者的投资愿望是追求高的预期收益,并尽可能地规避风险。因此,对于一种证券组合,不仅要重视预期收益,也要考虑其所包含的风险。马科维茨的证券组合理论回答了在既定风险水平的基础上,如何使证券的可能预期收益率极大,或为获得既定的预期收益率,如何使承担的风险极小的问题。但是,应用马科维茨的分散原理去选择证券组合,需要大量繁重的计算工作。

美国另一位经济学家威廉·F.夏普(William F. Sharpe)发展了马科维茨的理论,他于1963年发表了一篇题为《证券组合分析的简化模型》的论文,新辟了一条简洁的证券组合分析途径。他认为,只要投资者知道每种证券的收益同整个市场收益变动的关系,不需要计算每种证券之间的相关度,就可得到同马科维茨理论相似的结果,大大简化了证券组合分析所需的计算。夏普在发展证券组合理论上的另一贡献是他和约翰·林特纳(JohnLintner)、简·莫森(Jan Mossin)一道,创立了具有广泛应用价值的资本市场理论,又称"资本资产定价模型"(简称 CAPM)。由于夏普的贡献,他在1990年与马科维茨同时被授予诺贝尔经济学奖。

1976年,斯蒂芬·A.罗斯(Stephen A. Ross)提出了另一种资产定价新方法,即套利定价理论(Arbitrage Pricing Theory, APT)。这一理论认为预期收益是与风险紧密相连的,任何一个投资者都不可能通过套利活动无止境地获取收益。

(二) 证券投资组合

1. 证券投资组合的策略

在证券投资组合理论的发展过程中,形成了各种各样的派别,从而也形成了不同的组合策略,现介绍其中最常见的几种。

(1) 保守型策略。这种策略认为,最佳证券投资组合策略是要尽量模拟市场现状,将尽可能多的证券包括进来,以便分散掉全部非系统性风险,得到与市场所有证券的平均收益同样的收益。这种投资组合的优点:能分散掉全部可以分散的风险;不需要高深的证券投资专业知识;证券投资的管理费比较低。但这种组合获得的收益不会高于证券市场上所有证券的平均收益,因此,这种策略属于收益不高、风险不大的策略,故称之为保守型策略。

(2) 冒险型策略。这种策略认为,与市场完全一样的组合不是最佳组合,只要投资组合做得好,就能击败市场或超越市场,取得远高于平均水平的收益。在这种组合中,一些成长型的股票比较多,而那些低风险、低收益的证券不多。另外,其组合的随意性强、变动频繁。采用这种策略的人认为,收益就在眼前,何必死守苦等。这种策略收益高、风险大,称为"冒险型策略"。

(3) 适中型策略。这种策略认为,证券的价格,特别是股票的价格,是由特定企业的经营业绩来决定的,如果特定企业的经营业绩好,股价一定会升到其本来的价值水平。采用这种策略的人,一般都善于对证券进行分析,如进行行业分析、企业业绩分析和财务分析等,通过分析,选择高质量的股票和债券,组成投资组合。适中型策略如果做得好,可获得较高的收益,而又不会承担太大的风险。但进行这种组合的人必须具备丰富的投资经验,拥有证券投资的各种专业知识。这种投资策略风险不太大,收益却比较高,所以是一种最常见的投资组合策略。各种金融机构、投资基金和企事业单位在进行投资时一般都采用此种策略。

2. 证券投资组合的方法

进行证券投资组合的方法很多,最常见的方法有以下几种:

(1) 选择足够数量的证券进行组合。这是一种最简单的证券投资组合方法。采用这种方法时,不是进行有目的的组合,而是随机选择证券。随着证券数量的增加,非系统性风险会逐渐减少,当数量足够多时,大部分非系统性风险都能分散掉。

(2) 把风险大、风险中等、风险小的证券放在一起进行组合。这种组合方法又称"1/3法",是指把全部资金的 1/3 投资于风险较大的证券,1/3 投资于风险中等的证券,1/3 投资于风险较小的证券。一般而言,风险大的证券对经济形势的变化比较敏感,当经济处于繁荣时期,风险大的证券能获得高额收益,但当经济衰退时,风险大的证券却会遭受巨额损失;相反,风险小的证券对经济形势的变化不那么敏感,一般都能获得稳定的收益,而不致遭受损失。因此,这种 1/3 的投资组合法,是一种进可攻、退可守的组合法,虽不会获得太高的收益,但也不会承担巨大的风险,是一种常见的组合方法。

(3)把投资收益呈负相关的证券放在一起进行组合。一种股票的收益上升而另一种股票的收益下降的两种股票就是负相关股票,把收益呈负相关的股票组合在一起,能有效地分散风险。

3. 证券组合的系统风险系数

证券组合的系统风险系数 β_p 是所有单项资产 β 系数的加权平均数,权数为各种资产在资产组合中所占的价值比例。其计算公式为:

$$\beta_p = \sum_{i=1}^{n} W_i \times \beta_i$$

其中 β_p 为资产组合的系统风险系数,W_i 为第 i 项资产在资产组合中所占的价值比例,β_i 为第 i 项资产的 β 系数。

如果一个高 β 值($\beta>1$)的资产被加入到一个平均风险组合中,则组合风险将会提高;反之,如果一个低 β 值($\beta<1$)的资产被加入到一个平均风险组合中,则组合风险将会降低。因此,可以通过替换资产组合中的资产或改变不同资产在组合中的价值比例,来改变资产组合的风险特性。

> **做中学 8-4**

某公司买入的 A 股票的系统风险较高,β 系数为 1.7,为了降低投资风险,现准备卖出部分 A 股票,再买入 B、C 股票,选择三只股票进行组合投资,有关信息见表 8-4,计算资产组合的 β 系数。组合后系统风险是否降低了?

表 8-4 某资产组合的相关信息

股票	β 系数	股票的每股市价/元	股票的数量/股
A	1.7	4	200
B	0.5	2	100
C	0.9	10	100

首先计算 A、B、C 三只股票所占的价值比例:
A 股票比例=(4×200)÷(4×200+2×100+10×100)×100%=40%
B 股票比例=(2×100)÷(4×200+2×100+10×100)×100%=10%
C 股票比例=(10×100)÷(4×200+2×100+10×100)×100%=50%
然后计算加权平均 β 系数:
β_p=40%×1.7+10%×0.5+50%×0.9=1.18
由于进行投资组合后 β 系数降为 1.18,所以组合后系统风险减低了。

(三)期货、期权对冲交易

期货具有价格发现和规避风险两大基本功能。股指期货的引入为股票市场提供了一条新的对冲风险的途径。通过股指期货的套期保值,可以降低股票投资组合的系统性风险。

与商品期货不同,股指期货采用现金交割。距离交割月越远,不确定性因素越多,价格预测越难。所以股指期货活跃合约更靠近现货月,一般当月和下一个连续月较为活跃。从恒指期货表现来看,一般情况下当月合约活跃,次月合约次之,其他时间合约基本没有成交。因此在选择套期保值合约时,通常应当选择与股票现货组合关系最密切的股指期货合约。套期保值的成功同时取决于计算正确的套期保值比率与建立合适的股指期货头寸。在决定合约数量时,还要用回归分析方法来衡量股票指数和投资组合的 β 值。由于股票投资组合的涨跌和指数的涨跌在某些时候会出现偏离,在实际操作中可采用动态调整策略。通过实时跟踪行情及投资组合的持仓情况,运用模型预测大盘及投资组合的下跌风险及幅度,计算出每日的最佳套期保值比例,并在期货市场上对该套期保值头寸进行动态的调节。

任务三 选择投资策略

一、投资的基本原则

投资活动是指投资者在承担一定风险的情况下以获取最大收益为目的进行的经济活动,同其他经济行为一样,投资必须遵循一定的原则。

(一) 自有资金原则

投资的收益是建立在风险基础之上的,投资的风险是难以预料的,而且有些风险是不能以多样性的分散投资来避免的。因此,投资者在投资时,应以闲置的自由资金作为入市的资金,这样才能在没有心理压力的情况下进行投资,从而为科学、理性地做出投资决策创造良好的客观条件。

(二) 投资分散组合原则

在投资过程中,投资的资金确定后,为了尽量降低投资风险,投资者应将资金分散投资于各种不同的投资品种上。比如,股票投资的收益比较高,但投资者所承担的风险也较大,所以,爱冒险的投资者可以将较大部分的资金投资于股票,但所投资金不应局限于一只股票上,为了降低非系统性风险,投资者应选择不同类型的几种股票进行投资。

(三) 收益与风险的最佳结合原则

收益与风险总是相伴而生、同时存在的。处理这种矛盾通常有两个准则:一是在风险一定的条件下,尽可能使投资收益最大化;二是在收益一定的条件下,尽可能把风险降低到最低限度。这就要求投资者首先必须明确自己的目标,恰当地把握自己的投资能力,从而不断培养自己驾驭风险的能力,在投资过程中,尽力保住本金,增加收益,减少损失。

(四) 精力充沛原则

理智的投资是建立在对各种投资工具的分析的基础上的,这就需要投资者有充裕的时间和必要的能力,此即精力充沛原则。能力是投资的基础,而投资能力的获得一靠知识,二靠经验,三靠积累,投资者应掌握各类投资工具的基本特征、买卖过程、价格变化规律以及相关法规等。

(五) 目标适度原则

股市有句格言:"无论是做多还是做空都能赚钱,唯贪婪者一无所获。"要想在投资中取得成功,投资者必须实事求是地确立自己的投资收益目标,必须保持良好的心态,努力战胜自我。人性中固有的一大弱点就是贪婪,贪婪的表现往往是不切实际地抬高自己的获利目标,不知道适时行动和适时获利了结,常常幻想以更便宜的价格买入和以更高的价格卖出,结果是常常踏空和被套。因此,对投资者来讲,坚持目标适度原则,保持一颗平常心是投资成功的重要条件。

二、投资策略选择

任何投资者都是在权衡收益与风险匹配关系的基础上确定自己的投资目标的。有的投资者厌恶风险,因而他的投资目标会是低风险低收益的组合;有的投资者喜欢冒险,因而他的投资目标会是高风险高收益的组合。

不同的投资目标决定了投资者要采取不同的投资策略,投资策略就是投资者为实现既定的投资目标而采取的投资指导思想与操作方法。一般来说,投资策略可以从两个方面进行分类:按投资者投资风格不同,可以将投资策略分为积极型、消极型和稳健型三类;按持有时间长短不同,可以将投资策略分为长期持有型、短期交易型和相机抉择型三类。

(一) 按投资者投资风格分类

1. 积极型投资策略

积极型投资策略的目标是获得超过市场平均水平的投资收益,相应地,这种投资策略要承担的风险水平也是较高的,高成长性的股票、成长型股票基金和期货是其主要投资对象。

2. 消极型投资策略

消极型投资策略的目标是获得市场平均水平的投资收益,相应地,这种投资策略要承担的风险水平较低,债券、蓝筹股和收入型股票基金等是其主要投资对象。

3. 稳健型投资策略

稳健型投资策略是积极型投资策略与消极型投资策略的折中投资策略,采用这种投资策略的投资者可以构建一个包括成长型证券和收入型证券(二者比例约为1:1)在内的投资组合,以适应这种投资策略的投资目标。

(二) 按持有时间长短分类

1. 长期持有型投资策略

长期持有型投资策略是指投资者在成功构建一个恰当的投资组合后,在较长的一段时间内(如3到5年)保持不变的投资策略。采取这种投资策略的投资者在持有期内一般不再发生买卖行为,另外,不太关注买卖时机也是这种投资者的显著特点之一。

2. 短期交易型投资策略

短期交易型投资策略是指投资者在成功构建投资组合后,不断根据实际情况的变化而对该组合进行调整的投资策略,其平均期限较短(如3到6个月)。采取这种投资策略的投资者买卖行为较为频繁,交易费用较高,因而对买卖时机的准确把握是这种投资策略取得成功的关键因素。目前,我国股票市场上的大多数投资者都采取这种投资策略。

> **做中学 8-5**　　　　　　　　**三分法投资策略**
>
> 三分法是指投资基金管理人将基金资产分散投资于股票、债券和银行存款。通常,三分法的投资策略不考虑基金可能投资的其他金融工具,如期货、期权等。三分法的实质是将基金的投资对象按收益和风险高低分类,一般而言,股票、债券和银行存款的收益依次降低,风险也依次降低。事实上,不论基金设定什么样的投资目标,三分法是对于所有基金都适用的一种投资策略。但三分法最大的缺点在于方法本身不能确定基金资产在不同资产中的比例,基金管理人需要根据自身的经验和市场环境的变化确定三者的比例关系。

3. 相机抉择型投资策略

相机抉择型投资策略是介于长期持有型投资策略和短期交易型投资策略之间的一种投资策略。相机抉择是指投资者根据市场情况的变化而调整自己的投资策略,如在市场处于慢牛行情时采用长期持有型投资策略,而在市场发生箱体整理且波动较为剧烈时采取短期交易型投资策略。目前,我国证券市场上很多投资者都被动地采取了这种投资策略,当市场处于长期熊市时,部分投资者不能及时止损而被迫长期持有证券,当市场逐渐活跃、行情走高时,这部分投资者又会积极进行短期交易,获取波段收益。

三、投资的主要技巧

(一) 止损技巧

止损是指停止损失,投资工具价格复杂多变,投资者之所以买入,是因为认为其后市价格要上涨,但实际情况未必是这样,在投资者买入之后,价格的变化有上升、下跌和盘整三种可能,为了锁定自己的损失,投资者可以在买入之前给自己设定一个止损价位,一旦价格跌至该价位时,立即卖出。

1. 需要止损的情况

止损在股市被称为"割肉",这足以表明止损对于投资者来说是多么困难的一件事。止损最大的好处就是能用小部分的损失换来投资者账户较强的流动性,止损后投资者能够持有现金,还有可能抓住下一次价格上升的机会,如果不止损,可能会面临价格继续下跌的情况。

但并不是所有情况下都需要止损,对于采取长期持有型策略的投资者来说,如果其买入持有的价位比较低,可以考虑不止损;而对于采取短期交易型策略的投资者来说,则一定要学会止损,并且要坚决止损,以等待下一次的价格上涨机会。

2. 止损的方法

止损的关键在于止损价位的确定,确定止损价位的方法有很多,不同的投资者有不同的选择,常用的方法有百分比法、均线法、整数价位法和关键价位突破法等。

(1) 百分比法。百分比法是指投资者确定一个止损的百分比,如 10%、20%等。如某投资者以 10 元的价格买入某股票,他选定的止损百分比是 10%,那么他的止损价位就是 9 元,也就是说,当股价下跌到 9 元时,要卖出该股票止损。

(2) 均线法。均线法是指投资者以移动平均线作为止损依据,如 30 日均线、20 日均线等。如某投资者设定以 30 日均线为止损价位,即当股价向下跌破 30 日均线时,该投资者就要卖出止损。

(3) 整数价位法。整数价位法是指投资者以某个整数价位作为止损价位。如某投资者以 6.8 元的价格买入某股票,他将止损价位设为 6 元,即当股价跌破 6 元时,就要卖出止损。

(4) 关键价位突破法。关键价位突破法是指投资者以某个关键价位被成功向下突破为信号,卖出止损。这里的关键价位可以是前期支撑位,也可以是重要的心理关口,由投资者根据实际情况自行确定。

当然,确定止损价位的方法还有很多,但无论投资者采用何种方法确定止损价位,一定要建立在对大盘走势具有准确、客观的研判和把握的基础上。

(二) 止盈技巧

止盈是指投资者在事先确定好的盈利目标位卖出股票以确保盈利。大多数投资者认为止损是理所应当的,但对于止盈却不太了解,事实上,止盈与止损同样重要,投资者必须树立止盈的意识,学会在恰当的位置获利了结,确保投资的胜利果实。止盈的关键也在于止盈价位的确定,较常见的方法有以下几种:

1. 百分比法

百分比法是指投资者确定一个期望获利的百分比。如某投资者以 10 元的价格买入某股票,其期望的盈利目标是 20%,因此,当该股票价格上涨到 12 元时,该投资者可获利了结。

2. 形态法

在本书前面提及的各种反转形态中,部分形态具有预测股价运行目标的功能,如头肩底,当股价向上突破颈线时,其预期的第一目标位的高度与头肩底的底部到颈线的距离相等,因此,如果投资者在头肩底形态中股价突破颈线时买入,可以将止盈价位设在股价运行的第一目标位上。

3. 整数价位法

整数价位法是指投资者将某一整数价位作为止盈价位。如某投资者以 5.6 元买入某股票,其可以将止盈价位设为 7 元。

4. 前期高点法

一般来说,前期高点是后期的压力位,因此将止盈价位设在略低于前期高点的位置也是一种比较实用的止盈方法。

当然,确定止盈价位的方法还有很多,与投资者确定止损价位时一样,止盈价位的确定一定要建立在投资者对大盘走势具有准确、客观的判断和把握的基础之上。

(三) 波段操作技巧

波段操作是指在股价处于一个箱体整理阶段时,投资者可以采取高抛低吸的操作手法,获取阶段性投资收益。投资者进行波段操作的前提条件是大盘处于整理阶段或上升阶段,因为在这种情况下,个股快速突破箱体下方的可能性较小,投资者进行波段操作的余地较大。相反,如果大盘处于下降阶段,则个股的箱体整理时间不会持久且向下突破箱体下方的可能性较大,投资者进行波段操作的余地较小。

在箱体整理阶段,股价在一个明显的上部压力线和下部支撑线之间运行,上下反复运动,持续若干次。波段操作的方法比较简单,即高抛低吸。具体做法是:当股价上升到压力线(箱体上部)附近受压时,卖出;当股价下跌到支撑线(箱体下部)附近获得支撑时,买入。操作方法如图 8-1 所示。

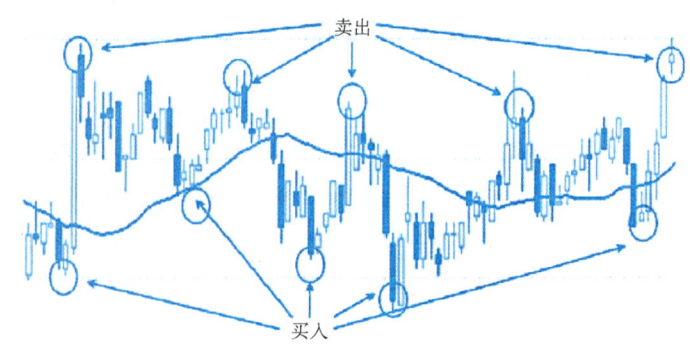

图 8-1 波段操作的方法

值得投资者注意的是,波段操作是一种短线交易技巧,对于投资者的盘感、交易熟练程度和心理承受能力均有较高要求,且由于交易频繁而交易成本相对较高,因此,投资者在进行波段操作时要非常谨慎,确保将风险控制在一个可以承受的范围之内。

(四) 分批操作技巧

分批操作是指投资者分若干次买入和卖出投资工具,而非一次满仓买入或空仓卖出。分批操作主要基于两点考虑:

第一,单个股票价格走势较大程度上受到大盘的影响,如果个股是上升趋势而大盘是下降趋势,则个股的上升趋势容易被逆转,如果全仓买入,投资者将面临较大风险。

第二,由于证券价格复杂多变,单个股票从基本分析和技术分析层面发出的买入或卖出信号不可能完全准确可靠,还需要等待下一步的确认。

(五) 补仓技巧

补仓是指投资者在高位买入股票后,股价下跌但又不愿止损,而在低位再次买入以降低单位成本的行为。假设某投资者在10元时买入某股票1 000股,后来股价下跌,在下跌过程中没有止损,当股价下跌到8元时,该投资者再次买入1 000股,此时他的持股成本为每股9元,在此情况下,股价反弹到9元附近时,该投资者就可解套。如果该投资者不补仓,那么需要股价上涨到10元才能解套。

当然,补仓有一个前提条件,就是投资者有足够的资金以应付补仓之用。补仓的优点在于可以降低平均持股成本,为早日解套甚至是盈利创造条件。但应该注意的是,补仓是一种十分被动的做法,会使投资者的仓位越来越重,操作空间越来越小,而且如果补仓的位置和时机把握不准确,则可能导致补仓失败,使更多的资金被套,因此,补仓时必须谨慎,最好能及时止损而不是补仓。

四、交易系统的设计

交易系统是完整的交易规则体系。设计良好的交易系统,必须对投资决策的各个相关环节做出相应明确的规定,必须符合使用者的心理特征以及投资资金的风险特征,这个交易系统是非机械的、适合投资者个性的。风险市场中的赢家都有自己的交易系统,因此寻找适合自己的交易系统与完善自己的交易系统是专业交易人士几乎每天都在做的一件事。

交易系统的特点在于它的完整性和客观性。它保证了交易系统结果的可重复性。从理论上来说,对任何使用者而言,如果使用条件完全相同,则操作结果完全相同。系统的可重复性即方法的科学性,系统交易方法属于科学性的投资交易方法。

大部分投资者往往把决策的重点放在对市场的分析和判断上,其实这是片面的。成功的投资不但需要正确的市场分析,而且需要正确的风险管理和心理控制。三者之中,心理控制是最重要的,其次是风险管理,最后才是市场分析技能,即 3M 系统(Mind,Money, Market)。对市场的判断在投资行为的重要性中只占一小部分,被大多数投资者忽略的东西才是投资行为中的决定性因素。市场分析是风险管理的前提,只有从正确的市场分析出发,才能建立起具有正期望值的交易系统,风险管理只有在正期望值的交易系统中才能发挥其最大效用,而心理控制正是二者联系的桥梁和纽带。一个人如果心理素质不好,往往会偏离正确的市场分析方法,以主观愿望代替客观分析,也常常会背离风险管理的基本原则。

投资者若想在市场中持续稳定地盈利,必须解决两大问题:一是如何在高度随机的价格波动中寻找非随机的部分;二是如何有效地克服自身的心理弱点,使之不影响自己的理性决策。

大多数投资者在进入市场的时候,对市场的认识没有系统的观点,很多投资者会根据对市场的某种认识,片面地承认或否认一种交易思路的可行性。而实际上,要想客观地评价一种交易方法,需要确认该方法在统计概率意义上的有效性。随机或非随机价格波动中不具备统计意义有效性的部分,只能给投资者以局部获胜的机会而不是长期稳定获胜的可能。而交易系统的设计和评价方式可以帮助投资者有效地克服对方法认知的盲目性和片面性。

交易系统还可以帮助投资者有效地控制风险。实践证明,不使用交易系统的投资者难以准确而系统地控制风险。如果没有交易系统做指导,投资者很难定量评估每次进场交易的风险,并且很难评估单次交易的风险在总体风险中的意义。而交易系统可以明确地告诉投资者每次交易的预期利润率、预期损失金额、预期最大亏损、预期连续盈利次数以及预期连续亏损次数等,这些都是投资风险管理的重要参数。

交易系统使交易决策的过程更加程序化、公开化、理性化。投资者可以从由情绪支配的处于模糊状态的选择过程转变为定量的数值化的选择过程,即单纯判定信号系统的反应以及执行信号所代表的决策。

交易系统涉及以下几个核心内涵:

(一) 心态核心

在交易系统没有提出可交易个股时期时,摆正心态并且做到行与心合一,是投资者能够成功进行系统交易的首要条件。如果有一套很好的交易系统,但投资者心态急躁,无法忍耐空仓或者看到有些投资工具价格持续飙升但不知道如何控制风险而又强行介入,那么脱离交易系统控制导致的失败就不能归咎于交易系统程序失败,而是由心态导致的失败。因此,心态是最重要的,它决定了交易的成败。

(二) 资金核心

不同的资金起点有不同的得失。如投资额为 100 万元与 3 万元,持有 100 万元的投资者即使将目标年收益率设置为3万元投资者目标年收益率的一半,其收益也还是远高于3万元投资者的收益,100万元投资者的心理要求和技术要求就会大幅度降低。因此,二者看重的交易系统不同。持有100万元的投资者很有可能看重中线交易系统,而持有3万元的投资者很有可能看重短线交易系统。

(三) 技术核心

市场获利模式有三种:超跌反弹、高抛低吸、强势追高。

超跌反弹,不同的人有不同的分析基点,那么,定义超跌可以通过历史统计来实现。比如,高点下降超过60%,并且在形态、成交量分布等方面都达到适当标准,那么就可以认定为超跌,后面价格反弹的概率很大。

高抛低吸,从形式上来说,它是某种通道的产物。达到通道的上轨,抛出;达到通道的下轨,买入。图8-1的波段操作方法就是高抛低吸。

强势追高,即在价格创新高时买入。当指数形成中级行情的时候,追高是比较安全的。也可以在下降通道中追高,即在价格创新高后回调时买入,但此时风险比较大。需要强调的是,强势追高是一种非理性的操作手法,追高买入的都是价格上涨后的踏空资金,相较于超跌反弹和高抛低吸的方法,其操作难度大、风险高。

(四) 资金管理核心

在交易系统出现信号时,因为存在不确定性(即风险),就需要通过资金管理将不确定性降到最大可控程度。假设一个成功率可以达到70%的技术交易系统,如果加入资金管理,其成功率可以提升到80%,那么,这个技术交易系统的成功率就是80%,而不是70%。

(五) 跟踪核心

在交易系统出现信号时,交易介入。后市趋势跟踪系统会判断是否有转市的可能存在,如果存在,则立刻止盈。因此,好的交易系统还应该有一个配套的好的趋势跟踪系统,以决定趋势的终结,便于利润最大化。

(六) 空仓核心

当交易系统没有信号时,投资者是否具备空仓所需要的心理素质,这也是交易系统成败的关键问题。

由此可以清晰地看到,技术交易系统只是交易系统的一部分,而不是全部。当技术交易系统出现信号时,并不是系统在做决策,实际上是人在综合做出行为决策。一个好的交易系统包含了心态、技术、要求、忍耐和控制等。所以,交易系统是综合分析系统,来解决在什么时机、选择什么对象以及进行什么样的投资行为的问题。

五、开展系统交易

系统交易,即按照一套交易系统进行交易。系统交易者的时间和精力主要放在交易系统的开发上。在证券市场中,对于采用趋势型策略的系统交易者来说,要成功开发一套交易系统,资金管理是最重要的要素。在系统交易中,资金管理主要体现在以下三个层次上:

(一) 仓位

仓位是指投资者实际投资和实有投资资金的比例。比如,投资者有10万元用于投资,现用了4万元买基金或股票,仓位就是40%;如果全买了基金或股票,就满仓了;如果投资者全部持有现金,就空仓了。据道氏理论及有些机构的多次统计,一个市场中约75%的个股走势是与大盘高度正相关的。因此,根据大盘风险系数来决定仓位高低是一个不错的稳健的选择。举例来说,如果当前大盘风险系数是70%,那么仓位就应该是30%。

(二) 组合

组合即持有多只个股时,每只个股占用多少资金。这里说的组合与资本资产定价模型(CAPM)、套利定价模型(APT)基本无关。每只个股占多少资金,取决于交易系统对每只个股所处位置的判断。如果同时运用多个策略不同的系统,则还取决于每个系统的预期年均回报率。另外,同一个系统又给出新的个股信号时是否换股,也是系统应该考虑的问题。

(三) 分段

分段即同一只个股的买卖分段进行。采用趋势型策略的系统交易者,一般需要设立多个买入、卖出点。比如,系统设定了三个可能的买入点,那么每个买入点各应投入多少资金属于资金管理的内容。当然,更多的情况下,这个问题也同时属于买点、卖点和止损这几个要素的范围。

仓位、组合和分段这三个层次其实是交织在一起的。比如,当判断大盘风险系数增加,须降低仓位时,组合与分段常常也同时受到影响。理想的情况是系统本身对所有问题都定出明确的规则,但由于软件平台的限制,实际上这是不可能做到的。对于中小投资者来说,运用手工方法每日进行处理,逐步建立起自己的一套方法,也能达到基本的效果。

当然,不管是指标公式、选股公式、交易公式还是交易系统,都源于交易策略。交易策略是对股市的基本原理和运行的非随机性特征及规律性进行深入研究后制定的交易原则和总体思路。我们经常见到很多大型资金管理人和操盘手并不依靠公式,他们之所以成功,就是因为对交易策略有系统而深入的掌握。当然,如果有了好的软件,他们把自己的策略放进公式里,也会省下不少的时间和精力。不过凡事均有利弊,过于机械则会损害洞察力、创造力和应变能力。

一个交易系统除了有市场普遍具有的特点外,也应有投资者自身的性格特点。对于采用即日(秒与小时)、短线(小时与天)、中线(周与月)、长线(月与年)等不同交易方式的人(其中已含有个人的操作特点)来说应有所不同,对于不同的市场(股票、期货、期权、价差交易、权证、基金、债券和外汇等)在交易系统中各子项的偏重点也应有所不同,所使用的技术分析系统参数也应做充分的调整。交易策略也应有主次之分,从而使整个交易系统更加明确。交易系统最终要牢牢把握的就是三点,即一个买点与两个卖点(止盈目标点与止损目标点),从而在不明确的市场中以概率的方式获胜,获取总体利润。

六、制定投资计划

要想取得较好的投资效果,实现理想的投资目标,关键是投资者的计划决策水平。

(一)证券投资者的类型分析

根据证券投资者的投资目的或手段不同,可以将其划分为各种不同类型,见表 8-5。

表 8-5 证券投资者的类型

分类标准	名称	特征
按投资目的分类	套利型投资者	以套取差价利润为目的
	参股型投资者	以参与股息和红利分配为目的
	经营型投资者	以参与股份公司经营活动为目的
按投资风险态度分类	稳健型投资者	对风险采取回避的态度,以安全作为首要考虑因素
	激进型投资者	愿意承担较大的风险,以期获得较多的利益
	温和型投资者	采取较为适中的态度,介于稳健和激进之间
按投资行为特征分类	投资者	准备在较长时间内持有,以获得投资增值及股利或利息收入,并具有参与投资对象经营活动的愿望
	投机者	频繁地进行证券的买进和卖出,利用有利时机,以从短期的证券价格中套取差价利润为目的
	赌博者	以运气、机遇为基础,凭借侥幸的心理来买卖证券
按投资额大小分类	大户	资金实力雄厚,投资额巨大,交易量惊人,能够左右行情、控制市况
	中户	投资额介于大户和散户之间
	散户	投资额较少,缺乏计划性,无定则,无组织,彼此间也没有关联,完全依行情而动

(二)证券投资者心理分析

面对复杂多变的证券市场,投资者容易产生各种各样的投资心理,这反映出不同投资

者的个性、心理品质与特征。不同的投资心理直接影响到投资者对证券市场的判断和据此做出的投资决策,最终影响到投资收益。证券市场投资者表现出的投资心理有以下几种:

1. 盲从心理

这种心理又称"羊群心理"或"盲从心理"。这种心理的典型特点是投资者缺乏证券投资的主动性,缺乏个人的价值判断、理性分析和投资取向。

2. 犹豫心理

具有这种心理的投资者在证券市场上总是担心成为交易的牺牲品,不时为证券市场的价格涨落而担惊受怕。他们即使事先已经制定了投资计划和实施方案,但临场却易受到群体心理的影响而改变投资方案。

3. 贪婪心理

存在这种心理的投资者,其心理期望值特别高,甚至到了"贪得无厌"的地步。这主要表现在两个方面:一方面是当证券价格上升时,持有这种心态的投资者,一心要追求更高的价格,获得更大的收益,而迟迟不肯出售自己手中的证券,从而使自己失去了获利的机会;另一方面是当证券价格下跌时,一心想着证券价格还会继续下跌,等待以后买入更便宜的证券,以致迟迟不肯入市,结果往往是获利的愿望落空,又错过了获利的良机。

4. 赌博心理

具有赌博心理的投资者,总希望一朝发迹。他们在投资决策并未付诸行动时,没有对市场行情和相关因素进行周密分析和全面判断,也没有充分利用准确的市场信息和有效的技术手段,而是抱着侥幸心理企图钻证券市场的空子。这种非理智的意气用事投资行为,其结果多数是落得倾家荡产的结局。

5. 恐慌心理

初涉证券市场的投资者,由于缺乏必要的心理准备和证券投资的实践经验,往往会对证券市场产生恐慌感。投资者在各种消息面前,如果不保持冷静、细观静察,而是过于急躁,不加分析地仓皇处置,结果多半是成为证券市场的受损者。

6. 偏执心理

初入证券市场的投资者对证券市场的全面认识了解少,缺乏证券投资的操作经验,往往容易形成对证券投资的片面理解,产生偏颇心理,要么只愿赚不敢赔,要么失去信心,认定只赔不赚了。投资者应当培养理性的投资心理。

(三) 制定自己的投资计划

证券投资是一项复杂的投资活动,要求投资者必须十分熟悉投资的程序,了解投资过程的每一个环节,制定相应的投资计划并严格遵循。

1. 投资资金准备

在投资之前,必须确定能否筹集到一定数量的资金,然后才能考虑如何投资、投在何处等问题。就个人投资者来说,其资金来源主要是自身的积蓄,也包括继承的遗产、亲友的馈赠、产业的变卖和保险的赔偿金等其他资金来源。投资者需先根据个人收入及家庭支出，编制家庭预算，然后计算能有多少结余，制定出投资计划。机构投资者的资金来源因性质不同而异。如商业银行资金主要来源于客户的存款、自有资金和盈利收入，保险机构资金主要来自保险费收入等。

2. 风险收益衡量

一旦投资者将投资所需要的款项筹措好，就必须深入了解投资的各个方面。首先应熟悉投资的风险与收益。正视风险与收益的关系，树立正确的风险意识，要求投资者先衡量自身具有多大的风险承受能力，然后决定拟投入多少资金，以及选择何种投资对象。其次，应广泛了解投资对象的收益与风险情况。最后，了解证券市场的组织和机制、经纪商的职能和作用、买卖证券的程序和手续、管理证券交易的法律法规、证券的交割和清算以及买卖证券的费用等。

3. 投资工具选择

投资者在决定选择哪种证券之前，必须围绕该证券进行全面的宏观与微观经济分析。首先需要判断当时经济形势的变动趋势，需要对此经济趋势下各种行业的发展前途做出判断；其次需要根据发行证券的公司的财务力量、销售状况、产品结构和适宜的生产设备等预测公司未来的收益和风险程度；最后还需根据证券市场行情，对证券的真实价值、上市价格和价格涨落的趋势进行认真的分析，因为证券的质量取决于其真实价值，而价值的市场反映便是市场价格，市场价格受到多种因素的影响，经常发生变动。

4. 决策并操作

经过以上各个步骤，投资者按照自己拟定的投资目标，针对个人对风险和收益的衡量，考虑到今后对资金的需要和用途并预计未来经济环境及本身财务状况的变化后，做出妥当、合理的决策，决定将资金投入到何种具体的证券上去。操作过程开始后，需要了解和严格遵守证券交易中的委托、成交、清算和交割等一系列程序，确保顺利地完成证券投资。

做中学 8-6

熟悉证券投资计划制定的步骤，掌握进行证券投资需考虑的因素。

按照提供的证券投资计划表（也可自己设计），根据表中各要素结合自身的性格等特点，选择自己属于何种投资者类型，填写完成模拟的证券投资计划表（表8-6）。

表8-6 证券投资计划表

投资者自我分析	姓名：	年龄：		职业：	
	投资者类型	□稳健型	□激进型		□温和型
		□大户	□中户		□散户
	心理分析：				

续　表

证券投资资金来源	闲置资金： 金额：	借贷资金： 金额：
风险收益衡量	盈利目标(%)： 亏损承受能力(%)：	止盈目标(%)： 止损目标(%)：
选择证券投资工具	A股主板股票： (写出具体名称)	占投资资金比例(%)：
	中小板股票： (写出具体名称)	占投资资金比例(%)：
	创业板股票： (写出具体名称)	占投资资金比例(%)：
	证券投资基金： (写出具体名称)	占投资资金比例(%)：
	债券： (写出具体名称)	占投资资金比例(%)：
操作计划	买入点计划：	
	卖出点计划：	
操盘小结		

 技能综合实训

实训任务

识别非系统性风险，分析数知科技股份有限公司退市的原因。

北京数知科技股份有限公司(数知退，股票代码：300038)被深交所决定终止上市，于2022年6月30日被摘牌。公司于2009年12月24日上市，是国内最早研发并推广三管通信塔的高新技术企业，为行业领军企业之一，主导产品是以三管通信塔为核心的各类通信塔。

因2020年年度财务会计报告被出具无法表示意见的审计报告，公司股票自2021年4月30日起被实施退市风险警示。2022年4月29日，公司股票交易被实施退市风险警示后首个年度报告显示，公司2021年年度财务会计报告继续被出具无法表示意见的审计报告。因此，深交所决定终止该公司股票上市。根据公开资料，大信会计师事务所2020年的审计意见提到了货币资金函证、预付款项性质、BBHI商誉减值恰当性及其他应收款性质及资金占用等，其中提到实际控制人通过宁波梅山保税港区朝宗投资管理中心、宁波诺裕泰翔投资管理有限公司等占用上市公司资金的情况。而上述部分问题也成为导致公司

2021年继续被出具无法表示意见的审计报告的原因。

分析提示： 与系统性风险不同,非系统性风险一般更隐蔽,需要及时识别和判断,化解有关风险,保护相关主体的合法权益。从数知科技股份有限公司经营状况来看,其退市可谓"冰冻三尺,非一日之寒"。大股东减持套现、财务报告内部控制重大缺陷以及自身盈利能力不佳等问题,都是导致其最终退市的原因。

 即测即评

一、单项选择题

1. 按投资者投资风格分类,投资策略包括(　　)。
   A. 长期持有型　　B. 三分法　　C. 稳健型　　D. 积极型

2. 下列关于投资主要技巧的说法,不正确的是(　　)。
   A. 止盈是指停止损失
   B. 波段操作是指在股价处于一个箱体整理阶段时,投资者可以采取高抛低吸的操作手法,获取阶段性投资收益
   C. 分批操作是指投资者分若干次买入和卖出投资工具,而非一次满仓买入或空仓卖出
   D. 补仓是指投资者在高位买入股票后,股价下跌但又不愿止损,而在低位再次买入以降低单位成本的行为

3. (　　)是风险管理的前提。
   A. 风险评价　　B. 分析技能　　C. 市场分析　　D. 心理控制

4. 在交易系统没有提出可交易个股时期时,(　　)是投资者能够成功进行系统交易的首要条件。
   A. 技术核心　　B. 心态核心　　C. 资金核心　　D. 跟踪核心

5. (　　)反映了投资组合管理者的投资风险,并最终反映在投资组合所包含的金融资产类型特征上。
   A. 修正投资组合　　　　　　B. 组建投资组合
   C. 进行投资分析　　　　　　D. 确定投资策略

二、多项选择题

1. 下列不属于目标适度原则的有(　　)。
   A. 理智的投资是建立在对各种投资工具的分析的基础上的,这就需要投资者有充裕的时间和必要的能力
   B. 对投资者来讲,保持一颗平常心是投资成功的重要条件
   C. 投资者首先必须明确自己的目标,恰当地把握自己的投资能力,从而不断培养自己驾驭风险的能力

D. 股票投资的收益比较高,但投资者所承担的风险也较大

2. 在系统交易中,资金管理主要体现在(　　　　)。

A. 交易策略　　　　　　　　　　B. 仓位

C. 组合　　　　　　　　　　　　D. 分段

3. 交易系统的特点有(　　　　)。

A. 完整性　　　　　　　　　　　B. 客观性

C. 可重复性　　　　　　　　　　D. 科学性

4. 下列属于非系统性风险影响因素的是(　　　　)。

A. 公司管理能力的降低　　　　　B. 原材料价格的提高

C. 政府的政策　　　　　　　　　D. 市场份额的减少

E. 市场的通货膨胀

5. 下列关于股指期货的说法,正确的是(　　　　)。

A. 股指期货是交易双方通过对股票指数变动趋势的预测,约定未来某一时间按照一定条件进行交易的合约

B. 实践当中,利用股指期货进行套期保值是防范与控制系统性风险的主要方法

C. 股指期货的杠杆性决定了它具有比股票市场更高的风险性

D. 股指期货交易由于采用保证金制度,交易成本很低,因此机构投资者大多将其作为资产配置的手段

三、业务分析题

1. 按投资者投资风格不同,投资策略如何分类?
2. 什么是系统性风险,其如何分类?
3. 简述买入套期保值策略及其操作方法。
4. 什么是非系统性风险,其如何分类?
5. 如何防范非系统性风险?

参考文献
REFERENCE

[1] 马瑞.证券投资理论与实务[M].南京:南京大学出版社,2021.

[2] 张鸣.证券投资学[M].大连:东北财经大学出版社,2012.

[3] 中国证券业协会.证券市场基础知识[M].北京:中国财政经济出版社,2009.

[4] 张启富,谢贯忠.证券交易[M].北京:机械工业出版社,2010.

[5] 中国证券业协会.金融市场基础知识[M].北京:中国财政经济出版社,2022.

[6] 中国证券业协会.证券市场基本法律法规[M].北京:中国财政经济出版社,2022.

[7] 唐平.证券投资分析[M].重庆:重庆大学出版社,2018.

[8] 田海霞,张忠慧.证券投资学[M].哈尔滨:哈尔滨工业大学出版社,2015.

[9] 王伟.现代证券投资实务[M].北京:北京理工大学出版社,2017.

[10] 魏建国,叶桦,杜伟岸.证券投资学[M].2版.北京:高等教育出版社,2008.

[11] 吴晓求.证券投资学[M].5版.北京:中国人民大学出版社,2020.

[12] 刘俊彦,张志强.证券投资学[M].北京:中国人民大学出版社,2022.

[13] 林恩全.新中国金融监管制度变迁研究(1949—2019)[D].北京:中央财经大学,2022.

[14] 卢祖送.金融危机与金融监管[D].北京:中共中央党校,2016.

[15] 张斌.证券分析师行为决策研究:影响因素与经济后果[D].上海:上海财经大学,2021.

[16] 张锦楠.我国开放式股票型基金系统性风险对基金业绩影响的实证研究[D].北京:中央财经大学,2022.

[17] 汉雅玲.天然橡胶期货市场价格发现与套期保值功能研究[D].上海:华东政法大学,2022.

[18] 魏静雯.分形分析方法在金融市场中的应用研究[D].南京:南京财经大学,2023.

[19] 魏邈.中国金融市场系统性风险度量与风险传染研究[D].武汉:中南财经政法大学,2023.

[20] 何平,金梦.信用评级在中国债券市场的影响力[J].金融研究,2010(04).

[21] 证券市场导报编辑部.海内外证券市场数据[J].证券市场导报,2023(05).

[22] 沈维涛,黄兴孪.我国证券投资基金业绩的实证研究与评价[J].经济研究,2001(09).